本书为2019年度国家哲学社会科学基金后期资助项目"新时期产业工人技能形成——农民工的视角"（19FJKB017）的中期研究成果。

中国社科研究文库
CHINESE SOCIAL SCIENCE RESEARCH LIBRARY

产业工人技能形成的国际比较与借鉴
——来自日、新、韩、印的观察

张学英 等 | 著

新华出版社

图书在版编目（CIP）数据

产业工人技能形成的国际比较与借鉴：来自日、新、韩、印的观察 / 张学英等著 . -- 北京：新华出版社，2021.5

ISBN 978-7-5166-5863-5

Ⅰ.①产… Ⅱ.①张… Ⅲ.①产业工人—人才培养—研究—世界 Ⅳ.①F410

中国版本图书馆 CIP 数据核字 (2021) 第 098994 号

产业工人技能形成的国际比较与借鉴：来自日、新、韩、印的观察

作　　者：张学英　等	
责任编辑：张　谦	封面设计：中联华文

出版发行：新华出版社
地　　址：北京石景山区京原路 8 号　　邮　　编：100040
网　　址：http://www.xinhuapub.com
经　　销：新华书店
购书热线：010-63077122 中国新闻书店　购书热线：010-63072012

照　　排：中联华文
印　　刷：三河市华东印刷有限公司
成品尺寸：170mm × 240mm
印　　张：17　　　　　　　　　　　字　　数：263 千字
版　　次：2021 年 7 月第一版　　　　印　　次：2021 年 7 月第一次印刷
书　　号：ISBN 978-7-5166-5863-5
定　　价：95.00 元

图书如有印装问题，请与印刷厂联系调换：010-89587322

自 序

　　劳动力的技能形成是在技术进步和产业转型背景下永恒的话题。尽管不同的经济体技术进步程度不同、经济发展阶段有异，但都必须同步于技术进步对产业的改造与升级，从而必须回应产业发展对劳动力的技能需求变迁。因此，劳动力技能提升一直是各国政府非常重视的民生问题，中国亦如此。

　　中国在市场经济体制改革中获得了巨额的人口红利，然而，伴随着劳动力市场的形成和日益完善以及产业结构的转型升级，劳动力技能与产业发展的不匹配日益凸显：一方面，居于人力资本高端的大学生普遍理论强于实践，缺乏岗位所需的具体职业技能；另一方面，居于人力资本低端的农民和农民工职业技能难以匹配未来产业发展需求，且缺乏后续人力资本投资的基础。可见，劳动力的低技能水平是中国未来制造业转型升级的羁绊，如何促进劳动力提升技能水平是破解制造业转型升级难题的一把金钥匙。高端人力资本承载者以较高水平的理论知识为基础容易提升技能水平，但低端人力资本承载者因缺乏理论知识提升技能实属不易，稍不留神他们就可能转变为边缘群体，必须得到政府的高度重视。《新时期产业工人队伍建设改革方案》（2017年）和《职业技能提升行动方案（2019-2021）》（2019年）的颁布彰显了政府对低技能劳动力技能形成的高度关注。

　　正是在上述背景下，本人主持申请了国家哲学社会科学基金后期资助项目"新时期产业工人技能形成——农民工的视角"（19FJKB017），从农民工这一低端人力资本群体的视角探索如何促进其技能形成以匹配于科技进步下产业转型升级的需求。在研究过程中，本着以他山之石攻玉的理念，重点关注了美国、德国、日本、新加坡、韩国和印度等国家产业工人技能形成的实践。

　　研究发现，不同国家制定的劳动力技能提升战略是不同的，技术先进的国家要通过劳动力技能提升以保持、抢占经济发展的制高点，其他的国家则要通过劳动力技能提升以确保跟上技术进步的潮流或至少不会掉队。中国的经济体量巨大、经济结构复杂、产业结构亟待转型升级，且劳动力技能水平参差不齐，如何促进劳动力技能匹配于产业发展需求是个大课题。美国、德国等发达市场经济国家的劳动力技能提升实践为中国的经济发展提供了很好的经验，不同学者的前期研究提供了非常丰富的研究资料。应当指出的是，除了市场体制的因素外，各国的政治制度、文化氛围、社会习俗等均对劳动力技能提升有着深远的影响，尤其是在西方发达国家自由的市场体制和文化氛围下，其劳动力技能提升的经验在中国实现成功本土化并非一蹴而就。本书将视角投放到文化相近的日本、新加坡、韩国和印度四个亚洲国家，分析处在不同经济发展阶段或人口体量庞大的经济体在提升劳动力技能中的经验做法，以期为中国在制造业转型升级中劳动力技能提升提供借鉴。

本书最大的特点是大量参考外文资料以归纳整理四个国家劳动力技能形成的相关内容，涵盖各国经济发展战略沿革对劳动力技能需求的历史演变轨迹，以及劳动力技能形成的管理机构、制度和政策、项目实践等内容，具体包括：日本企业社会责任下的劳动力技能提升制度，新加坡着手提升全民未来技能以实现基于"智慧"的国家经济社会发展战略，韩国多次经济发展战略转型中基于实现就业经济的目标而打造全民终身职业能力开发系统，印度为赶上世界发展潮流基于可持续发展、获得青年人口红利而打造世界技能之都。

本书的文字总量虽然不大，但却是课题组在梳理了大量日语、英语、韩语、汉语文献资料的基础上凝练而成的，耗时整整1年完成。全书按四个国家自然分为四个章节，具体分工如下：第一章日本产业工人技能形成，张学英、王璐、赵学瑶撰稿，霍瑞欣外文文献整理；第二章新加坡产业工人技能形成，张学英撰稿，耿旭、康璐外文文献整理；第三章韩国产业工人技能形成，张学英撰稿，陈天辰外文文献整理；第四章印度产业工人技能形成，张学英撰稿，王璐、耿旭外文文献整理。全书由张学英确定结构框架和撰写思路。

2021年6月30日，人力资源和社会保障部印发了《"技能中国行动"实施方案》，"十四五"期间实现新增技能人才4000万以上，技能人才占就业人员比例达到30%以上，旨在为中国向制造强国转型建设一支"规模宏大、结构合理、技能精湛、素质优良"的技能人才队伍。衷心期待本书能为"十四五"期间推动实施"技能中国行动"提供有益的他山之石。

新冠疫情下2020年的寒假和不寻常的春季学期悄悄流逝，每日辗转于方寸空间内的鸡毛蒜皮，教职、行政职务交织错杂，45岁早生华发。唯有这部书稿伴我消磨了无眠的凌晨，记录了不曾虚度的年华，镌刻了平凡的人生印记。

张学英

2021年于天津

目 录
CONTENTS

第一章　日本产业工人技能形成 ··· 1

 第一节　日本产业结构演进中的劳动力技能开发轨迹 ············· 1

  一、二战结束以前（1945 年以前） ································· 1

  二、战后恢复期（1945—1955） ······································ 4

  三、经济高速发展期（1956—1973） ······························ 6

  四、低增长转型期（1974—20 世纪 80 年代末） ············· 7

  五、泡沫经济破灭后（20 世纪 90 年代以来） ··············· 8

 第二节　日本政府对劳动者职业能力开发的助力 ··················· 11

  一、制订职业能力开发长期规划 ···································· 12

  二、主导提供公共职业训练 ·· 12

  三、面向企业的人才开发补助金制度 ···························· 15

  四、面向劳动者的教育培训补助金制度 ························ 19

  五、建设职业训练指导员队伍 ·· 21

  六、建立职业能力评价制度 ·· 22

  七、弱势群体就业援助与职业能力开发 ························ 23

 第三节　面向工业 4.0 的劳动力技能开发实践 ························· 29

  一、职业教育双元制 ·· 29

  二、企业内职业训练 ·· 34

 第四节　日本企业内低技能工人职业训练 ······························· 40

  一、低技能工人职业训练的历史沿革 ···························· 41

  二、低技能工人企业内职业训练的类型 ························ 45

  三、低技能工人企业内职业训练的形式 ························ 46

第五节　日本劳动力技能形成特征 …… 47
　　一、制度设计生命力：政府宏观引导与微观放权 …… 48
　　二、制度设计基础：终身雇佣制与降低培训风险 …… 48
　　三、制度设计理念：生涯现役社会与终身职业能力开发 …… 49
　　四、制度设计起点：政府的法律引领与企业的制度规范 …… 49
　　五、制度设计目标：企业主体与技能供需匹配 …… 50
　　六、制度覆盖对象：政府全民覆盖与企业全员训练 …… 51
　　七、制度倾斜重点：低技能工人职业训练 …… 52

第二章　新加坡产业工人技能形成 …… 53
第一节　新加坡劳动力供给结构演变轨迹 …… 53
　　一、产业结构调整下的劳动力就业技能提升需求 …… 53
　　二、新加坡劳动力供给结构演变轨迹 …… 56
　　三、人口老龄化演变轨迹 …… 59
　　四、政府实施劳动力技能开发系列举措 …… 63
第二节　存量劳动力技能认证制度 …… 68
　　一、劳动力技能鉴定制度历史沿革 …… 68
　　二、劳动力技能资格鉴定制度（WSQ）功能 …… 70
　　三、劳动力技能资格鉴定制度（WSQ）框架 …… 70
　　四、劳动力技能资格鉴定制度（WSQ）运行 …… 75
第三节　全民未来技能培训战略 …… 76
　　一、未来技能培训计划（SF）的组织架构 …… 77
　　二、劳动力未来技能提升的内容 …… 78
　　三、未来技能培训课程供给类型 …… 99
第四节　劳动者就业援助与就业激励 …… 100
　　一、针对全体劳动者的就业技能提升 …… 100
　　二、低薪工人就业援助与技能提升 …… 102
第五节　经济转型中的企业雇佣激励 …… 116

一、职业支持计划（CSP） ………………………………… 116
　　二、企业发展计划与生产力解决方案津贴 ……………… 117
　　三、企业培训补贴 ………………………………………… 118
　　四、加薪补贴计划（WCS） ……………………………… 119
　第六节　新加坡产业工人技能形成特征 ……………………… 120
　　一、制度设计立足点：经济转型与未来技能 …………… 120
　　二、制度设计落脚点：终身学习社会与平滑就业迭代 … 122
　　三、制度覆盖群体：分类分层与强针对性 ……………… 122
　　四、制度作用方向：技术升级与技能提升 ……………… 123
　　五、制度实施主体：劳资政三方协调与技能供需均衡 … 124

第三章　韩国产业工人技能形成 …………………………… 127
　第一节　韩国产业工人技能提升的经济社会背景 …………… 127
　　一、韩国产业结构演变轨迹 ……………………………… 127
　　二、韩国劳动力供给结构演变轨迹 ……………………… 136
　　三、韩国劳动者职业训练政策的历史沿革 ……………… 145
　第二节　韩国促进产业工人技能形成的相关机构 …………… 147
　　一、韩国雇佣劳动部 ……………………………………… 147
　　二、工作岗位委员会 ……………………………………… 155
　　三、国务调整室下属相关机构 …………………………… 159
　第三节　韩国职业能力开发训练政策 ………………………… 163
　　一、韩国雇佣劳动部的职业能力开发政策 ……………… 163
　　二、韩国国家职业技术资格认定制度 …………………… 175
　　三、熟练技术奖励 ………………………………………… 181
　　四、技能竞赛 ……………………………………………… 182
　第四节　韩国产业工人技能形成特征 ………………………… 183
　　一、制度设计理念：全民终身职业能力开发与就业经济 … 184
　　二、制度设计起点：法律高度与政府支持 ……………… 184

三、制度设计目标：融合技术人才培养与未来技能提升 … 187
　　四、制度覆盖对象：包容性职业能力开发与可持续就业 … 189
　　五、制度激励方向：企业主激励与劳动者支援 … 192
　　六、制度作用机制：劳资民政相生与工作岗位创造 … 193

第四章　印度产业工人技能形成 … 194
　第一节　印度产业工人技能提升的经济社会背景 … 194
　　一、印度产业发展情况 … 194
　　二、印度劳动力供给结构 … 196
　　三、印度劳动力技能短缺的归因及影响 … 207
　　四、印度劳动力技能提升的应对策略 … 210
　第二节　印度产业工人技能形成的管理机构 … 211
　　一、印度职业技术教育与培训管理机构框架 … 211
　　二、国家技能开发公司（NSDC） … 215
　　三、国家培训总局（DGT） … 224
　　四、国家技能开发局（NSDA） … 237
　第三节　印度产业工人技能形成政策沿革 … 242
　　一、《2003-2004年度发展计划》 … 242
　　二、《国家技能开发政策》 … 243
　　三、《国家技能开发与创业政策》 … 245
　第四节　印度产业工人技能形成特征 … 252
　　一、制度设计理念：经济转型与可持续发展 … 252
　　二、制度设计起点：国家主导与高质量技能标准 … 253
　　三、制度设计目标：弥补技能缺口的经济效率与兼顾社会公平 … 255
　　四、制度覆盖对象：年轻人技能提升与包容性职业能力开发 … 257
　　五、制度设计落脚点：技能分层与供需匹配 … 259
　　六、制度作用机制：技能生态系统与企业技能开发的社会责任 … 260

第一章 日本产业工人技能形成

第一节 日本产业结构演进中的劳动力技能开发轨迹

19世纪70年代以来日本的经济发展可划分为六个阶段：第一阶段是二战结束以前，第二阶段是1945–1955年，战后恢复期；第三阶段是1956–1973年，高速发展期；第四阶段是1974–1989年，低增长转型期；第五阶段是1990年泡沫经济破灭后的产业结构调整期；第六阶段是第四次工业革命至今。不同的发展阶段产业结构调整的趋势和特点不尽相同，对人才的技能需求也呈不断变化的态势，相应地，日本的正规职业教育和职业培训则通过不断的变革来适应人才需求的变化。特别需要指出的是，在日本促进劳动者技能形成的正规职业教育和职业培训两个途径中，政府助力下的日本企业培训非常完善，成为正规职业教育强有力的补充，弥合了正规职业教育人才培养与企业需求的差距，有力地促进了劳动者的技能形成。本节通过梳理日本产业结构调整过程中职业教育和培训的发展轨迹，以期为我国创新驱动发展战略下，企业身处经济结构调整过程中，面对经济转型的重重困难与压力，如何促进劳动力的技能形成提供启迪。

一、二战结束以前（1945年以前）

19世纪70年代末期，日本产业革命兴起，由于机器大工业代替工场手工业，社会急需大量技工和职业人才。为了更好地发展职业教育以满足经济发展对人才的需求，日本政府于1893年颁布了《实业补习学校规程》《徒弟学校规程》和《简易农学校规程》，1894年颁布了《实业教育费国库补助法》[①]，1899颁布了《实业学校令》，提倡兴办实业学校和职业教育，希望借此培养大量熟练工和技术工。此后又陆续颁布了《工业学校规程》《农业学校规程》《商业学校规程》《商船学校规程》，职业学校数量开始迅速增加。

在日俄战争后，日本迎来产业革命大发展时期，各地都开始兴办大规模的工厂。以第一次世界大战为契机，日本的电气、机械、化工、造船等工业部门获得了长足发展。但当时的工业学校偏重于具有手工业色彩的工业教育，这显然不能适应新兴工业发展的需求，故在新兴企业内部涌现出一批企业自办学校，专门教授本企业所需的技术技能以弥补工业学校发展的不足。此间有的企业并不满足于培养普通职工，开始培养少数高级优秀员工。二战来临之前，日本国内试图从战备和经济方面保证战争所需，但机械工人的极度短缺阻碍了其重工业的发展，技工短期培训作为补充劳动力的应急措施应运而生。很多只有小学或者初中文化程度的人被招募进企业，经过大概6个月的短期脱产教育，即速成为能应付基本机械操作等工艺需求的技术工人。1911年，日本政府颁布了《工厂法》，这是最早与职业训练有关的法律，它在工厂、雇佣工人等方面做了详细的规定。1926年，日本政府公布了《青年学校令》，进一步规范了企业的教育培训，多数企业按照该法令设置企业教育培训设施。到了1935年，以见习工教育为目的的企业教育培训设施几乎全部以《青年学校令》为依据进行设置。同时，在企业教育培训设施中逐渐增加了带有体育、娱乐等福利色彩的设施[②]。

第二次世界大战期间，日本妄图构筑"大东亚共荣圈"，国内为了支持侵略战争不断扩大再生产，迫切需要劳动力，尤其是为了确保军工生产所需的技术人才，日本政府于1939年颁布了《工厂企业技术培训令》，规定企业有义务培训技工，培训内容包括思想教育、工人必备的知识和技能，且培训期限为3年[③]。《工厂企业技工培训令》成为日本企业教育培训进入划时代发展的

---

① 张继文. 日本职业教育的立法及其思考 [J]. 成人教育，2004（4）：78–90.
② 唐莉霞. 战后日本企业内部职业教育的历史考察 [D]. 西南大学，2006.
③ 罗朝猛. 日本职业教育立法的嬗变及其特色 [J]. 职业教育研究，2016（6）：156–156.

标志。随着日本对中国等亚洲国家侵略的不断加深，日本产业特别是重工业规模迅速扩大，迫切需要培训大量骨干员工，除了实业学校培养的技术骨干员工以外，政府开始着手将企业教育培训置于国家控制之下，不允许企业自由安排教育和培训[1]。

1917年日本设立了直属内阁的、以研讨长期课题为目的的咨询机关"临时教育会议"，文部省根据其提交的诸多咨询报告制订教育改革方案并付诸实施，教育政策成为日本综合性国家政策的有机组成部分。为应对第一次世界大战后学生思想的变化，1931年7月日本设立了"学生思想问题调查委员会"，审议、分析学生的思想问题[2]。1937年12月10日，日本政府成立教育审议会，审议全部教育制度内容的更新、振兴、改革的基本方针，它与临时教育会议成为强有力的文教政策审议机关[3]。1942年5月9日，日本撤销教育审议会，在内阁设立"大东亚审议会"，策定处于"大东亚建设"中的文教政策，该机构完全被军国主义所左右[4]。教育审议会要求日本教育事业的发展须与国内外发展形势相吻合，而当时主导日本应对国内外形势的恰恰是军国主义，结果日本的国民经济被完全纳入战争轨道，以培训经济发展所需劳动力为主要任务的企业培训也受到很大负面影响。在军国主义影响下，战争时期日本的职业教育和企业培训呈现出如下特征：一是高度重视工业特别是制造业所需人才的培养，努力构建与战争时期经济发展需求相适应且以工业教育为核心的职业教育体制；二是企业培训呈现出军事化特征，企业培训政策逐渐背离了提高员工技术能力的目标，由日本政府修订的《实业教育规程》充满了浓重的军事化色彩，将企业培训完全纳入为全面侵略战争服务的军事轨道上。此间日本企业培训的良性发展严重受阻，企业培训成为日军侵略战争的工具之一[5]。在日本军国主义政策影响下，一直到1945年日本战败投降后，日本的各级、各类企业培训几乎都陷入了瘫痪状态。

---

[1] 尹丽莉. 日本企业培训的制度研究 [D]. 四川师范大学，2008.
[2] 史景轩，王印华. 日本教育审议会制度的演变及其历史作用 [J]. 保定学院学报，2012（1）：111–116.
[3] 文部科学省. 学制百二十年史 [EB/OL].（2009-05-08）[2011-07-05].http://www.mext.go.jp/b_menu/hakusho/html/hpbz199201.
[4] 史景轩，王印华. 日本教育审议会制度的演变及其历史作用 [J]. 保定学院学报，2012（1）：111–116.
[5] 尹丽莉. 日本企业培训制度研究 [D]. 成都：四川师范大学，2008.

二、战后恢复期（1945—1955）

二战后日本产业结构的调整是通过产业政策引导实现的。政府采用倾斜式的生产方式集中力量重点恢复和发展煤炭、钢铁、电力和造船业，再以重点投入的部门带动整个工业回升[①]。到20世纪50年代中后期，工业生产已基本恢复到战前水平。

产业结构的调整使得社会对高中水平的普通技工的需求增加，文部省教育革新委员会于1947年制定了《学校教育法》，为正规职业教育即学校职业教育发展提供相应保障。这一时期的职业教育运行模式受到政府的直接调控，职业教育的计划、组织、控制均以行政命令实施，因而人才培养质量受到较大限制，导致毕业生的能力和素质无法匹配职业需求。

职业教育发展受限在客观上促使企业培训日益成为培养人才和促进就业的重要补充。企业培训发端于纺织业，并在重工业得到广泛推广。1949年，日本引进美国的企业人员培训方式，企业培训由此得到了充分延续和长足发展[②]，并成为正规职业教育的重要补充[③]。1951年6月，《产业教育振兴法》获得国会通过并得以颁布，政府对初高中、大学的职业教育进行财政资助，重点是补充职业高中的教学设备，为职业高中的设施和设备达到一定标准提供了法律保障。《产业教育振兴法》还界定了职业教育的基本概念和原则，是一部《教育基本法》《学校教育法》《社会教育法》的补充法，更是日本职业教育发展史上具有里程碑意义的法案。此间企业培训呈现出如下三个特点。

1. 用法律法规确立企业培训制度

1947年4月，日本颁布了《劳动基准法》，对劳动标准和职业训练的目的做出规定。此外，该法第7章加入了《技能者培训章程》，旨在避免学徒制中封建因素对劳动者的危害，保护青少年劳动者的权益。1949年重新修订《技能者培训章程》，指定的职业种类扩大到147个，培训制度逐步稳定下来。为了培养产业发展所需的劳动力，基于职业安定和经济恢复的目的，日本政府

[①] 李文英. 战后日本职业教育的发展与特点 [J]. 职业技术教育，2009（25）：79-83.

[②] 李文英，史景轩."二战"后日本职业教育的发展趋势 [J]. 教育与职业，2010（12）：20-22.

[③] 李京勋. 日本产业结构调整及其对中国的启示 [D]. 延边大学，2002-5-28.

于1947年11月颁布《职业安定法》，针对战后复员军人、战争受害者及归国人员等失业群体制定了职业辅导制度，通过实施职业教育为其提供就业机会，同时满足产业扩张的人才需求。

2. 企业人事管理重心下移

日本企业重构劳务管理模式，在组织结构设置上取消了身份阶层制，转而高度重视学历阶层结构。在劳务管理中引进人事考核制度、人际关系管理、职务分析评价等人力资源管理方法，重新塑造了职业资格制度。此间日本企业一改以往重视骨干精英、忽视普通员工，重视管理阶层、忽视一般阶层的管理理念，将企业人事管理的重心从精英阶层转向全体正规员工，全体员工的人事待遇，特别是工资水准逐步提高[15]。相应地，普通员工培训开始得到重视。

3. 企业内教育和培训从人事制度向能力主义过渡

日本企业内部教育和培训制度逐渐从人事制度向能力主义制度过渡，旨在更好地推动企业发展①。此间日本的企业雇佣形态主要是终身雇佣制，企业根据员工学历和进入公司的先后顺序确定员工的身份关系顺序，据此在企业中长期维持着上级、下级的从属关系，雇佣关系非常稳定。但稳定的雇佣关系也存在一定弊端，在一定程度上限制了企业员工教育和培训成果的应用，企业教育和培训进入反省期。鉴于日本从美国引进的教育和培训模式在企业内已经稳定扎根，企业试图在生产设备、生产技术升级的同时研究如何提高教育和培训的效果及有效应用②。到了20世纪50年代，日本经济形势逐渐好转，企业效益不断提高，随着不断引入新的人事管理理念，企业不仅加大了对全体员工的教育和培训投资力度，还相继开展了以企业高层为对象的CCS25讲座、以中层干部为对象的MTP26讲座和以现场监督者为对象的TWI27讲座等定型教育③，有针对性地提升企业全体员工的知识、技能和职业素养。由此，日本企业内部教育和培训制度逐渐实现了从人事制度向能力主义制度的过渡。

---

① 杨海涛. 日本产业结构调整的启示 [J]. 绍兴文理学院学报，2008（1）：74-77.
② 刘娟娟. 战后日本企业教育培训的发展和转型 [D]. 上海：上海师范大学，2009.
③ 郭迪佳，宋德玲. 论日本企业培训模式的演进 [J]. 佳木斯大学社会科学学报，2009（1）：35-38.

三、经济高速发展期（1956—1973）

1956年以后，日本经济进入高速发展期，为充实基础产业、扶持新兴产业、强化支柱产业，实行了产业组织合理化政策和向技术集约化推进的产业政策，逐渐从20世纪50年代中期以农业和轻工业为主过渡到以重化工业为主。

经济高速发展对人才的需求出现全面井喷。一方面，为了经济起飞，日本全面、大量引进了重化工技术，从而引发了对能够消化和吸收重化工技术的人才的迫切需求。另一方面，技术革新和经济发展不仅提升了对初级职业技术人员的需求，同时也迫切需要大量受过更高一级教育的专门技术人员。日本依托中等职业教育中的职业高中培养初级职业技术人员，在职业高中增设农业学科、工业学科、商业学科和信息技术学科等以适应经济发展和产业结构调整。1957年，日本政府颁布了《产业教育津贴相关法令》，对农业、水产职业高中的教师支付特殊津贴[①]。与此同时，为了培养高层次专门技术人员，日本于1962年创建了高等专科学校，作为培养中级技术人员的专门机构。20世纪70年代日本初步形成了由职业高中、专修学校、高等专科学校、短期大学、技术科学大学构成的职业教育体系。

然而，政府主办的职业高中学生的技能普遍不能满足企业界需求，且公共职业训练机构培训的劳动力也不能完全满足企业岗位的需要，职业技术人才的供给和需求之间出现了严重错位。为提升人才供需适配性，20世纪70年代以来，日本政府决定把职业教育的实施权下放给企业，先后颁布了《产业通商政策》、《职业训练法》（1958）、《新职业训练法》（1969）、《部分修改的职业训练法》（1978），旨在落实企业作为职业培训实施主体等事宜，指出"企业主在为其雇员提供职业训练方面承担主要责任，公共当局的主要任务是对雇主所开展的职业训练活动进行鼓励和帮助"[②]。《职业能力开发促进法》（1985、1987）详细规定了职业训练的类型、职业训练的认定、技能鉴定及实施办法，并提出了终身职业训练、改善技能鉴定的内容和实施体制[③]，从法律

---

① 张继文. 日本职业教育的立法及其思考[J]. 成人教育，2004（4）：78-90.
② 王璐，张学英. 典型国家职业教育嵌入产业结构调整的实践研究[J]. 职教论坛，2012（6）：92-96.
③ 宫靖，祝士明，柴文革. 日本职业教育立法的演进[J]. 中国职业技术教育，2009（4）：19-22.

上确定了职业培训的必要性和强制性,为企业开展职业培训施加了压力,提供了动力。事实上,随着日本企业生产力迅速提升、经营规模和经济实力逐渐增强,企业完全有能力胜任职业培训实施主体的角色,企业内部的职业教育由此进入快速成长期,各大企业纷纷建立了专门的培训部门从事企业内培训①。

经济高速增长期日本企业内培训呈现出如下特征。其一,为了适应经济高速增长和产业结构高级化,日本企业积极引进西方先进生产技术,但并不是照搬照抄,而是结合国家和企业的实际需求进行消化、吸收和提高,因而企业内培训的内容更加注重向员工传授以新生产技术为核心的系统性知识培训,引导员工实现知识更新和升级。通过企业自发的技术升级和内部培训,在企业内部直接消除了人职结构不匹配,企业培训效率非常高。其二,在日本企业内开展职业教育和培训的初衷是针对企业内部不同职务分工来提高员工技术水平和管理艺术进而提升企业的生产效率。在具备了良好的企业内部职业培训效果和培训条件的基础上,随着日本政府先后颁布《产业通商政策》和《职业训练法》,企业逐渐将基于不同职务分工或部分岗位需求的内部培训拓展为面向社会需求的社会性职业培训。随着企业参与的社会性培训日臻成熟,他们几乎能够提供产业发展中所有工种的职业培训。日本经济高速增长期也是企业培训的繁荣发展期,为经济高速增长提供了强有力的人才支撑。

四、低增长转型期(1974—20 世纪 80 年代末)

日本经济的高速发展态势一直持续至 1973 年第一次石油危机爆发之前,能源价格上升迫使日本进行第三次产业结构调整,从以重化工业为主转向发展知识密集型产业,主导产业是汽车和电器机械,旨在减少经济发展对资源、能源的消耗。基于此,日本提出了"科技立国"的口号,并不断加大科技投入。此间日本第一产业发展非常缓慢,第二、三产业平稳发展,其中第二产业在 GDP 中的占比从 1974 年的 36.4% 增至 1989 年的 37.4%,第三产业的占比从 1974 年的 58.8% 增至 1989 年的 60.0%。

从劳动密集型向知识密集型、服务型经济转型带动了劳动力就业由第一

---

① 王璐,张学英.典型国家职业教育嵌入产业结构调整的实践研究[J].职教论坛,2012(6):92-96.

产业向新兴产业的转移，从而引发了职业技术人才培养政策的调整。其一，由人才培养的多样化向基础化方向转变，这要求职业高中重视基础教育，要求学生掌握基础知识和基本技能，以综合性基础性学科为主，强化与劳动有关的体验学习，以提高学生的能力和职业适应性[1]。其二，职业教育重心上移，更重视教育的终身化和创造性能力培养。自20世纪70年代以来，短期高等职业教育以专修学校的成立为契机不断扩充，提升了专门职业学校的规格和地位，且职业教育体系的社会开放度不断加深[2]。

此间日本企业培训日趋成熟，培训机制不断完善，企业培训成为促进企业发展的长效机制，即使在第一次石油危机后的经济发展低迷阶段，很多企业仍然坚持斥资建立培训中心。在已经日臻成熟的全员分层培训的基础上，日本的企业培训出现了新的变化。其一，企业根据产业结构调整方向适时调整人才培养方向。在知识密集型产业占主导的产业结构下，针对岗位的知识密集型特点，日本企业培训特别尊重员工的个性特点，集中培养解决问题型人才，以提升员工面对环境变化自主探索应对策略的能力。其二，企业培训努力促进企业向"学习型企业"转型，在企业内部营造学习氛围，为员工提供学习机会，以期在知识密集型产业发展中获得可持续发展的竞争力。其三，为了顺应企业国际化发展的需求，企业培训开始主要服务于企业开拓海外市场的人才需求，着眼于外语和外国文化的培训。其四，企业普遍重视企业精神、企业文化、集体主义等方面的软性培训，并尝试按部门、年龄、性别进行组织配合，以期提升培训效果。

五、泡沫经济破灭后（20世纪90年代以来）

（一）泡沫经济破灭后的企业培训

自20世纪90年代开始，日本的经济形势急转直下，从泡沫景气的巅峰滑入萧条。为了重振经济，日本进行了新一轮产业结构调整，从传统工业部门占主导迅速过渡到技术密集型的新兴工业部门占主导，2000年，三次产业在GDP中的占比为1.14∶28.11∶70.15，制造业比重停止上升，而第三产业比重不断增加，

---

[1] 李文英. 战后日本职业教育的发展与特点[J]. 职业技术教育，2009（25）：79-83.
[2] 王璐，张学英. 典型国家职业教育嵌入产业结构调整的实践研究[J]. 职教论坛，2012（6）：92-96.

特别是信息服务业的兴起使产业结构呈现"社会服务化趋向"①。

20世纪90年代以来,为应对产业结构高级化,日本的职业教育体系不断完善,内容不断充实,层次不断提高。其一,职业高中在重视基础知识和技能的同时进一步充实专业教育,以便为学生打下能够终生提高职业能力的基础。其二,实施短期高等教育的学位制度改革,如在高等专科学校设置专攻科并建立副学士学位制度。其三,建立了专业研究生教育制度以培养具有丰富经验和国际视野的高级专门职业技术人才。

在泡沫经济破灭后的长期经济低迷中,虽然日本企业的培训规模和费用有所减弱,但企业培训在日本的地位丝毫没有动摇,反而有加固的趋势,为下一轮经济增长积蓄人力储备。此间日本的企业培训引入了更科学的培训制度,以培养新时期所需要的具有创新精神并能够适应新时代要求的国际型人才。但此间日本的企业培训也是备受争议的。一方面,虽然能力主义在60年代已传入日本,但在企业内部年功序列制仍占据主导地位,评价员工的主要指标是以学历加工龄为主,培训成果在员工个人评价、晋级中的作用不大。另一方面,日本成年人的在职培训主要依托企业进行,企业也具有对员工进行人力资本投资的惯性,企业内培训从本质上讲是员工的福利,更是企业的经济负担,尤其在经济萧条时期更是如此。

(二)第四次工业革命中的员工职业技能开发

日本学者寺田盛纪(2017)②认为,日本从工业化的起飞期、经过工业化社会、进入IT社会的全盛阶段,经济增长已经多年停滞不前,职业教育为经济发展供给人才的任务已经结束,职业教育和培训应不仅以知识·技能为中心,更应将引领发展的可持续核心竞争力纳入培养目标和内容,通过打造"一个无论是职业教育还是学术教育,学生都可以得到同等待遇的社会",赋予受教育者各种职业所需要的知识和技能,"为了学生职业生涯发展的职业教育"是对职业教育的重新定义。这个观点无疑将会影响企业培训的内容和发展方向,培养职业关键能力的职业培训对追求幸福生活更为重要,但基于其一般

---

① 王璐,张学英.典型国家职业教育嵌入产业结构调整的实践研究[J].职教论坛,2012(6):92-96.
② [日]寺田盛纪著,王晓华译."成熟社会"的职业教育———对职业教育研究和政策的探讨[J].职业教育研究,2017(12):83-90.

培训的特征，企业在经济低迷时期会比较抗拒提供这类培训，而更愿意"搭便车"。因此，企业会将有限的职业培训资源投资在特殊培训上，为改善企业竞争力而专注于提升员工基于特殊培训的职业能力。

从20世纪90年代开始，随着IT革命的推进，日本的就业形态发生了很大变化，尤其是年轻人的就业问题日益凸显，年轻人中非正规就业日益增多、失业率增加、就业不稳定性增加，原有的终身雇佣制受到挑战。1990—2011年，日本非正规就业占从业人员的比例从20.2%上升至35.2%（新井吾朗，2019）[①]。企业在经济低迷的环境中基于节约成本的思想而逐渐减少一般性技能培训支出、增加雇佣非正式员工。年轻人愿意从事非正规就业，喜欢享受假期。但是正规就业和非正规就业的福利水平差距很大，从事非正规就业的员工在低福利水平下为降低生存负担而越来越倾向于选择不婚不育，由此带来严重的社会问题。基于此，2003年6月日本厚生劳动、文部科技等4大臣提出了《年轻人自立挑战计划》，并依托此计划于2004年6月推行职业教育双元制。

2015年OECD开展的国际成人能力评估调查（PIAAC）推算的结果显示，日本对人才的投资水准在国际处于较低水平。日本内阁府也在2018年指出，1990年后日本企业的职业教育训练实施率呈下降趋势，企业对员工的人均直接教育训练费用和其他国家相比处于较低的水平。内阁府于2018年2月实施了"企业教育训练等意识调查"，对各企业的人力资本投资进行了推算，企业平均每年对每个劳动力的投资是28万日元，上市企业约为36万日元，非上市企业是25万日元。加藤·永沼（2013）指出，上述现象出现的原因是日本经济形势变差，企业在巨大的削减成本压力下普遍削减了研修支出，同时增加非正式雇佣、抑制招聘新员工，企业的人力资本支出普遍减少。

日本把提高劳动者技能素质喻为"技术立国"的基石。从全球工业发展的历史看，在机械化、电气化和信息化三次工业革命后，全球目前正迎来以智能机器、传感器、人机互交等一系列科技进步和信息网络化为特征的第四次工业革命，即工业4.0。安井洋辅、森内岳等人在《第4次工业革命的新技

[①] 2019年6月24日，中国职教学会职教师资专业委员会与天津市职业教育发展研究中心共同举办"中日现代学徒制学术研讨会"，日本职业能力开发综合大学能力开发应用系新井吾朗副教授做主旨报告《日本学徒制的萌芽与发展》，日本非正规就业的数据引自该报告。

术和企业的生产率》中根据内阁府帝国数据库实施的日本企业意识调查,对日本企业中新技术的引进状况及新技术对生产率和雇佣的影响进行了分析,企业引入的新技术包括大数据、AI人工智能、机器人、3D打印、云计算等。结果显示,36%的企业至少引进了一项新技术,已引进新技术、筹备引进新技术的企业占比达60%。调查发现,积极引进新技术的企业都是较新的企业,企业的领导者年龄较低。为了适应第四次工业革命带来的变革,除了积极引入新技术,强化技能型人才的培养、加强高素质的职工队伍建设也迫在眉睫。日本厚生劳动省2001年实施的《能力开发基本调查》结果显示,企业和个人都普遍认为企业应在劳动力职业技能训练中起主导作用,且普遍认可员工在企业实施的OJT、OFF-JT中获取职业技能的途径。

第二节 日本政府对劳动者职业能力开发的助力

日本政府非常重视职业教育和劳动者职业技能的开发,并通过立法强化职业能力开发体系建设。1985年6月8日颁布了《职业能力开发促进法》,并于1987年进行修订。《职业能力开发促进法》分总则、职业能力开发计划、职业能力开发之促进、职业训练法人、技能鉴定、职业能力开发协会[①]、职业能力开发审议会、细则和罚则共9章108条,强调要在劳动者整个职业生涯期间,通过职业训练和技能鉴定,有计划地实施综合性的能力开发计划,即"生涯训练"。经过多年的发展,日本已经形成包括政府公共职业训练、企业内职业训练等在内的终身职业能力开发体系。二战后日本经济的腾飞既得益于科技进步,更得益于日本有效的劳动者职业能力开发体系。

---

① 职业能力开发协会体系包括中央职业能力开发协会和各都道府县职业能力开发协会。中央职业能力开发协会于1975年成立,之后全国各都道府县相继成立地方性职业能力开发协会。中央与各都道府县的协会通力协作,旨在促进职业能力开发以及生产技能提升,同时提供各种支持。职业能力开发协会的主要职责包括:(1)确定技能鉴定考试相关管理办法及考试实施纲要;(2)提供职业训练、职业能力鉴定和其他职业能力开发的信息和资料;(3)开展职业训练、职业能力鉴定和其他职业能力开发方面的国际合作。

一、制订职业能力开发长期规划

日本根据《职业能力开发促进法》的要求每五年制订一次职业能力开发基本计划，旨在引导公共职业能力训练的方向。第一个职业能力开发基本计划实施期限为1971-1975年。第二个职业能力开发基本计划（1976-1980）旨在促进两类职业训练：一是针对青年初入职场实施系统的基础训练；二是对入职后的员工分阶段实施集中训练旨在不断提升其技能，同时鼓励职工实施自我启发训练，对技能鉴定合格者给予奖励。第三个五年计划（1981-1985）旨在建立终身职业能力开发训练体制，加强对企业职业训练的指导和援助，促进校企合作[1]。第四个五年计划（1986-1990）继续完善和提升终身职业能力开发体制。第五个五年计划（1991-1995）调整了职业训练分类法，由依据参训对象分类调整为依据职业训练难度分类，将职业训练分为普通职业训练和高级职业训练。第六个五年计划（1996-2000）旨在促进以个人为主导的职业能力开发活动。第七个五年计划（2001-2005）的目标是支持建立以个人为主导、基于职业生涯规划的职业训练机构[2]。第八个五年计划（2006-2010）旨在调动各类职业能力开发机构的积极性以重点解决青年失业问题。第九个五年计划（2011-2015）针对新兴领域和制造领域实施职业训练，关注非正规就业劳动者的职业能力开发，调整职业能力评价系统，重点推进终身职业生涯教育。第十个五年计划（2016-2020）以提升劳动生产率为目标制定人才培养战略，旨在建构全民参与型社会，为女性、年轻人、残障者、中老年人提供职业能力开发的机会，以实现人力资源最优配置。

二、主导提供公共职业训练

（一）公共职业训练的对象

日本从20世纪80年代泡沫经济以来的经济不景气引发了企业内年功序列工资制度衰落，就业机会减少叠加就业稳定性差，日本的就业形势非常严峻。

---

[1] 张彻. 国家创新系统中的日本成人教育 [J]. 日本研究，2004（4）：84-89.
[2] 厚生労働省. 職業訓練の現状について [EB/OL]. [2019-10-18].http://www.mhlw.go.jp/shingi/2009/12/dl/s1225-20a.pdf，2009：2，5，12-14.

应届毕业生、离职者、残障者和女性求职者等群体普遍职业技能水平较低，很多无法适应岗位需求。《职业能力开发促进法》第4条第2项明确规定国家及都道府县必须为劳动者职业能力开发及劳动者转职提供职业训练，即由政府提供公共职业训练。公共职业训练是国家层面的职业训练，由中央政府和地方政府协作为在职者、离职者、求职者、残障者等群体提供职业技能培训，将其培养成实践性人才。政府通过为这些群体提供公共职业训练，促进其掌握上岗所需的知识和技能。公共职业训练在日本职业训练体系中占据主导地位，已成为很多劳动者上岗前的必修课。

（二）公共职业训练的管理体系及实施机构

1. 管理体系

日本厚生劳动省主管公共职业训练，具体管理机构体系及职能如下。（1）职业能力开发局，依据《职业能力开发促进法》制订公共职业训练计划、预算经费、指导地方和其他事业团体及企业开展职业训练。（2）所属劳动省事业团体，如技能开发中心和中央职业能力开发协会等，负责技能鉴定工作以及指导中小企业开展职业训练。（3）地方政府劳动部门设置的职业训练机构，属于厚生劳动省的分管部门，负责地方职业训练[①]。

2. 实施机构

日本的公共职业训练由政府部门主导，负责协调和支持，具体实施由职业训练机构承担，呈现多元化特征。（1）雇佣能力开发机构。这类机构属于国家机关训练机构，根据不同对象实施职业能力开发训练。职业能力开发大学，由高龄者·残障者·求职者雇佣支援机构设置运营，招收高中毕业生或同等学力人员，实施四年制教学，由2年专门课程和2年制应用课程组成。职业能力开发短期大学的招生对象是高中毕业生，学制2年，重视实践能力开发。职业能力开发促进中心招收的培训对象有应届生、在职者和离职者。（2）都道府县政府设立的训练机构。主要包括由地方政府管辖的职业能力开发学校和职业能力开发短期大学校，面向本地区劳动者实施职业训练。（3）民间训练机构。除了国家和地方政府的公共职业训练机构，日本的民间教育训练

---

① 王希坤. 日本的公共职业训练 [J]. 职业教育研究. 1995（2）：44–45.

机构（比如青年自立培训学校等）是公共职业训练的主要承担单位，日本约80%的公共职业训练依托民间教育训练机构完成。

（三）公共职业训练的种类

日本厚生劳动省官网列示了公共职业训练的主要类型，主要包括离职者训练（離職者訓練）、毕业生训练（学卒者訓練）、求职者支援训练（求職者支援訓練）、在职者训练（在職者訓練）。

1. 离职者训练

离职者训练是面向领取就业保险的求职者免费提供就业所需的职业技能和知识的培训课程（课本费等由自己负担），对象是 HELLO WORK 职业介绍所的求职者。培训周期为3个月至1年。（1）过桥训练为期1个月左右，主要培养交流能力、学习商务礼仪，旨在为6个月的职业训练做铺垫。（2）高龄者·残障者·求职者雇佣支援机构实施的为期6个月的离职者训练旨在促进离职人员尽快掌握再就业所需的基础技能和知识、应用性技能和知识，参训人员在训练结束后根据自身情况进行职业生涯设计，职业训练机构提供职业咨询辅助求职活动。（3）双元制短期课程提供职业能力开发促进中心的讲座、实习训练和企业的职场实习相结合的职业训练，培养具备工作现场技能和技术的实践性人才。

2. 毕业生训练

（1）普通课程。普通课程由县立职业能力开发学校面向初高中毕业生开展为期1年或2年的培训，针对本地区产业发展需求培训相关的知识和技能，培训科目有 OA 事务科、机械加工科、汽车维修科、木结构建筑科等。（2）专业课程。专业课程由高龄者·残障者·求职者雇佣支援机构运营的职业力开发大学、职业能力开发短期大学、都道府县立职业能力开发短期大学等面向高中毕业生实施为期2年的培训，旨在培养能够应对技术革新的高级知识和技能兼备的实践性技能人才，培训科目有生产技术科、电子信息技术科、电能控制科等。（3）应用课程。应用课程是高龄者·残障者·求职者雇佣支援机构运营的职业力开发大学面向上述专业课程的结业者实施的为期2年的培训，将受训者定位为生产技术、生产管理部门领导的人才，促进其掌握先进的技能和技术、规划能力，培训科目有生产机械系统技术科、建筑施工系统技术科等。

3.求职者支援训练

求职者支援训练指根据日本的求职者支援制度，面向无法领取失业保险的求职者（包括领取完毕的人）开展免费职业培训（课本费等由自己负担），传授就业所需的知识和技能。求职者支援训练由职业能力开发促进中心委托私人教育训练机构实施，训练内容包括两方面：2-4个月的基础课程，3-6个月的实践课程。除了学费免费之外，符合条件的参训者还可获得职业训练补助金（職業訓練受講給付金）。

4.在职者训练

在职者训练分两个层面展开。一是由国家（独立行政法人）高龄者·残障者·求职者雇佣支援机构面向中小企业在职人员提供为期2-5天的短期培训，训练内容是工作场所的专业知识、技能和技术。在职者训练以企业生产现场的课题为训练内容，旨在提高生产率、改善业务流程，促进参训者学习新产品制作必需的专业知识、技能、技术。二是由都道府县根据地区人才需求实施的训练，比如，关于机械·机器操作等基础训练，训练内容包括电气工程科、焊接科、机械加工科、机械制图科、信息商务科等；关于提高生产率的支援训练（生産性向上支援訓練）。全国性的综合技术教育中心设有提高生产率的人才培养支援中心，简称生产性中心，专门负责实施提高生产率的支援训练，具体支援形式有：生产性中心依据企业课题制定培训课程，委托具备专业知识和技术的民间机构实施培训；生产中心向企业派遣职业训练指导员；生产中心为企业内职业训练提供培训设施设备租赁服务等。提高生产率的支援训练一般为期6~30小时，训练内容涉及生产管理、品质管理、削减成本、流通物流体系、市场拓展等方面。

三、面向企业的人才开发补助金制度

人才开发补助金（人材開発支援助成金制度）在2016年之前名为职业形成促进补助金，自2017年起正式更名为人才开发补助金，并相应调整了部分内容①。人才开发补助金是由政府对企业在实施劳动者职业技能训练时产生的

---

① 厚生劳动省.人材開発支援助成金制度導入活用マニュアル[EB/OL].[2019-10-18]. 21https：//www.mhlw.go.jp/stf/seisakunitsuite/bunya/koyou_roudou/koyou/kyufukin/d01-1.html.

训练经费和训练期间劳动者的部分工资提供补助。企业基于人才开发而实施以下任何一项制度时,政府均会向企业支付一定数额的补助金:其一,职业形成支援制度,包括定期性自我职业检查制度、教育训练休假制度、教育训练期间缩短出勤时间制度;其二,职业能力鉴定制度,包括技能鉴定合格奖金制度、公司内鉴定制度;其三,特定训练课程;其四,一般训练课程。人才开发补助金制度有助于劳动者学习专业性知识和掌握技术技能,制度的主要目标一是促进企业培养人才,尤其是帮助经济上有困难的中小企业实施人才开发;二是帮助劳动者进行职业生涯规划,营造终身学习的氛围。

(一)人才开发补助金制度的内容

1. 职业形成支援制度

中小企业导入职业形成支援制度(キャリア形成支援制度)可以获得政府补贴。职业形成支援制度包括定期性自我职业检查制度以及教育训练休假制度、教育训练期间缩短出勤时间制度。引入该制度中小企业可获得47.5万日元补助金,若符合生产率条件,补助金可增至60万日元。生产率的计算公式为:生产率=附加价值①/企业内补助对象的人数②。生产率条件指企业在申请补助金时,当年生产率比前3年提高6%或者提高1%-6%。企业引入同一制度时只能接受一次补助,但若某员工同时符合两项制度补助金却可以兼得。例如,中小企业同时引入技能鉴定合格奖金制度和公司内鉴定制度,某员工若同时符合两项制度规定,可以兼得补助金,额度高达120万日元。

(1)定期性自我职业检查制度

定期性自我职业检查制度(定期的なセルフ・キャリアチェック制度)指公司利用JOB-CARD向员工定期开展职业咨询服务,内容涵盖员工的年龄、就业年龄、就业年限以及职务等方面。定期性自我职业检查制度为员工提供职业咨询服务,以员工为主体制订职业能力开发目标和计划,促进员工自我反思职业生涯,激发员工的工作热情。定期性自我职业检查制度的效果主要体现在两方面。首先,激发员工的主人翁意识和谋求职业能力开发的意愿。员工比以往容易把握自己在公司内的升职所需的技能、知识和经验,预测升

---

① 附加价值:企业的附加价值计算公式为:营业利益+人事费+动产・不动产租赁费+公课税。
② 企业内的补助对象不包括以下人群:短时期员工、派遣员工和工作期间固定的员工。

职空间，做好职业规划等，提高从工作中获得的精神收益、激发工作上进心。其次，稳定雇佣关系、提升工作意愿。对新入职员工开展职业咨询旨在促进其职业规划更具体化，可以稳定雇佣关系、提高工作意愿。通过对享受产假和照护老人假期的员工开展职业咨询可以帮助他们顺利回归职场，减少职业生涯阻断带来的就业困难。

（2）教育训练的考勤与休假制度

教育训练的考勤与休假制度（教育訓練休暇制度及び短時間勤務制度）主要指教育训练休假制度、教育训练期间缩短出勤时间制度，是企业为员工参加企业之外的教育训练、鉴定考试、职业咨询等提供假期的制度，旨在促进员工自发实施职业技能开发。该制度的主要目标是降低员工实施职业能力开发的时间成本，激发员工自主自愿自发实施职业训练以提升技能水平。

2. 职业能力鉴定制度

职业能力鉴定制度（職業能力検定制度）是一项仅面向中小企业的制度，包括技能鉴定合格奖金制度和公司内鉴定制度，补助金额与职业形成支援制度的补助标准相同，企业导入该制度的可获得47.5万日元奖励金，满足生产率条件的补助额度可增至60万日元。

（1）技能鉴定合格奖金制度

技能鉴定合格奖金制度（技能検定合格報奨金）是促进企业员工定期接受国家技能鉴定考试，企业对考试合格者支付奖金。国家技能鉴定考试是基于职业技能开发促进法实施的考试制度，根据一定的标准评估劳动者的技能水平。技能鉴定合格奖金制度的优点如下：其一，提升企业员工职业技能开发的动力，并最终提高员工职业技能；其二，作为企业控制员工职业技能的手段，帮助企业配置员工使员工人尽其才，同时据此设置薪酬体系并调整员工的工资待遇水平以体现公平公正；其三，减轻企业参与国家技能鉴定考试和对员工支付奖金的经济负担。

（2）公司内鉴定制度

公司内鉴定制度（社内検定制度）指企业根据自身的实际技能需求制定员工知识和技能的鉴定考试，在企业内部定期实施。公司内鉴定制度的目标一是促进员工习得的技能与企业需求相匹配；二是能够根据技术升级动态调整企业的技能需求，满足企业生产率提升的需求，同时减少由技术升级带来的结构性就业不匹配的负面影响。

3. 特定训练课程

特定训练课程（特定訓練コース）是由职业技能开发促进中心等机构实施的在职者训练和专业实践教育训练以及生产力提高人才教育支援中心开展的训练，覆盖对象为企业录用五年以内未满35周岁的年轻劳动者的训练、强化熟练技能工的指导能力和传承技能等训练、培养从事海外相关业务人才的训练、厚生劳动大臣认定的OJT训练、近两年录用的没有正式员工资格的中老年（45岁以上）员工的OJT训练。特定训练课程的基本补助金标准因培训形式而异。（1）OFF-JT形式的特定训练课程补助金分别向企业和参训者支付，满足生产性条件的企业可获得相当于培训费用总额45%的补助金，参训员工的工资补助标准为760日元/小时；不满足生产性条件的企业按培训费用的30%进行补助，参训员工工资补助标准为480日元/小时。（2）OJT形式的特定训练课程的基本补助金仅限于录用训练，补助金标准为840日元/小时。

4. 一般训练课程

一般训练课程（一般訓練コース）补助指对中小企业及其他企业事业单位员工接受上述特定训练课程以外的训练课程予以补助。如果员工接受OFF-JT，政府对企业的补助额度视企业是否满足生产性条件而异：符合生产性条件的，按课程培训费用额度的45%进行补助；不符合生产性条件的，按培训课程费用额度的30%进行补助。

（二）人才开发补助金的使用

日本厚生劳动省的调查结果显示，2016年人才开发支援补助金的利用率是5.1%，2015年为5.6%，补助金的利用率呈下降趋势。有45.8%的被调查企业表示知道该制度但是却没有使用过，有43%的被调查企业则表示根本不知道该制度（如图1-1所示），人才开发补助金制度的推广使用还需要加强宣传。

厚生劳动省的问卷调查结果揭示了企业未利用补助金制度的原因：36.5%的企业表示不符合补助金制度设定的条件，36.1%的企业表示申请补助金的手续烦琐、制度内容难以理解。实际上，企业未参与人才开发补助金制度的真正原因是企业针对员工开展职业训练的意愿不足，比如，有的企业认为员工参加职业训练占用生产时间进而影响企业经济效益，有的企业认为在日常工作中就可以提高员工的职业技能所以无须让员工接受额外的职业训练，有的企业则因为经济困难而没有为员工提供职业训练预算（如图1-2所示）。

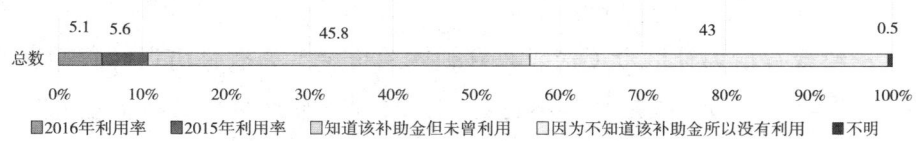

图 1-1　人才开发补助金的利用状况

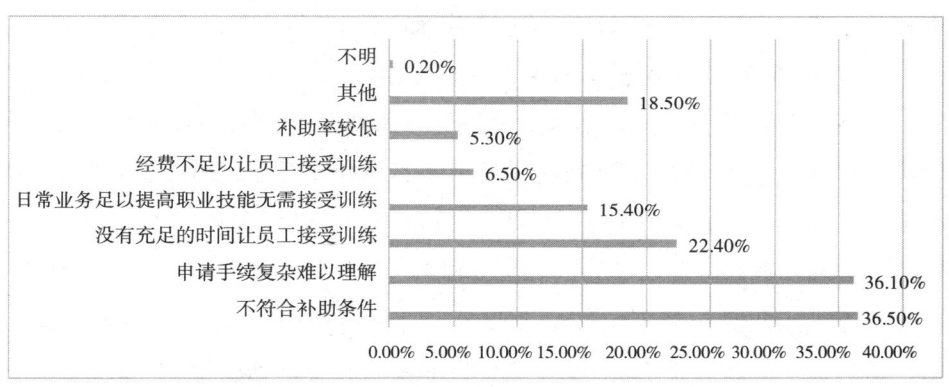

图 1-2　未利用人才补助金的原因调查（多项选择）

四、面向劳动者的教育培训补助金制度

2003年5月1日，日本为助力劳动者职业能力提升建立了教育培训补助金制度（教育訓練給付金），对劳动者参加职业能力提升课程产生的费用给予部分补偿，鼓励劳动者自发实施职业技能提升。有就业保险的一般被保人（或曾经是一般被保人的离职者）自行参加厚生劳动大臣指定的教育培训，政府以教育培训补助金的名义对教育培训经费（入学金和学费等）进行部分补助。教育培训补助金包括一般教育培训补助金和专业实践教育培训补助金两类（如表1-1所示）。根据《日本复兴战略》，为进一步减轻参训者的费用负担，日本政府不断完善教育培训补助金制度：于2014年10月1日起增加了专业实践

教育培训补助金内容，同时扩充了教育培训补助金适用范围，除了补助训练费用，对培训后取得资格证书者和培训后实现就业者给予额外补助，扩充了教育培训补助金的适用范围；提出了教育培训支援补助金的概念，劳动者具备获得专业实践教育培训补助金的条件，同时满足在参训时未满45岁且培训期间失业这一条件的，可在培训期间获得教育培训支援补助金。

（一）一般教育培训补助金

一般教育培训补助金（一般教育訓練給付金）为教育培训经费额度的20%，补助金额的上限是每年不超过10万日元，补助时长最多不超过1年。劳动者获得一般教育培训补助金需要具备一定条件：劳动者第一次申领教育培训补助金的，在开课日之前须具有1年以上就业保险；劳动者获得过教育培训补助金的，从上一次开课日至下一个开课日有3年以上的就业保险。

（二）专业实践教育培训补助金

日本于2014年10月1日起开始提供专业实践教育培训补助金（專門実践教育訓練給付金），重视职业技能提升中的实践训练部分。2018年1月，日本政府对专业实践教育培训补助金制度进行扩充，劳动者参加厚生劳动大臣指定的专业性实践性教育培训的，可获得相当于教育培训经费额度50%的补助，补助金额的上限是每年不超过40万日元，补助时长最长不超过3年，取得资格证书的最长不超过3年。劳动者修完专业实践教育培训课程后，若在1年之内通过考取资格证书等被雇主录取且是拥有就业保险的一般被保人，还可获得相当于教育培训经费额度20%的追加补助。劳动者获得专业实践教育培训补助金需要具备一定条件：劳动者第一次申领补助金的，在听学日之前须具备2年以上的就业保险；劳动者获得过补助金的，从上一次开课日至下一个开课日须具有3年以上的就业保险。

（三）教育培训支援补助金

教育培训支援补助金（教育訓練支援補助金）的补贴对象需要符合如下条件：(1)必须是具备获得专业实践教育培训补助金的人员，这是获得教育培训支援补助金的前提条件；(2)第一次参加专业实践教育培训；(3)是在离职后一年以内参加专业实践教育培训；(4)在开始参加专业实践教育培训时未满45岁；(5)参加专业实践教育培训不是网络学习或夜校学习形式；(6)计划完成专业实践教育培训;(7)必须处在离职状态且离职后没有短期聘用保险。

表 1-1　日本教育培训补助金制度的补贴情况

	一般教育培训补助金	专门实践教育培训补助金	教育培训支援补助金
补助金额	培训费用的20% 上限为10万日元	培训经费的50% 上限为40万日元	上限为离职前月薪的80% 据工资数额而定
补助时长	不超过1年	一般不超过2年,取得资格证书的不超过3年	—
补助资格	－第一次申领补助金的,在开课日之前具有1年以上就业保险; －获得过补助金的,从上一次开课日至下一个开课日有3年以上的就业保险	－第一次申领补助金的,在开课日之前有2年以上的就业保险; －获得过补助金的,从上一次开课日至下一个开课日有3年以上的就业保险	－具备获得专业实践教育培训补助金的条件; －第一次参加专业实践教育培训; －离职后1年内参加专业实践教育培训; －在开始参加专业实践教育培训时未满45岁; －参加专业实践教育培训不是网络学习或夜校学习形式; －计划完成专业实践教育培训;－必须处在离职状态且离职后没有短期聘用保险

五、建设职业训练指导员队伍

职业训练指导员是指从事职业训练的人员,大多是由职业训练大学校培养。职业训练大学校在实施公共职业训练时,对在职的或自愿担任指导员者提供必要的技能训练以培养职业训练指导员应具备的资质和能力。

针对指导员的训练课程分四类:(1)长期课程接收初中毕业生及同等学力者,设有基础学科、指导学科和实技技术三类,训练时长为4年;(2)短期课程,招收二级技能鉴定合格并具有三年以上实际工作经验者或同等及以上技能者,设有指导学科及实际业务实习、专门学科,训练时长为6个月;(3)进修课程,招收已从事或想从事职业训练者或持有职业训练指导员许可证者,该课程包括指导方法、专门学科和实技,训练时长至少达12小时;(4)研究课程,招收接受过长期训练的指导员或同等以上学力及技能者,该课程设有工学研究科(包括几个专业),同时还要撰写研究论文,训练时长为2年。

以上课程结束时,学员必须接受学科考试和实技考试,考试合格的学员可获得指导员训练毕业证书。持有指导员训练毕业证书者只是具备了成为职业训练指导员的资格，要真正成为职业训练指导员还必须参加额外的考试，即按劳动大臣批准的考题、考试要领实施的职业训练指导员资格考试，包括学科考试和实技考试两部分，考试合格者才能成为真正的职业训练指导员。

六、建立职业能力评价制度

为了稳定在职者就业、促进劳动者顺利就业、提高技能人才的社会评价，日本建立了技能鉴定制度（技能检定制度），对劳动者的技能水平进行鉴定[①]。1959年日本首次实施技能鉴定，共涉及5个职业种类；1973年重新整顿技能鉴定考试的职业种类、修订了考试资格；1985年统一了适应工作场所技术技能变化的技能鉴定职业种类，简化了考试人员的鉴定资格；1988年调整技能等级，增加了面向管理人员和监督人员的特级鉴定考试。日本的技能鉴定制度由厚生劳动省负责主导实施，厚生劳动省将具体的技能考核鉴定工作委托给中央职业能力开发协会，考核的具体实施由都道府县职业能力开发协会和指定的民间考试机构负责。目前技能鉴定考试共涉及机械加工、建筑木匠和财务计划等130个工种，其中都道府县职业能力开发协会负责实施111个工种的考试工作，民间指定考试机构负责19个工种的考试。凡是考核合格者可获得合格证书（技师证书）。技能鉴定考试难度通常分为1-3级，此外根据职业种类不同也有不分难易度的单一等级，1级和单一级代表高技能水平，2级代表中级水平，3级代表初级水平。此外还有面向管理人员和监督人员的特级考试。

技能鉴定考核包括实际操作考核（実技試験）和专业理论考核（学科試験），满分均为100分，通过实际操作考核需要分数达到60分以上，通过专业理论考核需要分数达到65分以上，两种考核均通过者视为考核通过。若两项考试中只通过一项，下次只需参加未通过的考试，考试合格后可取得技师证书（特级考试有效期为5年）。

实际操作考核的考试内容分两类：一是制作类考试，指在限定时间内进行物品的制作、组装、调整等的技能考核，考试时间为4-6小时；二是判断企

---

① 田丰，朱兵，于晶晶. 日本的职业技能鉴定制度[J]. 中国培训，2004（4）：12-13.

划类考试，指在了解实际对象的状态或现场状况等之后进行判断、测量、计算等的考核。不同工种实际操作考核的考试内容不同，有的同时包括上述两种考核，有的只要求选其一。专业理论考核的考试分两类：一是由都道府县职业能力开发协会实施的考试，一般包括25道判断题和50道多选题，特级考试只含50道多选题，3级考试只含30道判断题；二是由民间指定考试机构实施的考试，根据工种考核不同内容。

七、弱势群体就业援助与职业能力开发

以下内容主要来自日本厚生劳动省官网[①]。

（一）日本残疾人就业援助与激励

日本政府非常鼓励残疾人根据个人意愿和自身能力进行工作，政府一直在完善和推进残疾人就业，旨在建构包容性发展的社会。

1. 法律保障

日本于1960年出台《身体残障者就业促进法》，专门制定了针对身体残障人士的多项就业促进措施。《身体残障者就业促进法》首次在日本提出了法定雇佣率的概念，规定企业等用人单位必须雇佣一定比例的残疾人员工。1976年，日本政府规定民营企业必须雇佣身体残障者，实际雇佣率（即残疾人正式员工在正式员工总量中的占比）必须达到1.5%。1987年日本政府将《身体残障者就业促进法》更名为《残疾人就业促进法》。

随着时间的推移，残疾人的概念范畴不断拓展：1998年智力残障人士被纳入残障者范围，2018年4月精神残障人士被纳入残障者范围。2018年重新调整了针对残障人士的法定雇佣比率，拥有45.5名以上员工（之前为50人以上）的企业雇佣残疾人的比例由2.0%提高至2.2%。若企业未达到法定雇佣率标准，国家将征收罚款并分配给雇佣人数超过法定雇佣率标准的企业。相对于企业，国家机关和地方政府的残疾人雇佣比例由2.3%提高至2.5%。根据政府的最新规定，无论是企业还是政府机构，法定雇佣率在2020年末之前须再分别提高0.1%。

[①] 厚生劳动省 .https://www.mhlw.go.jp/stf/seisakunitsuite/bunya/koyou_roudou/koyou/koureisha/index.html.

2. 残疾人职业技能培训机构

日本政府成立了多种机构以提升残疾人职业技能、实施就业援助。（1）HELLO WORK。这是日本的公共职业介绍所，有就业意愿的残疾人可在该网站注册并填写求职信息，网站专职人员和职业咨询师在充分了解注册者的残疾种类、程度的基础上，通过案例讲解方式提供细致的职业咨询、职业介绍等。（2）地区残疾人职业中心。这些中心为残疾人提供职业评估、职业指导、职业准备培训、工作场所适应援助等专业性的职业指导。（3）残疾人就业及生活支援中心。这些中心针对残疾人所在区域实施就业和生活方面的全面咨询和支持。（4）残疾人职业能力开发学校。这些学校针对难以参加由一般公共职业能力开发机构组织的职业训练的重度残疾人开展职业训练。

残疾人职业技能培训机构的工作机制为，以 HELLO WORK 职业介绍所为中心，由地区残疾人职业中心、残疾人就业及生活支援中心、职业能力开发学校等机构的相关人员组成"残疾人就业支援小组"，对有就业意愿的残疾人实施从就业预备到职场工作的全程援助。

3. 残疾人职业技能委托培训

为帮助残疾人就业，国家和都道府县签订委托合同，由都道府县作为实施主体，委托企业、社会福祉法人、NPO 法人、民间教育培训机构等在残疾人所居住的社区开展职业技能培训，促进残疾人职业能力提升。这类培训一般为期3个月以内，每月达到100课时。委托费用原则上每人每月上限为6万或9万日元。培训课程有知识技能培训课程（知識・技能習得訓練コース）、实践能力培训课程（実践能力習得訓練コース）、E-learning 培训课程（e-ラーニングコース）（针对不方便来培训机构的残疾人开展网上培训）、特别支援学校早期培训课程（特別支援学校早期訓練コース）、在职者培训课程（在職者訓練コース）等。

此外，国家、都道府县、高龄者・残疾人・求职者就业支援机构（独立行政法人）、民间教育培训机构等开展通力合作，不断充实残疾人职业技能培训、完善培训方法。高领者・智障・求职者就业支援机构（独立行政法人）与厚生劳动省每年10月中旬至11月上旬在残疾人职业综合中心联合举办"残疾人职业培训促进交流广场"，就残疾人职业培训交换意见和信息，有效促进开展残疾人职业培训。此外，每年举办残疾人技能大赛，在提高残疾人技能的同时促进社会对残疾人职业能力的理解和认识。高领者·残疾人·求职者就业支援机构还制作职业培训实践宣传册，将有效的培训方法和技术汇总在册，发放给各残疾人职业培训机构。

4. 雇佣残疾人的补贴

日本政府制定各项补贴政策促进残疾人就业[①]。（1）重度残疾人和难治愈疾病患者雇佣补贴（発達障害者·難治性疾患患者雇用開発コース）。通过HELLO WORK 职业介绍所雇佣重度残疾人或治愈性疾病患者的企业，政府为雇主提供50万日元的奖励补贴，中小企业补贴额度高达120万日元。（2）初次雇佣补贴（障害者初回雇用コース）。中小企业首次雇佣残疾人，人数超过法定雇佣标准的，政府为其提供120万日元的补贴。（3）试行雇佣补贴（トライアル雇用助成金）。企业尝试雇佣残疾人或者雇佣每周难以工作20小时以上的精神残疾人，每周工作20小时以上的，可以申请获得试行雇佣补贴。（4）残疾人稳定就业补贴（障害者雇用安定助成金）。共有两类补贴：一是针对雇主安排职业教练员（JOB COACH）对有需求的残疾人进行指导而提供的雇主补贴；二是针对雇主制订残疾人就业计划，在新雇佣5个以上残疾人的基础上继续雇佣达10人以上的中小企业进行补贴，用于雇主为残疾人提供必要的设施及后期维护，具体补贴额度与实际发生的费用有关。（5）基于残疾人雇佣率罚款制度的补贴（障害者雇用納付金制度に基づく助成金）。雇主为了雇佣残疾人而在工作场所安装工作设施和福利设施以方便残疾人通勤的，政府会资助部分费用，补贴款项来源于雇佣残疾人未达到法定雇佣比率的企业缴纳的罚款。（6）人才开发支援补贴（人材開発支援助成金）（障害者職業能力開発コース）。企业实施提升残疾人职业能力的职业培训或者建设相关培训设施的，政府给予一定补贴。

（二）日本高龄者就业援助与激励

日本是世界上人口老龄化程度最高的国家，世界银行提供的数据表明，目前日本居于全世界人口老龄化前十位国家之首，前十位国家及老龄化程

---

① 佐伯觉，伊藤英明. 障害者に対する就労支援の最近の動向 [J]. 就労支援—最近の知見と展望，V.54，N.4，2017，258–161.

度如下：日本27%，意大利23%，德国21%，法国20%，英国19%，加拿大17%，澳大利亚16%，美国15%，俄罗斯14%，中国11%。2019年，日本65岁以上的老年人占人口总量的27%，且呈现稳定增长趋势，但日本的新生儿出生率却逐年降低，且远低于老年人增长率。为弥补劳动力不足，日本政府采取各种措施促进老年人再就业，通过开发老年人力资源，提升其技能水平，充分利用其工作经验和职场智慧，在改善老年人生活条件的同时缓解老龄化下的劳动力不足。

1. 法律保障

日本的雇佣政策高度关注中老年人就业，激励雇主雇佣中老年劳动力，保障其就业机会[①]。1966年，日本出台《雇佣对策法》，规范劳动雇佣事宜。1973年，日本修订《雇佣对策法》，制定了"将退休年龄延迟至60岁"的目标，把延迟退休年龄作为国策实施。1976年，日本出台专门针对中高龄劳动力就业的《中高龄者雇佣促进法》，规定将劳动力退休后再就业、企业雇佣期限延迟作为促进60-64岁劳动者再就业的主要措施。1979年，日本第4次雇佣对策基本计划规定努力实现60岁退休制的普及化。1986年，日本将《中高年龄者雇佣促进法》更名为《高龄者雇佣安定法》，规定企业有尽量实施职员60岁退休的义务，成为日本促进和保障老年人就业最重要的法律。1990年，日本修订《高龄者雇佣安定法》，规定企业有实施员工退休后再就业的义务。数据显示，1990年在实施退休制的企业中约有6成以上采用了60岁退休制，1998年日本已基本实现60岁退休制，达到了预定的延迟退休目标。

尽管如此，日本老年人的失业率仍居高不下，针对中老年人就业中普遍遭遇的年龄歧视和就业阻碍，日本于2001年修订《雇佣对策法》，着手构建禁止就业年龄歧视的法律制度。一方面，法律规定企业有尽量实行招工、录用时禁止限制年龄的义务；另一方面，再次提高退休年龄。2004年，日本修改《高龄者雇佣安定法》，以延迟退休年龄为主要目的，旨在为65岁以下老年人营造稳定的就业环境。法律规定自2006年4月开始企业有义务逐步实施如下三项措施中的任何一项：其一，逐步延迟退休年龄至65岁，到2013年实

---

① 丁英顺. 日本老年雇佣制度的发展及启示 [J]. 前沿，2019（3）：65-70.

现劳动者65岁退休的目标；其二，废除退休制；其三，采用继续雇佣制度，企业可维持现有退休制度，但职员有退休后继续就业意愿的，企业必须继续雇佣或延长劳动合同。2007年，日本再次修订《雇佣对策法》，规定企业有实行招工、录用时禁止限制年龄的义务，旨在应对出生率下降和老年人口增加带来的劳动力短缺，且保障中老年人享有平等的就业机会。2012年，日本修订《高龄者雇佣安定法》，规定企业有义务采取措施保障老年人就业，对年满60岁且有工作意愿的老年人应保障其工作到65岁。这项上升到法律高度的规定恰恰体现了日本建构生涯现役社会（即终生在职社会）的发展理念[①]。

除了保障老年人就业机会和就业权益，日本修订《新事业创业法》重新对有关最低资本金做出规定（创业启动金1日元），鼓励老年人就业的同时还鼓励老年人创业[②]。厚生劳动省为老年人提供创业所需的各种业务咨询、创业政策指导和资金援助等支持。

2. 高龄者就业资金支持

20世纪90年代以来，日本政府为了鼓励企业继续雇佣老年员工设立了多种奖励金和补助金，对雇佣老年人的企业和老年人提供资金支持。

（1）政府为企业提供的补贴

政府为企业提供的补贴主要三类。①雇佣65岁以上老年人的补助金（65歳超雇用推進助成金）。政府为将退休年龄提高至65岁以上、不断完善老年人雇佣管理制度、将老年人的有期限雇佣合同转变为无期限雇佣合同的企业提供补贴。②新雇佣补贴（雇い入れ支援）。政府对新雇佣老年人的企业提供补贴。③生涯现役创业支援补贴（生涯現役起業支援助成金）。年龄在40岁以上并在创业时雇佣中老年人的企业主可享受政府补贴。

日本各地纷纷开展雇佣老年人的优秀企业评选，如东京都联合公益财团法人以及NPO团体、企业，共同开展"开拓老年人职场模范事业"的评选，在创新领域和创新岗位新雇佣3名以上60岁老年人的、新雇佣老年人数占新工作岗位员工人数一半以上的企业可以参选，当选的用人单位可得300万日元的资助。

---

① 崔迎春.老龄化背景下的日本高龄者雇佣政策.安徽师范大学学报.2014（5）：334-343.
② 田香兰.日本积极养老政策研究.社会工作（下半月），2010（5）：49-51.

（2）政府为老年劳动者提供的补贴

①老年劳动者再就业支援补贴和培训支援补贴。政府向不得已离职或被解雇的老年就业者发放补贴，旨在促进就业技能提升。②创业补贴。雇主自主创业，且雇佣3名及以上45岁以上中老年人的，可得到一定额度的补贴。若雇佣超过60岁的老年人，创业者可得不超过200万日元的补贴。

3. 高龄者就业促进机构

日本成立了多种机构促进老年人就业。

（1）老年人才中心

老年人才中心致力于促进老年人在人力资源短缺领域、政府提供的就业岗位就业，并针对老年人制定弹性的就业时间制度等。2016年，日本提出"生涯现役区域合作促进项目"（生涯現役促進地域連携事業），提倡在日本打造终身在职的社会，由地方政府组成"理事会"广泛实施促进本地区老年人就业的各项活动。数据显示，在全国300个主要HELLO WORK职业介绍所设立"生涯现役支援窗口"，重点针对65岁以上高龄求职者进行再就业支援。2016年，日本提出"即将退休的高龄者职业人才存储事业"，推动将那些即将退休的高龄者的职业生涯信息登记到公益财团法人产业雇佣安定中心，并向雇主公开。

（2）高领者·智障·求职者就业支援机构（独立行政法人）

为老年人创造可以继续发挥工作能力的环境，确保劳动者能够工作到65岁，从而实现生涯现役社会（生涯現役社会），日本必须重新审视包括工资和退休金制度在内的人事管理制度，提升老年人职业能力，拓宽老年人就业领域，改善工作场所环境和设施等。为此，高领者·智障·求职者就业支援机构（独立行政法人）实施了多项促进老年人就业的措施。（1）鼓励发展"超65岁雇佣策划者·高龄者雇佣顾问"事业（65歳超雇用推進プランナー高齢者雇用アドバイザー）。一方面，认定一批熟悉老年人就业问题的人员、中小型企业诊断师、社会保险劳务人员等具有专业和实务能力的专业人士作为雇佣顾问，以高领者·智障·求职者就业支援机构的都道府县分部为窗口，根据企业的实际情况提供继续雇佣咨询。（2）实施"企划立案服务"（企画立案サービス）、"研修服务"（研修サービス）及"企业诊断系统"（企業診断システム）等事业。主要内容是编辑和发行老年人再就业相关资讯刊物，对老年人再就业意愿和需求状况展开调查，宣传企业雇佣老年人的典型案例。一些非营利组织与企业和公共职业安定机构合作，进行老年人再就业技能培训，开展老年人面试专场，带老年人参观企业，进行职业体验。

第三节 面向工业4.0的劳动力技能开发实践

第四次工业革命以来，面对产业对技能人才的新需求以及青年一代非正规就业日益增多带来的社会问题，日本政府出台了一系列包括双元制职业教育和企业参与职业培训的激励政策和制度。本文中日本双元制职业教育的内容主要来自日本厚生劳动省所属职业能力开发综合大学校新井吾朗于2019年6月在"中日现代学徒制学术研讨会"上的主旨报告《日本学徒制的萌芽与发展》，以及部分期刊文章。关于日本企业内职业训练的内容及实际运行情况的梳理是在查阅小寺信也、井上祐介[①]对近年来干预日本企业人力资本投资特征和效果的研究，日本厚生省官方网站2018年发布的《能力开发报告书》[②]，安井洋辅、森内岳、渡会浩纪[③]关于第四次产业革命中新技术与企业生产率的研究，厚生劳动省官方网站发布的人才开发支援补助金制度[④]等资料的基础上完成的。

一、职业教育双元制

2003年，内阁府、厚生劳动省、文部科学省和经济产业省推动出台了《年轻人自立挑战计划》，将实务·教育连接型人才培养体系——日本版双元制（日本版デュアルシステム）作为面向年轻人的实践性教育·能力开发的新措施，采用企业实习和教育·职业培训相结合的方式，它是一种学校－职

---

① 小寺信也，井上祐介.企业による人的资本投资の特徵と効果 [R]. [EB/OL].（2018-08-31）[2019-10-11].https：//www5.cao.go.jp/keizai3/discussion-paper/menu.html.

② 日本厚生省.能力开发报告书 [EB/OL].（2018-03-30）[2019-10-11].19https：//www.mhlw.go.jp/stf/houdou/0000200645.html.

③ 安井洋辅、森内岳、渡会浩纪.第4次产业革命における新规技术と企业の生产性 [R]. [EB/OL].（2017-09-30）[2019-10-11].https：//www5.cao.go.jp/keizai3/discussion-paper/menu.html.

④ 厚生劳动省.人材开发支援助成金制度导入活用マニュアル [EB/OL]. [2019-10-18].21https：//www.mhlw.go.jp/stf/seisakunitsuite/bunya/koyou_roudou/koyou/kyufukin/d01-1.html.

场混合型教育·培训（学校·職場混合の教育·訓練），旨在将年轻人培养成能够独当一面的职业人，切实解决青年劳动力就业问题。2004年，文部科学省制定了《推进在专业高等学校开展"日本双元制"》，此后双元制在全国实施。日本的双元制职业教育以厚生劳动省为主，由文部科学大臣、厚生劳动大臣、经济产业大臣、经济财政担当大臣共同推进，由学校和企业交替实施知识学习和实践培训（陆素菊，2006）[①]。

（一）日本双元制教育·培训形式

日本双元制教育·培训有两种操作形式：教育培训机构主导型（教育訓練機関主導型）和企业主导型（企業主導型）（如表1-2所示）。

1. 教育培训机构主导型

教育培训机构主导型（教育訓練機関主導型）是由职业学校等教育培训机构接受培训生，并寻找合作企业共同制定培训计划，职业学校等教育培训机构负责理论学习指导，企业负责实践培训，具体还可分为两个类别。其一，职业学校主导型（教育訓練機関主導型·学校）是"学校+企业"，主要是指专业学校和企业合作。其二，职业能力开发机构主导型（教育訓練機関主導型·能開施設）是"职业能力开发机构+企业"，主要指职业能力开发促进中心的短期课程和附加企业实习的培训，此外还有职业能力开发短期大学，进行专业课程教育和训练。

2. 企业主导型

企业主导型（企業主導型）双元制是由企业以非正式雇佣的形式录用培训生，再寻求与职业学校等教育培训机构合作制订培训计划，在企业内实施在职培训（OJT），在合作学校和教育训练机构实施脱产培训（OFF-JT）。双元制特征主要体现在脱产培训（OFF-JT）中，具体细分为固定期限和无固定期限雇佣两种：（1）固定期限培训主要指短期实习型培训；（2）无固定期限培训主要指基于职业资格认定和实习而开展的职业训练。双元制项目初期启动时主要以教育机构为主，培训形式大概有三类：3天/周的OFF-JT，2天/周的OJT；上午OFF-JT，下午OJT；以1~2个月为周期的OFF-JT与OJT交替轮换。

---

① 陆素菊.日本模式职业教育双元制的试行及意义之解读[J].职教通讯，2006（3）：61-63.

表 1-2　日本学校 - 职场混合型教育·培训的类型

类型	相关机构	实施主体	制度名称	举例
教育培训机构主导型	学校+企业	专业学校	日本版双元制	- 葛西工業高校 http://www.kasaikogyo-h.metro.tokyo.jp/?page_id=178 - 桑名工業高校 http://www.mie-c.ed.jp/tkuwan/annai/dual_system.html
	职业能力开发机构+企业	职业能力开发促进中心	日本版双元制（短期课程附加企业实习）	- 高齢障害求職者雇用支援機構 HP 紹介ページ http://www.jeed.or.jp/js/kyushoku/dual/course/6kagetsu.html - 関東職業能力開発促進センター http://www3.jeed.or.jp/kanagawa/poly/training/cource-17dual.html
		职业能力开发短期大学	日本版双元制（专业课程）	- 高齢障害求職者雇用支援機構 HP 紹介ページ http://www.jeed.or.jp/js/kousotsusya/polytech_co/senmon_ka/dual.html - 千葉職業能力開発短期大学校 http://www3.jeed.or.jp/chiba/college/school/subject/monozukuri.html
企业主导型	企业+OFF-JT	固定期限雇佣	短期实习型培训	- 厚生労働省 HP キャリアアップ助成金 http://www.mhlw.go.jp/stf/seisakunitsuite/bunya/koyou_roudou/part_haken/jigyounushi/career.html
		无固定期限雇佣	资格认定兼实习的职业训练	- 厚生労働省 HP 人材開発支援助成金 http://www.mhlw.go.jp/stf/seisakunitsuite/bunya/koyou_roudou/koyou/kyufukin/d01-1.html

（二）学校+企业版双元制

在专业高等学校，学生除了接受基础知识的教育训练，还要掌握未来职业所需的基本知识和技术，同时接受劳动观和职业观教育。学校与地区行业和企业建立合作关系，依据经济发展需求提升学生的职业素质和职业能力，人才培养具有充分的灵活性。学校+企业版双元制一般会制订实践型教育计划，大学、短期大学、高等专科学校、专科学校等高等教育机构灵活运用教育科研成果制订培训计划，旨在促进受训者的职业能力形成，常用的培训手段有企业现场实习+讲座的组合培训。

东京都立葛西工业高校设有双元制专业，学生在学期间有四次机会去企业进行职业体验（可选择四家企业）。学校在第一学年组织学生去公司参观学习，帮助学生进行职业定位；第二、三学年的6月、11月分别组织学生开展为期1个月左右的连续就业体验，学生除了周末每天都去企业上班，以此促使学生掌握实践知识和技能，开展职业人行为准则训练，培养职业判断力、职业责任感、职业态度、职业观等软技能。

（三）职业能力开发机构＋企业版双元制

2004年3月，日本厚生劳动省组织召开日本双元制协议会，并出台《日本双元制协议会报告》，提出双元制是根据培训计划，同时开展企业实习或在岗培训（OJT）以及与其密切相关的教育培训机构的脱产教育训练（OFF-JT），并于结业时进行能力评价的制度。双元制实施的目的在于使年轻人在学校毕业后且未得到正式雇佣时，通过双元制系统培训成为独当一面的职业人，实现在职场稳定就职，防止毕业后未就业者成为自由职业者或无业者。双元制职业训练与传统职业培训的区别在于它满足了企业对员工的高能力和即刻上岗的需求，受训者的训练内容由课堂教育训练、职业能力开发机构内实习训练、企业现场大量实习训练构成。训练结束后学员要接受职业能力评价，以此保证其实践能力水平，有助于在培训结束后顺利过渡到正式雇佣岗位。

日本职业能力开发机构主办的双元制职业能力开发主要面向年龄在35岁以下就业困难的青年劳动力，包括高中在校生、高中毕业尚未就业者、无业者和不定业者等，该群体的共同特征是虽然持续求职但尚未获得稳定就业、正规就业。具体的训练形式有两类。（1）固定期限实习型培训，为没有机会获得职业能力开发培训的人提供企业现场实习和教育培训机构的讲座相结合的培训；（2）实践型人才培养，为应届毕业生提供OJT+OFF-JT组合培训，将其定位于企业工作现场具备实践技能的核心力量。实施双元制培训的教育·训练机构有独立行政法人、职业能力开发机构、私立专门学校、国家认定的培训机构等具备职业能力开发经验的主体。职业培训的实施周期通常为1-3年。双元制教育结束后培训生要接受能力评价，评价合格的可以被培训企业录用为正式员工，也可以到同行业其他企业就业。

以关东职业能力开发促进中心为例，该机构主要提供双元制短期培训课程。制造业电气课程（控制技术科）附加企业实习训练的短期培训课程以45岁以下劳动者为培训对象，旨在让没有就业经验或就业经验较少的劳动者掌握就业所需的基本技能和知识。训练为期7个月，其中包括6个月（794小时）的机构内训练，重点是劳动者作为社会人的基本礼仪训练和职业意识启发训练；此外还包括1个月的企业内实习训练课程。为期6个月的机构内训练设计的培训内容如下：（1）电气基础和电气工程，主要包括电气理论、电路、测量仪器仪表的使用方法、电气设备施工；（2）序列控制技术、PC控制技术，主要包括序列控制基本电路、电动机控制电路、控制电路布线、编程；（3）数字电路技术，主要包括使用PLD的数字电路设计、逻辑电路设计基础、硬件设计描述语言程序；（4）嵌入式微计算机控制技术，主要包括设备嵌入式计算机控制方法、高效率编程方法。为期27天（162小时）的企业实习训练是受训者在机构内习得知识和技能的基础上，通过企业现场实习掌握实践知识和技能。此外，双元制短期训练课程还另设9天（54小时）的跟踪训练，旨在解决企业实习中的难点和疑点，掌握在实际业务中解决问题的方法。

以千叶职业能力开发短期大学的双元制培训课程为例，该机构为受训者设计了涵盖基础＋行为规范＋实践职业能力的学习内容，为期2年。以机械技术科（制造系统科）为例，该培训课程旨在通过学习机械学（机械工程）、电子学（电气电子学）、控制（控制工程）、编程（信息工程）等技术，让参训者学习职业人必需的知识和素养，包括商务礼仪、商务交流、面试对策和商务文书写作等，培养能够对工厂自动化系统进行设计制作和维护检修的工程师。在2年的培训期内设置3次企业实习训练，总时长6个月左右，其中包括：2次为期1个月左右的学科·实际技术实习，促进参训者在工作场所实际应用已经掌握的技术和技能；1次为期4个月左右的带薪就业实习，旨在完成基于解决问题的训练，这实际上也是2年培训的总结（如表1-3所示）。

表1-3　千叶职业能力开发短期大学机械技术科双元制学习安排

引进教育培训（本校）	学科·实际技术（本校）	1个月左右 实习（企业）	学科·实际技术（本校）	1个月左右 实习（企业）	学科·实际技术（本校）	4个月左右（有薪）就业型实习（企业）	解决问题的实习（本校）

二、企业内职业训练

本研究查阅了小寺信也、井上祐介[①]关于近年来日本企业人力资本投资特征和效果的研究，日本厚生省官方网站2018年发布的《能力开发报告书》[②]，安井洋辅、森内岳、渡会浩纪[③]关于第四次产业革命中新技术与企业生产率的研究，厚生劳动省官方网站发布的人才开发支援补助金制度[④]等资料，将第四次工业革命以来日本企业培训的情况做了梳理。日本企业员工的职业技能训练主要有四类：入社教育、在岗培训、脱岗培训、员工自发训练。

（一）入社教育

在日本，劳动者进入企业之后首先接受公司的入社教育。入社教育包括企业面向员工介绍企业的经营理念、经营状况、规章制度和劳务法规，提升员工的基本素质等。入社教育是企业对员工开展的第一层次职业技能开发形式，旨在促进员工了解企业，迅速熟悉企业运营情况，并融入企业发展愿景中。入社教育结束后，企业会根据岗位实际需求对劳动者实施在职培训（OJT）。

（二）OJT 在岗培训

1.OJT 的内涵

OJT（On the Job Training）也称为"职场内培训"、在职培训、在岗培训，指在工作现场由上司和技能娴熟的老员工通过日常工作对下属、普通员工和新员工进行必要的知识、技能、工作方法等的培训。OJT 的典型特征是培训在具体工作实践中实施，培训者示范讲解、受训者在实践中学习，对工作中的任何疑问均可当场询问、补充、纠正。OJT 在岗培训的另一个优点在于，在培训现场培训双方的互动往往能发现以往工作中的问题和不足，培训双方

[①] 小寺信也，井上祐介. 企业による人的资本投资の特徵と效果 [R]. [EB/OL]. （2018-08-31）[2019-10-11].https：//www5.cao.go.jp/keizai3/discussion-paper/menu.html.

[②] 厚生省. 能力开发报告书 [EB/OL]. （2018-03-30）[2019-10-11].19https：//www.mhlw.go.jp/stf/houdou/0000200645.html.

[③] 安井洋辅、森内岳、渡会浩纪. 第4次产业革命における新规技术と企业の生产性 [R]. [EB/OL]. （2017-09-30）[2019-10-11].https：//www5.cao.go.jp/keizai3/discussion-paper/menu.html.

[④] 厚生劳动省. 人材开发支援助成金制度导入活用マニュアル [EB/OL].[2019-9-30]. 21https：//www.mhlw.go.jp/stf/seisakunitsuite/bunya/koyou_roudou/koyou/kyufukin/d01-1.html.

可共同研讨改善。日本企业对正式员工实施的有计划性的 OJT 培训数据显示，55.1% 的新员工接受过 OJT、41.3% 的骨干职员接受过 OJT、24.4% 的管理层人员接受过 OJT。

OJT 在岗培训是一个相对长期的培训计划，一般为期两年，以新人在工作岗位上最终能够独当一面为最终目标。企业由专门的工作人员负责 OJT 在岗培训，比如部门中的前辈或者责任人等。日本企业的 OJT 实践基本上都是围绕着"上司或者老员工传授给新员工必要的知识或技能"这个核心展开的，通常包括基本技能训练、体验技能训练和解决问题的技能训练三方面。（1）基本技能。包括机器的操作、生产流程、产品知识、不合格产品的处理、生产变化的对策、同事变动的应对、书写生产报告、机器故障排除等技能。（2）体验技能。包括了解生产的架构、体验相邻生产线或一个车间的生产过程，掌握其知识、技能等。（3）解决问题的技能。特别是对于管理层人员，要求提高编制生产计划及预算的能力、市场分析能力、解决问题能力、沟通能力、团队精神、领导力等。

2.OJT 实施情况

1.OJT 在企业中的认可度。1986 年，日本劳动省职业能力开发局对规模在 30 人以上的 3000 家民营企业做了调查。结果显示，超过 70% 的大企业的员工技能开发以 OJT 为主，同时也引入了 OFF-JT。日本厚生省的调查显示，2015 年（平成 27 年）59.6% 的企业对正式员工开展了有计划的 OJT，2016 年该比例提高到 63.3%。上述两个调查数据充分说明了日本企业对 OJT 的认可度极高。

3. 企业规模和员工身份视角下的 OJT 实施结果差异。如图 1-3 所示，无论是正式员工还是非正式员工，企业规模越大对员工实施 OJT 的比例越高，1000 人以上的大企业对正式员工实施 OJT 的比例高达 78.5%，对非正式员工实施 OJT 的比例为 45.5%（该比例大体与 3-49 人的小企业对正式员工实施 OJT 的比例相当）。日本厚生省的调查结果显示，2015 年有 30.1% 的企业对非正式员工实施了 OJT，2016 年该比例为 30.3%，明显低于企业对正式员工实施 OJT 的比例，企业对正式员工实施 OJT 的比例是非正式员工的 2 倍左右。

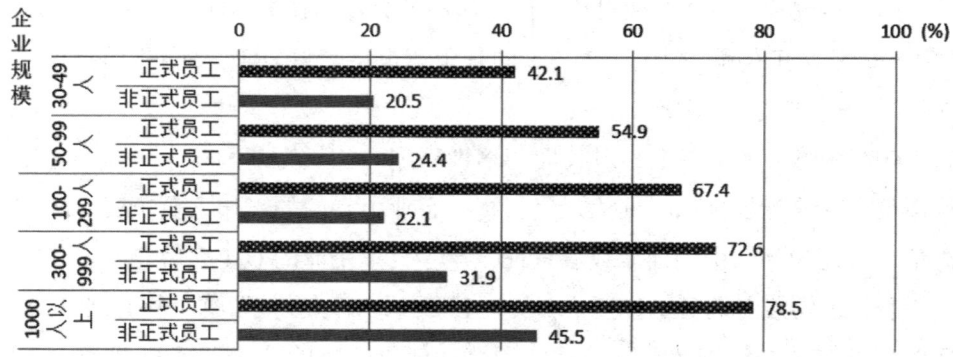

图 1-3　2015 年日本企业实施 OJT 的比例与企业规模

数据来源：厚生省.能力開発報告書[EB/OL].（2018-03-30）[2019-10-11]. 19https://www.mhlw.go.jp/stf/houdou/0000200645.html

（三）OFF-JT 脱岗培训

1.OFF-JT 的内涵

OFF-JT（Off the Job Training）指脱产培训、脱岗培训，是员工脱离工作岗位，由企业将部分员工集中在某个教学场所实施集体培训。与 OJT 在工作实践中实施培训不同，OFF-JT 是不受原有工作场所限制的离岗培训，为培训对象提供均等的知识和学习机会，被认为是一种效率较高的能力开发训练方式。2000 年以来，较比企业内部讲师实施的 OFF-JT 脱岗培训，第三方培训因配置的课程专业性强、教学模式新颖逐步在市场上占据了重要位置。目前日本企业实施的 OFF-JT 有两种：一是企业内部讲师指导下的培训，二是聘请第三方机构实施的培训。数据显示，在企业对员工实施的有计划性的 OFF-JT 中，62.9% 的新员工接受过 OFF-JT、62.7% 的骨干员工接受过 OFF-JT、52.5% 的管理人员接受过 OFF-JT。

2.OFF-JT 实施情况

（1）OFF-JT 与企业规模。厚生省 2017 年《能力开发报告书》显示，2017 年 75.4% 的被调查企业对正式员工开展了 OFF-JT，比 2016 年提高了 1.4%（如图 1-4 所示）。同样地，企业规模越大开展 OFF-JT 的比例越高（如图 1-5 所示）。2017 年 38.6% 的被调查企业对非正式员工开展了 OFF-JT，比 2016 年提高了1.6%。同样地，企业规模越大开展OFF-JT的比例越高。

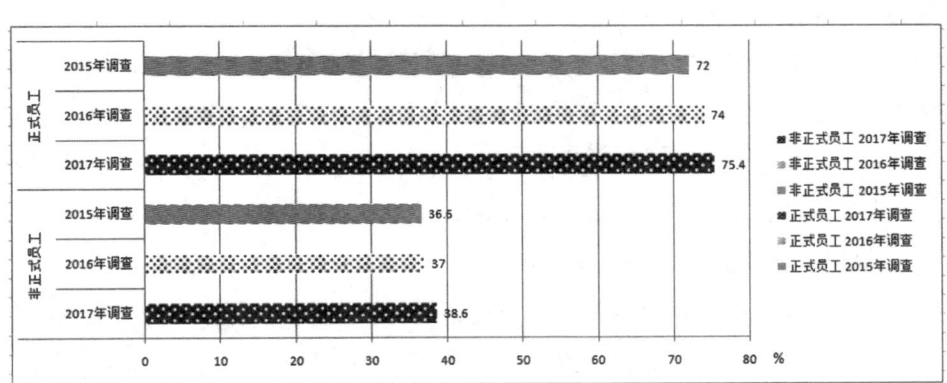

图1-4　2017年开展OFF-JT的被调查企业情况

数据来源：厚生省.能力開発報告書[EB/OL].（2018-03-30）[2019-10-11]. 19https://www.mhlw.go.jp/stf/houdou/0000200645.html

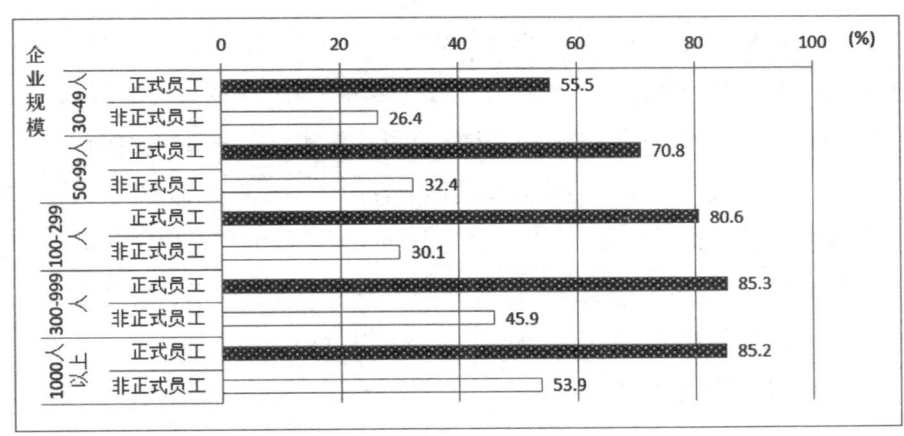

图1-5　2017年OFF-JT在被调查企业中的认可度

数据来源：厚生省.能力開発報告書[EB/OL].（2018-03-30）[2019-10-11]. 19https://www.mhlw.go.jp/stf/houdou/0000200645.html

（2）OFF-JT与员工身份。正式员工和非正式员工在参加培训意愿上没有差别。但是实际接受培训的情况却有显著差异。非正式员工虽然想参加职业训练但是很可能得不到机会。2016年企业为正式员工提供OFF-JT的占比是为非正式员工提供OFF-JT的2倍；2017年1000人以上的大企业对非正式员工实施 OFF-JT 的比例为 53.9%，对正式员工实施 OFF-JT 的比例为 75.4%（如图 1-5 所示）。

（3）OFF-JT 与员工最终学历。员工的最终学历对职业教育和培训的意愿以及接受职业教育和培训的结果有重要影响，具有高学历背景的人更加愿意参加职业训练，也更容易得到接受培训的机会。此外，最终学历对培训成效也有影响，教育水平越高，职业教育和培训的效果越好。

3. 实施 OFF-JT 的第三方机构

日本企业除了依托自身的培训设施开展 OFF-JT，还会聘请第三方机构对员工开展 OFF-JT。实施 OFF-JT 的第三方机构包括民间教育机构（民间教育研修公司、民间企业主办的研讨会等）、公司总部、合作公司、职业技能开发协会、劳动基准协会、公益法人（公益财团法人、职业训练法人等）、商工会、工商联合会、合作社、购置器械或者软件的厂商、公共职业训练机构（综合技术教育中心、工业技术中心等）、高等专业学校、大学、研究生院、专科学校等等。厚生劳动省 2017 年《能力开发报告书》显示企业提供 OFF-JT 的分布情况如下（调查选项允许多选）：在本公司接受 OFF-JT 的比例是 77%，依托民间教育训练机构的比例是 47.2%，依托公司总部和合作公司的比例是 26.3%，依托职业能力开发协会、公益法人及其他业界团体的比例是 24.9%，依托商工会、工商联合会等的比例是 14.1%，购置器械或者软件的厂商比例是 8.4%，依托公共职业训练机构的比例是 5%，依托高等专业学校、大学、研究生院的比例是 1.5%，依托专业学校的比例是 0.7%，依托其他机构的比例是 7.3%。

4. OFF-JT 的训练内容

OFF-JT 的主要训练内容包括如下几方面：其一，以新录用的员工等担任初级职务人员为对象的研修是 OFF-JT 的主要内容；其二，提高管理和监督能力的研修、对新晋公司骨干员工开展的研修、商务礼仪等基本商务知识研修、新晋升为管理层员工的研修等。此外还有技能习得、交流能力、法务、质量管理、财务会计、方案策划、OA 电脑技术、语言学习、国际化适应能力、宣传能力等方面的技能开发。

5. OFF-JT 的训练时长

根据 2017 年厚生劳动省《能力开发报告书》，接受 OFF-JT 的正式员工中，训练时间不足5小时的占17.6%，5-10小时的占24.6%，10-15小时的占13.9%，15-20小时的占12.9%，20-30小时的占10.1%，30-50小时的占9%，50-100小时的占5.3%，超过100小时的占5.5%，情况不明的占1.1%。接受OFF-JT的非正式员工中，训练时间不足5小时的占32.2%，5-10小时占26.9%，10-15小时占10.7%，15-20小时占10.5%，20~30小时占6.6%，30-50小时占5.8%，50-100小时占4.3%，超过100小时的占1.7%，情况不明的占1.4%。从占比看，非正式员工接受的OFF-JT时长比正式员工要短。

6. 员工对OFF-JT的满意度

2016年日本政府对员工开展了"企业OFF-JT满意度调查"，调查结果显示，无论是正式员工还是非正式员工，近一半的人认为OFF-JT对他们的工作起到了积极促进作用。2016年"对上级给予的指导和建议满意度调查"显示，19%的员工认为得到了有效帮助、55.3%的人认为得到了一定程度的帮助，即74.3%的员工认可OFF-JT的培训形式。

（四）员工自发训练

1. 员工自发训练的内涵

员工自发训练（自己啓発）又称员工自我启发训练，指员工自发的、带有强烈个人意愿的进修和学习，常见的有参与各种职称考试、语言类培训等，这种学习方式因对个体自我管理的要求较高而不具备普遍性。调查显示，劳动者自主学习的主要动因是为了获得现在工作所需的知识和能力，其次是为将来的工作和职业提升做准备、为获得资格证书做准备，还有为跳槽或退休以后的生活和去国外工作做准备。

2. 员工自发训练开展情况

2016年正式员工中有42.9%的人实施了自我启发训练，非正式员工该比例为20.2%，两类员工自发训练的比例均比2015年有所下降，且非正式员工自发训练的比例不及正式员工的二分之一。为鼓励员工自我提升，有些企业会为实施自我启发训练的员工提供费用补助，其中正式员工中有41.8%获得了费用补助，非正式员工有29.3%获得了费用补助，正式员工获得自发训练补助的占比显著高于非正式员工。

3.员工自发训练的途径

自我启发训练以通过电视、专业书籍和网络等自学和参加公司内部的学习会和研究会为主，除此之外还有参加公司之外的学习会和研究会、参加民间教育训练机构（民间企业、公益法人、各种团体）举办的讲习会和研讨会、互联网教学、到专修学校听课和参加各种学校讲座、参加公共职业技能开发机构的讲座、高等专业学校和大学听课等方式。

4.员工自发训练存在的问题

无论是正式员工还是非正式员工，70%的人都表示自我启发训练存在一些问题，其中最主要的问题是成本太高。一方面，时间成本高。工作和家务严重挤占自我启发训练的时间，员工普遍缺乏开展自主学习的时间和精力。另一方面，自发训练的货币成本太高或者收益匮乏，主要表现为企业并不对自主学习的成果进行评价，无法获得休假，且没有对应学习成果的薪酬改善计划等。

实践表明，日本企业开展职业训练的效果是很明显的。其一，对员工劳动能力、知识、技能方面。员工通过在岗培训、脱岗培训和自发训练能够在工作中不断提高劳动技能、丰富专业知识、开拓视野、了解行业动态、时刻紧跟时代脚步、适应时代发展。其二，对员工工作士气和满意度的影响。企业通过有计划地开展在岗培训和脱岗培训可以提高员工的工作士气和对工作的满意度，增强企业凝聚力。其三，对企业劳动生产率的影响。职业训练有提高劳动生产率的效果。数据显示，日本人均人力资本投资每增加1%，企业劳动生产率可增加0.6%。

第四节　日本企业内低技能工人职业训练

企业工人尤其是低技能工人的素质是影响日本企业核心竞争力的先决条件，企业内职业训练是日本企业促进低技能工人形成高水平职业技能的通行做法。日本产业训练协会的数据显示，在企业内开展职业培训的企业占比呈增长趋势，1970年为4.9%，1976年为76.7%，1980年为82.0%，1985年为

83.9%；企业实施职业训练相当普遍，1000人以上的大企业100%实施企业内培训，30~90人的中小企业的企业内培训实施率在1985年也高达77.6%。通过这两个数据可以推断出日本企业可能对低技能工人职业培训也非常重视（孔海燕、闫燕，2000）①。尽管各企业在规模大小、行业性质、技能培训经费额度、技能培训模式等方面存在差异，但都根据低技能工人的技能培训需求及现有培训资源以及企业发展需求开展了覆盖面较广的职业技能培训。大企业内部成立了专门的技能培训机构，中小企业则充分利用行业协会的力量组织低技能工人的职业技能训练活动。

一、低技能工人职业训练的历史沿革

日本的职业技能培训有着悠久的历史。日本企业有计划、有组织的职业技能培训萌芽于飞鸟时代（中国隋唐时期）的金刚组企业内的匠人技能教育，肇始于明治维新时代的职业技能教育，形成于二战前工业部门的企业内培训，发展于二战后技术革新带来的低技能工人技能教育。

（一）二战前：低技能工长教育

二战之前，日本企业职业技能培训历经明治时期、大正时期、昭和时期三个阶段。明治时期，日本转变了闭关锁国的传统治国理政观念，继而向欧美发达国家学习技术和企业管理体制，并大量引进先进的科学技术，以迅速推进日本的工业化和现代化进程。此间日本企业内技能培训的最大特点是以培养技能工人为重点。大正时期，日本重工业发展迅速，大工厂体制逐渐得以确立，同期在大企业内普遍建立了技能工人培养机构，企业内培训不仅强调低技能工人技能教育，同时注重责任意识教育。昭和时期，日本引进了科学管理、增进效率等新理念和方法，企业内技能培训也随之调整内容。同时受家族主义思想的影响，日本大企业也有计划地组织低技能工长开展技能教育，这是日本企业劳务管理趋于现代化的一个显性标志。

此间随着日本经济发展的需要，企业逐渐建立了技能工人培养机构，专门负责劳动者的技能教育以及责任意识教育。为了便于对低技能工人的管理，

---

① 孔海燕，闫燕．以企业内职业训练为主的日本职业训练体系[J]．日本问题研究，2000（3）：42-47．

开展了低技能工长的技能教育。

（二）二战后经济复苏期：广义职业技能培训模式形成

二战之后，日本经济面临复苏。由于二战期间企业内职业训练主要服务于军事需求，战争结束后企业内职业训练随着经济复苏的需求进行了系统调整和充实。1950年，日本经团联提出了"关于新劳务管理"的观点，认为从业人员的教育训练是日本大企业劳务管理的最本质问题，是日本大企业实现经营合理化与生产效率化的前提条件，建议大企业着手考虑开展技能工人培养和实施企业管理教育问题。技工技能教育是为恢复工业生产和重建产业提供技能工人而开展的一种培养人的活动。经营管理教育是为提高大企业整体经营管理效率和经济效益而对骨干低技能工人、经营干部及上层管理者进行的技能培训活动。日本企业内的经营管理教育模式从美国引进，共有三种形态：经营者讲座教育（又称CCS）以经营干部为培训对象；管理者培训计划（又称MTP）以企业部长、课长等中层管理干部为培训对象；监督者训练计划（又称TWI）以车间、班组等生产一线工作经验丰富的骨干低技能工人为培训对象。在美国占领当局、当时的日本政府、经团联等民间组织的共同努力下，这三种经营管理教育模式逐渐得到产业、行业和企业的广泛认同，并在1955年之后在各产业领域的大企业中得到普及推广。

二战后日本企业内培训的恢复起始于技能工人教育和经营管理教育，形成了相对稳定的职业技能培训体系，企业内的职业训练也逐步从大型工业企业延展到包括第三产业在内的其他相关产业和企业。上述技能培训的实施为这一时期的日本大工业企业形成广义的职业技能培训模式奠定了制度基础，广义的培训模式注重并行培养和发展低技能工人的职业技能和经营管理能力。

（三）经济高速增长期：阶层别教育训练与个体参与激励机制

20世纪50年代中期以后，随着技术进步，日本企业管理水平也同步提升，这些技术和管理上的革新促使日本企业内培训的内容也相应调整。20世纪60年代，日本产业结构发生了显著变化，第二产业的比重持续下降，第三产业的比重稳步提升，对GDP的贡献率在50%以上，第三产业的就业人数占社会总就业人数的50%以上。产业结构变化导致匹配的劳动力严重短缺，提升低技能劳动力的技能水平迫在眉睫。

1. 大企业的低技能工人培训：阶层别教育训练

此间日本大型企业已形成与自身发展需求高度匹配的独特企业内技能培训体系，主要体现为针对企业内不同群体的培训需求实施阶层别教育训练。在经济高速增长期，日本大型企业进入规范化发展阶段，企业内部划分若干不同内设部门，各部门的业务性质和活动类型不同、就业岗位规范和标准不同、就业人员技能素质和结构需求不同，有必要针对不同就业人员提供匹配的职业技能训练。加之步入高速增长期后，随着技术革新速度加快，企业对低技能工人的技能素质和结构、骨干低技能工人的管理能力和水平提出了更高要求，故企业针对新录用员工等低技能工人和具有一定管理经验的骨干低技能工人（又称工长或骨干作业员）分别实施了新员工技能教育和经营干部技能教育。这两种培训的对象和内容各有侧重，新员工教育围绕企业一般业务的入门知识、技能进行职业通用技能培训，经营干部技能教育以企业质量管理、管理者职责和权限等高层次专业技能培训为主，旨在提升管理素质和能力。工长技能教育培训的出现契合了企业的发展需求，企业工长是日本企业内部专职开展生产和劳务管理的员工。岗位需求的技能既需要在工作实践中习得，也需要系统的专门性技能培训。从宏观上看，企业工长的技能培训完善了企业内技能培训体系。

2. 中小企业的低技能工人培训：个体参与激励机制

在日本经济高速增长期中小企业得到了迅猛发展，企业内职业技能训练也进入繁荣期。1955年7月，日本经团连同其他民间组织联合创建了日本产业训练协会，旨在推进开发与实施适于中小企业骨干低技能工人的本土化经营管理技能教育培训模式。该协会改变了广义技能培训模式过于注重实施原则而与培训实践相脱节的先天不足，普及适应中小企业可持续发展面临的培训经费不足、高技能培训师傅匮乏等现实形态的新型低技能工人职业技能培训模式。

此间日本企业内职业技能培训的最大特色是形成了个体参与技能培训的自我激励机制。美国的科学管理理论对日本企业内技能培训产生重要的推动作用，它倡导发挥低技能工人在生产劳动中的能动作用，注重通过合理的组织形式激发低技能工人的能力，强调在经营管理技术的基础上恰当地组织技能培训。受此理论的影响，日本企业内技能培训普遍采用以目标管理和激发动机为导向的个人主动参与技能培训的方式，低技能工人的职业技能培训由此取得了较好效果。近年来日本政府激励企业实施定期性自我职业检查制度就是激励企业员工自发进行职业规划和职业训练的延续。

（四）低增长转型期：低技能工人培训减量拓面

20世纪70年代，历经两次石油危机后日本经济发展渐由高速增长转向稳定增长，随着新技术革新的飞速发展，日本产业结构从劳动密集型转向技术密集型，经济增长方式从粗放的规模增长转向理性集约增长。此间日本企业的新入职员工数量有所下降，但企业转型导致对低技能工人的专业技能和特定岗位技能的要求越来越高，由此对日本企业内培训提出了更高的要求：其一，技能培训内容从注重基础性手工技能转向新技术应用；其二，技能培训方式从在岗培训向系统的脱岗培训转变。

此间日本企业内培训呈现出四个显著特色。其一，由于新入职员工规模下降，企业内低技能培训对象的数量下降。其二，低技能工人技能培训覆盖面拓宽，企业针对荣休职工及下岗失业员工提供弱势群体技能培训服务，如失业人员的再就业准备教育。其三，技能培训内容实现了从基础性手工操作技能教育向掌握新技术和应用技能训练转变。其四，企业普遍采用系统的脱岗培训方式进行技能教育。

（五）泡沫经济破灭后：国际视野的低技能工人培训

20世纪80年代以后，日本企业受到了全球化和技术革新的双重冲击。一方面，在全球化背景下，随着劳动力的全球自由流动，日本企业出现了劳动力短缺的局部性发展难题；同时外国劳动力大量涌入日本企业，对企业内低技能工人形成就业冲击。另一方面，技术革新使得日本企业低技能工人的岗位工作内容发生改变，生产线操作渐由机械体力劳动转向自动化下的脑力劳动。

这些非预期影响对日本企业低技能工人的职业技能素质和结构提出了新要求，此间日本企业内培训的特点有：其一，持续地扩大企业低技能工人的职业技能培训覆盖面；其二，有计划地扩大低技能工人的国际视野，培养国际化意识、国际环境适应能力、国际交流能力及逻辑思维能力；其三，对企业中的外国劳动力开展社会生活教育和企业生产模式教育。

（六）第四次工业革命中：应对青年人非正规就业的双元制职业训练

第四次工业革命中,日本年轻人非正规就业增加,低技能劳动者的职业训练分三个层面展开:一是依托政府的公共职业训练实施,主要是岗前职业训练;二是依托企业内的 OJT 和 OFF-JT;三是依托职业教育双元制。

二、低技能工人企业内职业训练的类型

日本企业按工作性质和权力结构不同将职工分为一般职工、技术人员、管理人员三类,相应地,日本企业内职业技能培训也按培训对象的类型划分为一般职工培训、技术人员培训和管理人员培训。

(一)一般职工培训

1. 培训时限。新入职员工一般要接受为期半年或一年以上的技能培训,具体培训时限取决于岗位技能复杂程度,一般而言,基础性通用技能培训约半年左右,特定岗位技能培训需至少达到一年以上。

2. 培训对象和类型。通用技能培训以新入职的低技能工人为主,主要内容是新员工教育和基础技能培训。新员工技能培训的预期目标是促使新员工最大限度地了解与企业生产管理相关的情况,并尽快地熟悉各项规章制度、工作环境、技术条件和工艺流程,为顺利融入企业和开展生产奠基。企业还会为新入职员工提供设备更新和技术改造培训,为企业的技术和设备升级储备人才。特定岗位技能培训主要针对专业性较强岗位的职工实施专业技能培训。

3. 培训环节。一般职工培训包括入企教育、业务教育、专门训练、车间教育、现场实习等环节。入企教育针对新入职低技能工人开展普适性教育,促使其熟悉企业基本情况,如劳动条件、劳动组织、工资形式、福利待遇、规章制度等,旨在增强员工的企业文化认同感。业务教育、专门训练及车间教育是培训新入职低技能工人的主要环节,培训周期三个月左右,培训内容是与岗位相关的业务知识和生产技术。现场学习是培训的最后一环,是在实践中训练特定岗位技能和知识的应用能力。

4. 培训制度。一般职工培训推行师傅带徒弟的传帮带培训制度,新员工完成培训后被分配到指定岗位,会有一名生产技能经验丰富的师傅负责对其进行指导,以逐步适应工作环境、尽快熟悉并使用习得的技能。

(二)技术人员培训

日本企业的技术人员是指大学毕业后进入企业工作达 1 年以上的技术人

才。尽管其在大学里已经接受过系统的专业技能训练，但进入企业后仍需按企业安排参与技能教育和训练。技术人员培训的流程为：企业安排技术人员到生产一线习得生产和销售的实际知识，而后在经验丰富的技术人员指导下独立完成某项技术工作并习得从事技术工作的实践经验，最后学习与工作岗位相关的专业技术知识并接受理论知识和工作能力方面的考核与同行认可。技术人员通常兼任技术部门、生产部门、研发部门的行政职务，在企业产品研发、生产、销售及后期服务中享有重要的话语权，技术人员的晋升既包括技术业务晋升，也包括行政职务晋升。日本企业为从事技术岗位的骨干低技能工人提供骨干教育，旨在提升其职业能力和素养，以形成良好的职业技能，从而通过企业内部劳动力市场做好职业生涯规划，不断实现职务晋升。

（三）管理人员培训

日本企业内管理人员指初级、中级管理人员。初级管理人员指生产一线的组长或作业长等，技能培训侧重于与其职务相关的管理技能培训，以提高工作现场管理效能和管理技巧。（1）培训时限。初级管理人员的技能培训至少不低于半年，通常先开展为期一个月的管理方法训练，再实施长达四个月的基础知识培训，最后进行为期一个月的现场实习，最终通过考核获得担任作业长的资质条件。（2）培训内容。管理人员培训的内容主要包括管理者责任和权限、经营计划、决策能力、新技术和新产品研发、洞察自己和观察他人的能力、处理经营中各种问题的能力。

中级管理人员指课长以上的管理人员，技能培训侧重基于风险的企业管理知识和技能培训，以提升其判断、决策、计划和沟通的能力，提升领导效能。中级管理人员培训围绕组织方针制定、业务目标和活动评价能力、企业生产效率、组织凝聚力、企业管理人员梯队培养等内容展开。

三、低技能工人企业内职业训练的形式

日本企业在长期技能培训实践的基础上形成了 OJT 在岗培训和 OFF-JT 脱岗培训相互融合的技能形成模式。这种技能形成模式主要以在岗培训为主，并在此基础上灵活地安排形式多样的脱岗教育，以减少企业低技能工人参与技能培训的时间限制和工作负担，达到提升技能水平的目的。

（一）低技能工人 OJT

OJT 是日本企业普遍采取的职业技能培训方式，是低技能工人形成职业技能的最基本途径，其实质是企业有计划地安排职工通过岗位轮换的制度安排方式来提升其职业能力的一种活动，指企业职工不脱离日常工作岗位，在从事职业工作过程中通过师傅带徒弟或其他方式获得职业技能的过程。一般来说，在岗培训主要包括观察–模仿–接受指导–实践–总结–再实践的系列环节，主要由各个生产一线的中级管理人员结合职工的教育背景和能力特点开展。

低技能工人 OJT 具有如下特点：其一，在岗培训在日本企业内高度普及，企业针对所有职工开展在岗培训；其二，企业在生产过程中开展在岗培训，即培训过程与生产过程同步；其三，企业内低技能工人的在岗培训与企业内部晋升相关联；其四，企业轮岗范围并不限定在同一部门内部，可跨越部门轮岗，旨在拓展低技能工人的技能宽度。

（二）低技能工人 OFF-JT

OFF-JT 是 OJT 的一种有益补充，对企业低技能工人的技能形成起着重要作用，指企业将相近岗位的职工集中起来，暂时脱离工作岗位，在专业人员的指导下，集中进行技能学习。OFF-JT 旨在提高低技能工人处理问题的能力，培训内容以软技能为主，培训周期相对较短，更强调培训实施的计划性和规模性。企业依据自身的性质和实力确定 OFF-JT 的场所，通常大企业在企业内实施集中培训，不具备培训条件的中小企业可选择第三方培训机构实施脱岗培训。除了企业提供的集中的 OFF-JT 外可能的脱岗培训渠道还有：相关企业举办的研讨会、生产设备供应商举办的研讨会、民间教育培训机构举办的学习课程、公共职业教育培训机构的学习课程。相较于 OJT 在岗培训，OFF-JT 脱岗培训的特点有：实施成本高，实施的时间和范围受限，需要以 OJT 在岗培训为前期基础，更侧重于知识技能和软性技能提升。

第五节 日本劳动力技能形成特征

目前日本劳动者职业能力开发训练已经形成了包括政府主导提供的公共

职业训练和企业内训练在内的稳定体系，且以企业内训练为主。企业内训练既是企业自发补位正规职业教育的重要形式，更是政府实施青年就业困难群体、残障人士、老年劳动力等弱势群体就业激励和职业训练的重要载体。多年以来日本的正规职业教育和企业内训练（特别是企业内训练）一直走在世界前列，为日本经济的发展做出了重要贡献，其主要特征如下。

一、制度设计生命力：政府宏观引导与微观放权

政府宏观引导与微观放权是日本职业教育和培训生命力的源头。其一，政府将职业技能作为基础教育的一部分，注重职业意识的引导和培养。明治维新之后，日本一直将职业技能教育作为基础教育不可或缺的组成部分，基础教育除了传授知识，还注重培养学生的勤劳意识和基本的劳动技能（王彦军、李志芳，2009）[①]。职业高中培养初级技术人才，高等专科学校培养中级技术人才。其二，政府通过颁布法律法规、出台政策来引领企业培训的宏观方向，实施控制和监督，为保障企业顺利实施培训营造适宜的政策环境。比如，日本提出"科技立国"的口号，政府加大科技投入，引导企业将培训资源配置到知识密集型产业人才的培训上来。在日本，企业内职业训练的目的、雇佣双方的行为规范、企业培训设施标准等均有明确的法律规定。其三，进入21世纪后，终身雇佣制面临瓦解，面对青年就业问题开展双元制职业教育，日本政府通过人才开发补助金制度激励企业为员工同时提供一般性技能培训和专用性技能培训，极大激发了企业和劳动力的积极性，使得日本企业维持了高技能均衡，得以充分应对第四次工业革命。其四，日本政府从直接控制职业教育发展的经历中吸取教训，对企业培训实施微观方面放权，极大激发了企业参与职业培训的积极性，促进企业主动为产业结构调整把脉，并储备未来发展所需的人才，从而提升了日本经济发展的可持续能力。

二、制度设计基础：终身雇佣制与降低培训风险

日本雇佣关系的稳定性降低了企业培训的风险，大大降低了日本企业实施职业训练的风险。日本企业培训的发展建立在以终身雇佣制和年功序列工

---

① 王彦军，李志芳. 日本劳动力技能形成模式分析[J]. 现代日本经济，2009（5）：41-46.

资制为核心的稳定雇佣关系的基础上，企业内部完善的劳动力市场为劳动力雇佣双方提供了促进技能形成的动力和安全保障，无论是雇主提供职业培训还是雇员接受职业培训，双方都是基于促进企业发展、员工职业生涯规划的共同目标，雇主因雇员接受培训后离职而遭受培训成本沉没的风险小；而雇员接受培训后不能分享收益的风险也很小，企业站在为员工进行职业生涯规划的高度实施职业培训，打消了员工参与职业培训的顾虑，是日本企业雇佣双方对职业培训高度一致的支持态度促使企业培训在日本多年来昌盛不衰。

三、制度设计理念：生涯现役社会与终身职业能力开发

从1973年修订《雇佣对策法》将延迟退休年龄作为基本国策，到1990年修订《高龄者雇佣安定法》规定企业负有为退休员工提供再就业机会的义务，又到2004年修订《高龄者雇佣安定法》倡导废除退休制、采用继续雇佣制，再到2012年修订《高龄者雇佣安定法》规定企业有义务保障年满60岁且有工作意愿的老年人工作至65岁，各项法律在纵向时间轴上的演变轨迹刻画着日本建构生涯现役社会（即终生在职社会）的执着理念。那么，在劳动者整个经济生命周期中，从初入职场到中年转职，再到老年延迟退休，都面临着就业困难与必要的职业能力提升，这要求日本的劳动力职业能力开发训练政策和制度必须为不同的劳动者实现终身职业能力开发建构适切的路径。日本政府通过公共职业训练为青年劳动者、转职者和弱势群体提供岗前培训，兼顾到社会公平；企业内训练为在职员工提供基于工作岗位的职业训练，保障在职期间的职业技能与企业发展乃至产业发展需求相匹配；政府委托企业完成针对残障人士、老年员工等弱势群体的公共职业训练。综上，不同群体均能在其经济生命周期的不同阶段找到对应的职业开发训练路径。

四、制度设计起点：政府的法律引领与企业的制度规范

日本对职业训练尤其是企业内职业训练的顶层设计均以立法形式落地，从20世纪70年代开始根据《职业能力开发促进法》每五年制订一次职业能力开发长期规划，至今已经实施到第十个五年计划（2016—2020年），引领着日本职业能力开发方向。虽然日本的企业内训练由企业实施，但政府在微观放

权的基础上一直通过宏观调控促进企业内训练制度的稳定与规范。比如，《工厂法》（1911）是日本第一部关于职业训练的法律，详细规定了工厂、雇佣工人劳资双方在职业训练中的行为规范；《青年学校令》（1926）专门制定了实施企业内训练的设施标准；《劳动基准法》（1947）中的《技能和培训章程》界定了职业培训的种类；《职业训练法》（1958）等将企业界定为职业培训的实施主体；《职业能力开发促进法》（1985）明确规定了企业内训练的操作规范。

五、制度设计目标：企业主体与技能供需匹配

日本的职业培训以企业提供培训为主，克服了正规职业教育人才培养滞后于经济发展需求的弊端，成为正规职业教育后职业人才培养当之无愧的接力棒。其一，产业结构调整带来的人才需求转变到底是什么，归根结底要落实到企业的人才需求上，在所有经济主体中，企业拥有对人才需求变动最灵敏的嗅觉。日本依托企业培训提供社会性职业培训的模式，恰恰保证了职业培训人才培养与经济发展需求的高度适配性。其二，企业注重通过轮岗拓宽员工的技能宽度，通过同一工作场所之间、相邻工作场所之间轮岗促进员工掌握从简单到复杂、从单一到复合的技能训练；通过定期轮岗形成长期经验积累。其三，企业内培训对员工的评价内容非常宽泛，涵盖了体力、适应性、知识、经验、性格和干劲等六个要素，企业能充分认识员工的优缺点，将员工配置到最合适的岗位（王彦军、李志芳，2009）[1]。

随着泡沫经济的破灭，日本进入长期低增长期，企业为降低劳务成本，终身雇佣制度开始瓦解，企业内训练随之有所减弱，非正规就业、不稳定就业的占比20年间提升了15%。在第四次工业革命中，技术升级与新业态频发使经济发展对劳动力技能更新、升级的需求成为常态，但其内生的就业不稳定特征又使企业无法依托原有的终身雇佣制实施员工职业训练，故此间终身雇佣制全面瓦解，而劳动力职业训练制度的根基也随之动摇。为了促进劳动力通过职业能力开发提升职业技能以实现稳定就业，如何激励企业参与其中成为重要课题。为此，日本政府推出日本版双元制人才培养模式，职业教育机构＋企业的双元制度设计促进了正规职业教育和企业内训练的融合，从根

---

[1] 王彦军，李志芳. 日本劳动力技能形成模式分析[J]. 现代日本经济，2009（5）：41-46.

本上解决了知识和技能培养与企业实际需求的错位问题，通过企业在工作现场的人才培养，促进了供需匹配。

六、制度覆盖对象：政府全民覆盖与企业全员训练

日本劳动力技能开发训练体系的顶层设计是以包容性发展理念为指导的全民覆盖制度。政府的全民职业训练制度设计如下：其一，通过教育培训补助金制度（教育訓練給付金）为自发实施职业开发训练的劳动者提供部分培训费用补助，通过技能鉴定制度（技能検定制度）提升技工的吸引力；其二，通过公共职业训练为弱势群体提供岗前培训以促进就业，出台《残疾人就业促进法》规定企业的法定雇佣比率、并委托机构为其提供技能培训，在建构生涯现役社会的理念指导下为老年劳动者提供再就业支援补贴、培训支援补贴和创业补贴。企业为残障人士提供就业机会可获得政府提供的补贴，主要有：重度残疾人和难治愈疾病患者补贴制度（発達障害者·難治性疾患患者雇用開発コース）、初次雇佣补贴（障害者初回雇用コース）、试行雇佣补贴（トライアル雇用助成金）、残疾人稳定就业补贴（障害者雇用安定助成金）、基于残疾人雇佣率罚款制度的补贴（障害者雇用納付金制度に基づく助成金）、人才开发支援补贴（人材開発支援助成金）（障害者職業能力開発コース）等。企业雇佣高龄劳动者可获得的政府补贴有：雇佣65岁以上老年人补助金（65歳超雇用推進助成金）、新雇佣补贴（雇い入れ支援）、生涯现役创业支援补贴（生涯現役起業支援助成金）。

日本的企业内培训面向全体员工，按岗位职能、管理层级提供分类培训。按岗位职能提供的培训旨在提升劳动力的生产能力。以生产技能教育为例，对低技能劳动力而言主要提供降低生产成本、低消耗产品、掌握有关机械操作、零件加工等训练内容。按管理层级提供的培训旨在提升劳动力生产能力和管理能力，比如普通职工培训、技术人员培训、管理人员培训等。在日本企业内，低技能工人也有机会获得职业培训，通过轮岗参与OJT，掌握本岗位、临近岗位的操作技能以拓展技能宽度；通过参与问题处理研讨会、大型机械定期拆卸检查与维修等OFF-JT拓展技能深度，在工作场所内不断积累经验，并通过OFF-JT的训练使经验系统化、理论化，从而掌握生产所需的一般性技能和非一般性技能，并规划好在企业内部劳动力市场的职业生涯（陆素

菊，2008）①。

七、制度倾斜重点：低技能工人职业训练

日本企业内训练是针对全体员工分层展开的职业技能开发训练，其中针对低技能工人技能提升的训练类型有一般职工培训、技术人员培训、管理人员培训，职业训练的实施形式有OJT、OFF-JT以及双元制三种。（1）在第一次产业结构调整中，日本企业引入美国劳务管理模式，技能训练区分员工层次，经营者讲座教育（CCS）针对经营干部，管理者培训（MTP）针对管理干部，监督者训练（TWI）以车间、班组等生产一线的骨干低技能员工为对象，低技能员工正式成为企业内训练的一个重要形态。（2）在第二次产业结构调整中，为应对劳动力向第三产业转移引发的技能提升需求，大企业开展阶层别教育训练，对新入职员工、低技能员工、骨干低技能员工推出新员工技能教育和经营骨干技能教育。新员工教育的主要内容围绕企业业务的入门知识和技能，主要是职业通用技能；经营骨干技能教育主要指工长技能教育，针对工长等骨干低技能员工提供质量管理、管理职责和权限等方面的专业技能培训。在日本经济繁荣期，中小企业推出个人参与的激励机制，鼓励员工自发实施职业训练，当前的定期性自我职业检查制度就是这种管理思想的延续。（3）在第三次产业转型中，长期经济低迷使得企业新入职员工数量减少，针对低技能工人的培训进入减量拓面期，技能培训的内容从基础性技能转向新技术应用，培训方式从在岗培训转向脱岗培训，旨在促进低技能员工掌握新岗位职业能力。泡沫经济破灭后，技术革新叠加全球化深入发展，低技能岗位工作被机械替代，企业内训练内容转向自动化下的脑力劳动训练和国际视野训练。（4）在第四次产业转型中，低技能劳动力技能提升主要依托三个途径：企业内训练、双元制和公共职业训练，注重在人的发展理念下推进低技能员工的职业生涯规划和终身职业能力建构。

---

① 陆素菊. 企业技术工人的技能形成及特点分析[J]. 江苏技术师范学院学报，2008（9）：24-28.

第二章　新加坡产业工人技能形成

第一节　新加坡劳动力供给结构演变轨迹

一、产业结构调整下的劳动力就业技能提升需求

新加坡产业结构一直以第三产业占主导，其次是制造业。新加坡国家统计局的数据显示，制造业曾经是新加坡的主导产业，且是传统的就业驱动器，从20世纪至今，制造业在GDP中的份额经历了先上升后下降的发展演变：20世纪60年代其份额小于20%，1972年为20.2%，首次突破了20%；70年代至2010年均稳定在30%以下；2011年为19.6%，跌破20%，此后一直稳定在17%~20%之间。服务业在GDP中的份额则经历了先下降后上升的发展演变：20世纪60-70年代其份额在60%-72%之间，呈下降趋势；1979年为59.3%，突破了60%，一直到2010年该份额维持在50%-60%之间；2002年为60.5%，突破60%，此后一直呈上升趋势，一直到2019年为66.8%（如图2-1所示）[①]。时至今日，新加坡制造业和服务业在GDP中的份额都是小幅变化，从这个角度看，经济发展对劳动力素质提出的需求变动一部分源自产业结构变动，即从制造业向服务业的迭代，另一部分则来自行业内技术进步带来的就业领域

---

① Department of Statisitcs[SG]. GDP At Current Prices [EB/OL].[2020-02-18].https：//www.singstat.gov.sg/find-data/search-by-theme/economy/national-accounts/latest-data.

迭代。无论是哪一种就业迭代，都在存量劳动力与职位匹配的过程中提出了新的就业技能需求。

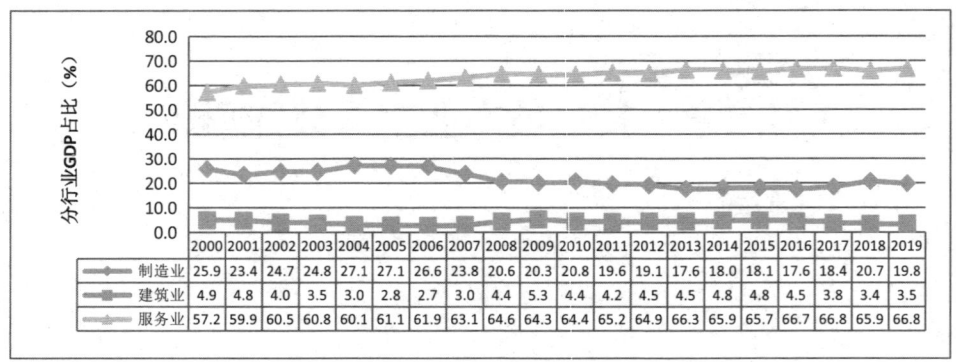

图 2-1　2000-2019 年新加坡分行业 GDP 占比（%）（按当前市场价格计算）

数据来源：Department of Statisitcs[SG]. GDP At Current Prices [EB/OL]. [2020-02-18]. https://www.singstat.gov.sg/find-data/search-by-theme/economy/national-accounts/latest-data

说明：新加坡统计局统计的 GDP 由产品制造业、服务业、住宅所有权和产品税构成。其中，产品制造业除了包括制造业、建筑业，还包括公用事业和其他产品制造业，其他产品制造业包括农业、渔业和采矿业。2-1图中分行业 GDP 占比加总并非 100%，是因为我们仅选取了产品制造业中的制造业、建筑业，以及服务业，而并未涵盖其他。

新加坡政府于2006年公布了"智能城市2015"计划，目标是到2015年实现通信行业价值翻一番，增加8万个工作岗位等。在超额完成该计划的基础上，又公布了"智慧国家2025"的十年计划，这是全球第一个智慧国家蓝图。与"智能"侧重于以机器取代人不同，"智慧"在强调信息技术广泛应用的同时，更注重以数据共享的方式发挥人的主观能动性，这无疑对劳动者素质提出了更高要求。科技企业创新和人才是新加坡智慧国建设的两大支柱，政府需要思考配套发展政策：一是重视科技企业创新，为经济发展源源不断注入活力；二是要储备匹配的人力资源。

新加坡政府对科技企业创新的支持成就了其发展战略。2019年新加坡财政预算发布后，政府针对未来三年提出了46亿新元的财政资金支持，并配套了一系列的支持计划。其中，对企业的支持计划有：实施产业转型蓝图

（Industrial Transformation Maps）以提升生产力；新加坡企业扩展计划（Scale-Up SG）帮助企业适合国际化环境；创新代理人计划（Innovation Agents Scheme）让更多有经验的专业人士进入企业；将1亿资金投入到中小企业合资基金Ⅲ（SME Co-Investment Fund Ⅲ）促进中小型企业成长；创立单一企业融资计划（Enterprise Financing Scheme）；中小企业流动资金贷款计划（SME Working Capital Loan）和自动支援配套（Automated Support Package，简称ASP）延长两年；中小企业数码化计划（SMEs Go Digital）继续扩大到更多领域。

从人力资源的角度看，21世纪初新加坡的劳动力供给并不能满足智慧计划发展需求，劳动力亟待提升技能。（1）壮年劳动力面临职业转换。基于智慧的产业发展规划必然推动劳动就业迭代，结构性就业问题日益凸显，处于职业中期的存量劳动力基于岗位技能变迁乃至就业领域变迁的技能需求走强，特别是壮年劳动力的职业中期转换问题迫在眉睫。在技术升级带来的工作领域变革下，一方面，中低端劳动力需要外力助推以掌握新技能，另一方面，关键产业领域需培育高技能人才以及资深专业人才以促进生产力提升。（2）人口老龄化叠加年长劳动力低技能。一方面，日益凸显的人口老龄化使得劳动力在总量上不足，深度开发年长劳动力又遭遇其受教育程度低、技能与新的产业发展不匹配；另一方面，劳动力素质较低与智慧计划发展需求之间的结构性不匹配。数据显示，1999年，新加坡45-49岁组别的劳动力就业率为78.2%，而50-54岁组别仅为69.5%。这一方面表明年长者在劳动力市场的活跃度降低，另一方面表明雇主优先选择青壮年劳动力。多年来，年长劳动力就业率一直处于下降趋势。2019年，新加坡年长者就业情况相对2018年比较喜人，55-64岁组别的就业率为59%，高于2017-2018年的57.2%。其中，55-64岁年长女性就业率为43.4%，高于2018年的40.1%；该组别的年长男性就业率达75%，高于2018年的74.7%，创历史新高。即便如此，年长劳动力的就业率仍然比1999年要低。

新加坡政府为配合经济社会发展战略制订了系列计划以提升劳动者技能，比如劳动力技能鉴定制度（WSQ）、未来技能计划（SF），以及针对低薪和年长工人的就业援助与福利计划。2019年政府为配合企业发展计划又推出了针对个人的系列计划，主要有：工友、企业、工会以及各大商会（TACs）培训员工能力计划；专业人员转业计划（Professional Conversion Programme，PCP），让在职人员了解更多新兴产业（比如区块链）；职业支持计划（Career Support Programme）延长两年，国家对雇佣40岁及以上员工的企业提供补助；企业发展计划（Enterprise Development Grant）和生产力解决方案津贴（Productivity Solutions Grant）继续实施并增加资助额度；开展本地企业与协会发展计划（Local Enterprise and Association Development Programme，LEAD）；现有实习计划整合成为国际化人才培育计划（Global Ready Talent Programme）[①]。

二、新加坡劳动力供给结构演变轨迹

（一）劳动力就业结构演变轨迹

进入21世纪，随着产业结构的变革，服务业的就业人数不断攀升。新加坡人力资源部2020年1月30日发布的劳动力分行业就业数据显示，2009-2019年间，服务业就业占比在各年份均最高，2019年服务业就业占比几乎是其他行业加总的三倍；制造业从业人数呈下降趋势，服务业和其他两类从业人数占比相对稳定（如图2-2所示）。从上述数据调整轨迹看，十几年间，新加坡成功实现了劳动力从制造业向服务业转型。另外，新加坡此间制造业从业人数减少的绝对量与服务业从业人数增加的绝度量大体持平（如表2-1所示），也进一步佐证了劳动力从制造业向服务业的迭代。可见，在制造业劳动力需求大幅减少、服务业劳动力需求大幅增加的时段中，新加坡必然面对制造业存量劳动力的职业中期转换、职业技能提升、就业能力提升问题。

---

① 2019新加坡财政预算案发布！[EB/OL].[2019-02-18].http：//www.yidianzixun.com/article/0LJXQCXq.

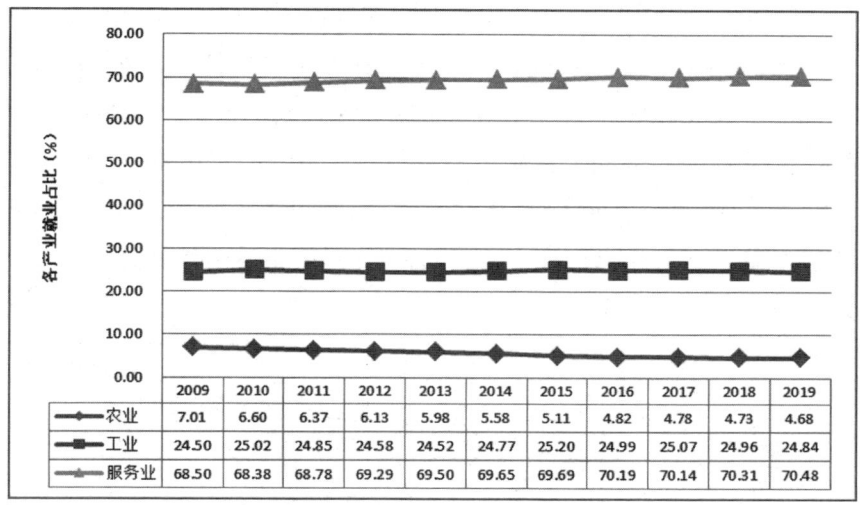

图2-2 2009-2019年新加坡居民（SC&SPR）劳动力分行业就业结构（%）

资料来源：Ministry of Manpower[SG]. Labour Market Statistical Information [EB/OL]. [2020-01-30].https：//stats.mom.gov.sg/Pages/Home.aspx

表2-1 2009-2019年新加坡居民(SC&SPR)劳动力分行业就业变动(单位：千人)

年份	2009年	2010年	2011年	2012年	2013年	2014年	2015年	2016年	2017年	2018年	2019年
总体	37.6	115.9	122.6	129.1	136.2	130.1	32.3	16.8	-3.6	45.3	63.2
制造业	-42.6	4.6	5.8	8.3	4.8	-3.9	-21.2	-14.4	-10.9	-2.4	-3.0
建筑业	24.2	0.5	21.8	40.4	38.5	14.7	7.2	-11.3	-38.3	-7.1	12.8
服务业	57.2	110.3	94.2	78.6	91.2	118.5	45.6	42.8	46.0	54.9	53.7

资料来源：Ministry of Manpower[SG]. Labour Market Statistical Information [EB/OL]. [2020-01-30].https：//stats.mom.gov.sg/Pages/Home.aspx

（二）劳动力最高学历分布结构演变轨迹

新加坡人力资源部2020年1月30日发布的年中统计数据显示，2009-2019年间，新加坡居民（SC&SPR）劳动力学历分布为（如图2-3所示）：初中以下（Below Secondary）占比呈下降趋势，在2009年为24.3%，高居第二，此后一路走低，到2019年为15.1%，仅高于高级中学的11.2%，排倒数第二；初级中学（Secondary）占比亦呈下降趋势，2009年为24.3%，和初级中学并列第二，此后一路走低，到2019年为16%，仅高于初级以下，位列倒数第三；高级中学（Post-Secondary，Non-Tertiary）占比在各年份均最低，除2009年为7.8%之外，其他年份均稳定在11%-12%之间；大专文凭/职业资格证书（Diploma & Professional Qualification）占比呈上升趋势，2019年为16.9%，此后一路缓慢上升，至2019年达到20.1%，位居第二；本科占比呈上升趋势，从2009年的26.7%一路上升至2019年的37.5%，且占比在各年份均最高。

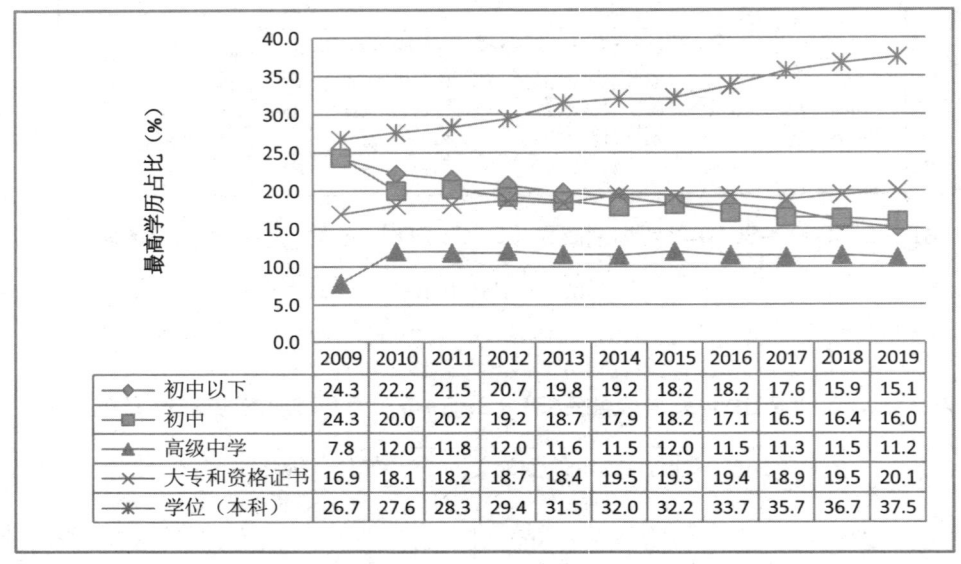

图2-3 2009-2019年15岁及以上新加坡居民（SC&SPR）劳动力最高学历分布（%）

资料来源：Ministry of Manpower[SG]. Labour Market Statistical Information [EB/OL]. [2020-01-30].https：//stats.mom.gov.sg/Pages/Home.aspx

综上，2009-2019年间新加坡劳动力受教育年限结构的调整折射出两个问题：其一，高级中学占比稳定，初中及以下占比下降的数据与大专及以上占比上升的数据大致相当，说明新加坡在2009-2019年间成功将低素质劳动力转型为高技能人才，满足了产业发展的需求；其二，高级中学占比稳定，大专/职业资格占比增长，本科占比增幅较大，表明初级学院和工艺教育学院（ITE）在高中级别教育中的占比较大，且理工学院（Poly）毕业后继续进修学位的占比也比较大，也间接表明新加坡学生在初中毕业后选择职业教育的占比较大，且理工学院毕业后的高技能人才还有相当一部分在通过不同渠道进修学位，不断提升学历和技能。

三、人口老龄化演变轨迹

1. 劳动力年龄结构演变轨迹

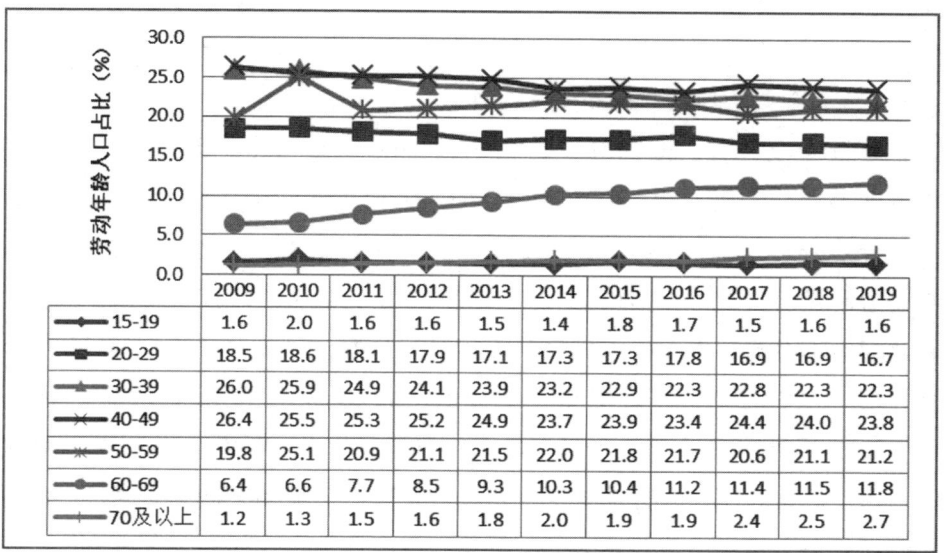

图 2-4　2009-2019 年新加坡居民（SC&SPR）劳动力年龄分布（%）

资料来源：Ministry of Manpower[SG]. Report：Labour Force in Singapore 2019 [EB/OL]. [2020-01-30].https：//stats.mom.gov.sg/Pages/Labour-Force-In-Singapore-2019.aspx

2009-2019 年间，15 岁及以上新加坡居民（SC&SPR）劳动力年龄分布结构如图 2-4 所示。40-49 岁组别占比在四分之一左右，位列第一，且呈现微降趋势；30-39 岁组别占比仅次于 40-49 岁组别，位居第二，呈现微降趋势；50-59 岁组别占比 20% 左右，位居第三，呈现微增趋势；20-29 岁组别占比 18% 左右，位居第四，呈现微降趋势；60-69 岁组别占比 12% 以下，位居第五，增长较快；70 岁以上组别占比 3% 以下，位居第六，增长较快；15-19 岁组别占比最低，除个别年份外大多数年份稳定在 1.6% 左右，排在末尾。这些数据展示出两方面信息：其一，49 岁以下青壮年组别的劳动力占比普遍呈现微下降趋势，从 2009 年的 72.5% 降至 2019 年的 64.4%，下降了 8.1 个百分点；50 岁及以上年长劳动力占比则普遍呈现增长趋势，从 2009 年的 27.4% 增至 2019 年 35.7%，增长了 8.3 个百分点。特别值得注意的是，高龄劳动力增幅较大，60-69岁组别的占比从2009年的6.4%增至2019年的11.8%，几乎增长1倍；70岁及以上组别占比从2009年的1.2%增至2019年的2.7%，增长1倍多。50岁以上的年长劳动力占比在2019年达到35.7%，已经超过劳动力总量的三分之一，劳动力老龄化的趋势可见一斑。

2. 劳动年龄人口就业分布演变轨迹

2009-2019年间，新加坡劳动年龄人口就业状态如表2-2所示，下面从不在劳动力人口占比、就业人口占比、失业人口占比三个指标进行分析。（1）不在劳动力人口。不在劳动力人口指标反映一个经济体劳动年龄人口中未在劳动力市场的人口，它影响着一个经济体劳动力队伍的规模。总体上，新加坡此间的不在劳动力人口占比呈下降趋势，其中，25-64岁组别下降了3.9个百分点，25-54岁组别下降了3.8个百分点，55-64岁组别下降了9.3个百分点。可见，55-64岁年长者组别下降量最大，分别是总体组别和25-54组别下降量的两倍多。这表明年长劳动者就业积极性最大，对劳动力市场充满信心，因此返回劳动力市场的比较多。（2）就业人口占比。此处的就业人口占比指就业人口占劳动年龄人口的比率，反映的是一个经济体劳动年龄人口中实现就业的比率。就业人口占比并非就业率，就业率是就业人口占就业人口和失业人口之和的比率，反映的是劳动力人口中实现就业的比率。总体上看，新加坡此间劳动年龄人口中的就业人口占比呈增长趋势，25-64岁组别上升了5.0个百分点，25-54岁组别上升了5.0个百分点，55-64岁组别上升了10.4个百分点。其中，增长最多的是55-64岁的年长者组别，分别是总体和25-54岁组别就业人口占比的二倍多。可见，年长劳动者不但有在劳动力市场继续工作的主观意愿，同时也在客观上被劳动力市场的雇主所接纳，可以推测出其就业能力应是不断提升的。（3）失业人口占比。失业人口占比指失业人口占劳动年龄人口的比例，反映的是一个经济体劳动年龄人口中失业人口的占比。失业人口占比并非失业率，失业率是失业人口占就业人口和失业人口之和的比率。总体上看，新加坡此间劳动年龄人口中的失业人口占比呈下降趋势，25-64岁组别下降了1.1个百分点，25-54岁组别下降了1.1个百分点，55-64岁组别下降了1.0个百分点，55-64岁组别下降稍微少一点。失业人口占比的变动能够反映一个经济体的经济活跃度，经济活跃时失业人口占比较低，反之亦反然。失业人口占比是呼应不在劳动力人口占比和就业人口占比的指标，新加坡年长劳动者失业人口占比与总体和25-54年龄组别该指标下降量基本持平，正呼应了前两个指标体现的其就业主观意愿增强和客观的劳动力市场对其接纳度增强，而年长劳动者就业技能提升、就业能力增强无疑是支撑这两个表象的根本。不过，55-64组别年长劳动者的就业占比是最低的，这也充分表明，新加坡政府要通过深度开发年长劳动力以弥补劳动力数量不足，必须提升年长劳动力的就业能力。

表 2-2 2009-2019 年新加坡居民（SC&SPR）就业状态分布（%）

年中数据	25-64岁			25-54岁			55-64岁		
	就业	失业	不在劳动力	就业	失业	不在劳动力	就业	失业	不在劳动力
2009人	75.8	4.1	20.1	80.1	4.3	15.5	57.2	3.3	39.4
2010人	77.1	2.8	20.0	81.8	3.0	15.2	59.0	1.9	39.0
2011人	78.0	2.7	19.3	82.5	2.9	14.6	61.2	2.2	36.6
2012人	78.8	2.5	18.6	83.0	2.7	14.3	64.0	2.0	34.0
2013人	79.0	2.7	18.3	83.0	2.9	14.1	65.0	2.1	32.9
2014人	79.7	2.7	17.7	83.8	2.9	13.3	66.3	2.0	31.6
2015人	80.5	2.6	16.9	84.7	2.7	12.6	67.2	2.4	30.5
2016人	80.3	3.0	16.7	84.5	3.2	12.4	67.3	2.4	30.3
2017人	80.7	3.0	16.4	84.9	3.2	12.0	67.1	2.4	30.5
2018人	80.3	2.8	16.9	84.7	3.0	12.3	66.8	2.1	31.1
2019人	80.8	3.0	16.2	85.1	3.2	11.7	67.6	2.3	30.1
2019人比2009人增减量	5.0	-1.1	-3.9	5.0	-1.1	-3.8	10.4	-1.0	-9.3

资料来源：Ministry of Manpower[SG]. Report：Labour Force in Singapore 2019 [EB/OL]. [2020-01-30].https：//stats.mom.gov.sg/Pages/Labour-Force-In-Singapore-2019.aspx

3. 劳参率的演变轨迹

根据新加坡人力资源部2020年1月30发布的数据，2009-2019年，新加坡居民（SC&SPR）总体劳参率和分年龄组别的劳参率均呈增长趋势（如表2-3

所示），但增幅有很大差异。在49岁以下的青壮年劳动力中，除了15-19岁组别的劳参率增幅为28%，其他组别的增幅几乎均小于或接近50岁及以上年龄组的劳参率增幅。观察50岁及以下的劳参率增幅发现，年龄越大，劳参率增幅越大，65岁及以上年龄组别劳参率增幅在54%以上，远远超过49岁以下年龄组别仅5%左右的增幅。

表2-3 2009-2019年新加坡居民（SC&SPR）分年龄组的劳动力参与率（%）

年龄	2009年	2010年	2011年	2012年	2013年	2014年	2015年	2016年	2017年	2018年	2019年	2019年比009年增减
合计	65.4	66.2	66.1	66.6	66.7	67.0	68.3	68.0	67.7	67.7	68.0	4.0
15-19岁	11.8	15.4	12.3	12.4	11.8	12.3	15.8	15.3	14.2	15.2	15.1	28.0
20-24岁	63.5	65.8	62.8	63.6	61.7	61.8	65.3	62.3	62.2	61.3	61.0	3.9
25-29岁	89.3	89.4	89.2	88.3	88.5	89.0	90.3	90.3	90.2	90.0	90.1	0.9
30-34岁	88.3	89.0	88.6	89.8	90.1	89.9	90.2	90.8	91.8	91.0	92.3	4.5
35-39岁	85.8	86.2	87.3	88.0	88.0	88.8	89.1	89.7	89.8	89.0	89.6	4.4
40-44岁	84.4	84.4	84.9	85.4	85.7	87.1	87.6	88.2	87.7	88.8	88.7	5.1
45-49岁	82.1	82.4	83.7	84.4	84.5	84.7	85.9	86.3	86.8	86.5	87.9	7.1
50-54岁	78.1	78.6	79.7	79.5	80.0	81.8	82.4	81.4	82.8	82.0	82.3	5.4
55-59岁	68.4	68.3	70.2	72.4	73.2	74.3	75.5	75.8	74.9	75.1	75.0	9.6
60-64岁	50.6	51.0	54.7	58.1	59.7	61.2	62.4	62.8	63.6	62.2	63.9	26.3
65-69岁	29.9	30.9	36.2	38.6	40.2	41.2	42.2	43.2	43.4	45.3	46.1	54.2
≥70岁	10.5	11.0	12.5	13.1	14.4	15.3	14.9	15.0	16.2	17.0	17.6	67.6
70-74岁	16.8	18.7	20.4	21.9	24.2	25.7	24.9	26.8	28.0	28.3	28.8	71.4
≥75岁	5.7	5.4	6.4	6.7	7.6	8.4	8.8	8.4	9.1	9.4	9.5	66.7

资料来源：Ministry of Manpower[SG]. Report：Labour Force in Singapore 2019 [EB/OL]. [2020-01-30].https：//stats.mom.gov.sg/Pages/Labour-Force-In-Singapore-2019.aspx

按更粗略一些的年龄分组观察新加坡的劳参率变化情况（如表2-4所示），新加坡居民（SC&SPR）总体劳参率和分年龄组别劳参率均呈增长趋势。其中，15-24岁组别劳参率增长了2.7个百分点，25-54岁组别的劳参率增长了3.8个百分点，均低于25-64岁组别增长3.9个百分点的增长幅度。与此同时，55-64

岁年长组别的劳参率增长了9.3个百分点，是25-64岁组别劳参率增长量的2倍多。而65岁及以上组别的劳参率增长了11.5个百分点，几乎是总体增长量的4倍多，是25-64岁组别增长量的近3倍。

表2-4 2009-2019年新加坡居民（SC&SPR）分年龄组的劳动力参与率（%）

年中数据	2009年	2010年	2011年	2012年	2013年	2014年	2015年	2016年	2017年	2018年	2019年	2019年比2009年增减
总体	65.4	66.2	66.1	66.6	66.7	67.0	68.3	68.0	67.7	67.7	68.0	2.6
25-64岁	79.9	80.0	80.7	81.4	81.7	82.3	83.1	83.3	83.6	83.1	83.8	3.9
15-24岁	35.6	39.2	36.7	37.8	36.2	37.5	40.6	39.4	38.2	38.1	38.3	2.7
25-54岁	84.5	84.8	85.4	85.7	85.9	86.7	87.1	87.6	88.0	87.7	88.3	3.8
55-64岁	60.6	61.0	63.4	66.0	67.1	68.4	69.5	69.7	69.5	68.9	69.9	9.3
≥65岁	17.2	17.6	20.4	22.0	23.8	25.2	25.8	26.5	26.8	27.8	28.7	11.5

资料来源：Ministry of Manpower[SG]. Report：Labour Force in Singapore 2019 [EB/OL]. [2020-01-30].https：//stats.mom.gov.sg/Pages/Labour-Force-In-Singapore-2019.aspx

劳动力参与率，简称劳参率，指一个经济体的经济活动人口（包括就业者和失业者）占劳动年龄人口的比率，它是一个用来衡量人口参与经济活动状况的指标。从新加坡在2009-2019年间劳参率数据增长变化的情况可以推断，政府出台的就业激励、技能提升等政策效果不错，尤其是激励了年长劳动者的就业积极性，这从年长劳动者的劳参率增量在各年龄组别均居高位即可见。

四、政府实施劳动力技能开发系列举措

新加坡政府非常重视劳动力技能开发，针对产业发展的技能需求以及劳动力技能供给短板，有针对性地制订了分类分层的全员技能开发战略计划，任何一个新加坡人都能被纳入对应的技能开发战略或计划，通过建构全社会

学习、终身学习的制度体系，营造学习氛围以助力提升国家竞争力。同时，新加坡政府重点扶持低收入、低技能就业困难群体。

（一）针对存量劳动力技能提升的劳动力技能资格鉴定制度（WSQ）

新加坡政府针对存量劳动力技能提升推出了劳动力技能资格鉴定制度（WSQ），标准、证书和资格认证高度聚焦职业生涯路径且与各层次职业技能一一对应，既关注存量劳动力的技能提升，更促进其明晰职业生涯路径，使劳动力现实的技能需求得以满足并激活了其基于个人职业生涯设计的潜在技能需求，以此降低劳动力在产业变革和技术变革引发的劳动就业迭代中面临的就业风险。

（二）针对国家竞争力提升的未来技能培训计划（SF）

未来技能培训计划（SF）是新加坡基于提升国家竞争力而提出的一项覆盖新加坡全体国民的培训战略，它是一个面向全体公民、在校学生、在职人员、企业雇主、培训机构等主体的培训计划和培训项目的集合，旨在针对未来技能需求驱动新加坡形成终身学习的氛围，建构终身学习的路径，使每个劳动者都有明晰的职业生涯路径。从这个视角看，未来技能培训计划（SF）是一个未雨绸缪的前置性技能提升战略，其在未来技能提升中的作用可以概括为如下几方面：其一，帮助全体劳动力认识新技术以及与之相关的工作变革；其二，帮助新增劳动力在入职前明确个人特长以进入匹配的就业领域，建构明晰的职业生涯路径；其三，促进存量劳动力形成终身学习的习惯，保持技能提升的惯性以适应可能的就业挑战，激活劳动力的主动技能提升需求；其四，促进职业中期的在职人员实现职业转换以适应新的就业技能需求，从而平滑就业迭代进程，满足结构性失业风险中劳动力的被动技能需求；其五，促进关键领域的资深劳动力深化技能；其六，激发企业参与劳动力技能提升的动力，帮助企业明确劳动力技能提升的重要性，促进其针对未来技能需求实施培训或积极参与国家的未来技能培训计划（SF），且从企业领导个人发展、中高层专业人员配置和企业员工发展三方面给予具体指导，通过企业的技术和管理升级激活企业对劳动力技能提升的需求；其七，帮助培训机构提高培训供应素质、创新学习方式，以提高培训的学习质量和效率，促进培训机构紧跟技术进步和全球化的步伐，满足由创新和生产力驱动的未来经济发展对劳动力技能的需求。

（三）针对经济转型与结构性失业实施低薪、高龄、低技能劳动力的就业援助与激励

新加坡政府重视全员劳动力技能提升，同时重点关注低薪、低技能、高龄群体的就业以及技能提升，确保他们不会被经济社会进步抛弃，特别保护其主动就业的意愿，鼓励其拥有学习和培训的动力，明晰职业生涯路径，从而树立获得体面高质量就业的信念，并通过终身学习去实现就业目标。

1. 全员培训

新加坡政府推出卓越技术培训计划（STEP），这是一项专门针对专业人士、管理人员、行政人员和技术人员（PMETs）的继续教育和培训计划，涵盖PMETs从初级管理人员到高级管理人员的所有工作领域，旨在推动他们动态更新知识和技能以保持就业竞争力，助力高端私营企业成为新加坡生产力增长和持续创新的源泉，从而使新加坡在全球化下保持竞争力。另外，新加坡政府还推出了专业人员转业计划（PCP），帮助处于职业中期的专业人士在经济转型中获得新的技能以适应新的岗位需求。

2. 低薪工人、年长工人就业援助与技能提升

从企业的技能需求侧入手，新加坡政府于2005年启动重新改造职业计划（JRP）以改造传统低技能就业岗位，旨在安置低技能劳动力就业。主要措施有：其一，通过在生产中引入自动化和机械化来提高企业生产率和产品的附加价值以拓展劳动力报酬的提升空间，吸引低技能劳动力通过提升技能以匹配这些工作岗位；其二，改善岗位形象和工作条件吸引低技能劳动力就业；其三，规划清晰的职业发展路径并提供匹配的职业培训以增强岗位的吸引力。

从劳动力这一技能供给侧入手，新加坡政府鼓励低薪人群特别是壮年低薪者和年长劳动者不断提升技能水平、提高就业能力，鼓励企业雇佣并培训这一群体，通过就业援助和奖励实现济贫，以防走向高福利社会。一方面，新加坡政府针对壮年低薪劳动者，于2007年实施就业奖励计划——就业入息补助计划（WIS）和就业培训计划（WTS），长期援助愿意工作的壮年低薪人

群,给予公积金和现金补贴以提高其收入,为低薪家庭提供培训补助金助力其提升技能以争取优质的就业机会,从而迭代到稳定优质的就业领域。另一方面,为鼓励企业雇佣年长劳动者并愿意对其进行培训、鼓励年长劳动者不断提升技能以适应新的工作环境和新的工作要求,新加坡政府推出了乐龄补贴计划(SS)、特别就业补贴(SEC)和见习计划,旨在促进雇主雇佣年长劳动者,帮助年长劳动者不断提升技能、提高收入以改善生活,通过充分利用老年人力资源以缓解劳动力短缺以及结构性失业。

(四)针对经济转型与生产力提升实施企业雇佣激励

新加坡政府既关注促进劳动力就业,也关注经济转型中的企业升级与生产力提升,其就业促进政策实际上是企业升级转型的配套政策,最终目的是提升新加坡国家竞争力。其一,政府出台了职业支持计划(CSP),旨在激励中小企业重新雇佣正在经历结构性失业的新加坡公民,更重要的是促进中小企业步入正轨。其二,新加坡政府关注企业发展,既鼓励企业创新和创业,还鼓励传统企业技术改造与升级,同时激励企业委派员工参加职业培训以匹配企业发展需求。比如,出台企业发展计划(EDG)助推企业创新和海外创业,出台生产力解决方案津贴(PSG)鼓励中小企业技术升级和员工技能提升。其三,出台一系列的企业培训补贴计划,有的覆盖所有企业,有的覆盖中小企业,有的覆盖某个行业,旨在激励各类型企业根据自身实际情况实现技术升级并提升员工技能。其四,出台加薪补贴计划(WCS),鼓励企业雇佣低收入员工,通过给企业提供增薪补贴鼓励企业与员工分享生产力增长成果。

(五)新加坡劳动力培训的政策效果

新加坡政府出台政策营造全民学习氛围,针对存量劳动力技能提升的制度体系,针对未来竞争力提升的未来技能培训计划(SF),针对结构性失业和低薪、高龄劳动者的就业援助与激励,针对企业转型、创新和创业的雇佣激励的各项政策激励效果均非常卓著,多年来新加坡保持着相对稳定的信息技术人才队伍,目前全国有14.67万信息技术人才,"智慧城市2015计划"超额完成,"智慧国家2025"也已顺利走到中期。新加坡人力资源部2020年1月30日发布的数据显示,2009-2019年间,新加坡经济结构调整并未带来显著失业波动,年平均失业率仅2009年有高峰波动,此后下降并稳定在2%左右;新加坡公民（SC）和新加坡永久居民（SPR）年均失业率呈下降趋势，且稳定在3%左右（如图2-5所示）。新加坡的失业率数据变化趋势表明：其一，新加坡总体年均失业率低于新加坡公民（SC）和新加坡永久居民（SPR），表明新加坡外来劳动力素质相对较高，这也解释了为什么新加坡各项就业激励政策，特别是针对低薪、低技能、年长劳动力和弱势群体的就业援助和激励政策总是以新加坡公民（SC）和新加坡永久居民（SPR）为实施对象，这些劳动力或者虽处壮年但亟待技能提升以实现职业转换，或者本就是年长劳动力面临失业从而需要就业援助以提升就业能力；其二，新加坡政府针对劳动者就业实施的各项计划是非常成功的，在经济转型期间虽然面对劳动力技能升级、职业转换等难题，但并未带来失业率增加，劳动就业迭代相对平滑，故其政策值得我们深入研究。

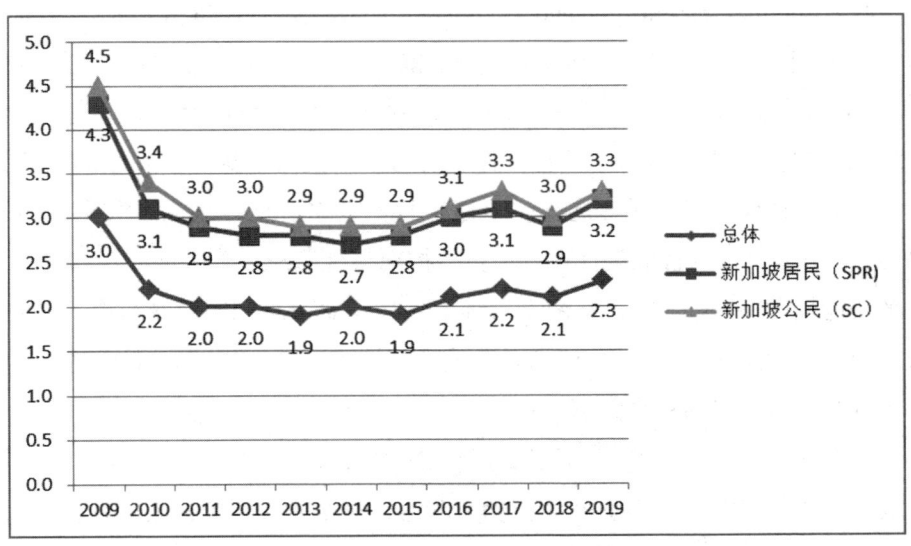

图2-5 2009-2019年新加坡年平均失业率（%）

资料来源：Ministry of Manpower[SG]. Labour Market Statistical Information [EB/OL]. [2020-01-30].https：//stats.mom.gov.sg/Pages/Home.aspx

第二节　存量劳动力技能认证制度

一、劳动力技能鉴定制度历史沿革

2003年，新加坡人力资源部（Ministry of Manpower，MOM）成立劳动力开发局（Workforce Development Agency，WDA），专门负责劳动力开发，主要针对成人开展技能培训。2004年，劳动力开发局（WDA）启动劳动力技能资格鉴定制度（Workforce Skills Qualifications，WSQ），主要开展劳动力培训、开发以及技能评估与认证，帮助雇主确认潜在雇员的关键能力。劳动力技能资格鉴定制度（WSQ）的最终目的是制定统一的技能培养策略，旨在把技能标准、通用技能与特定行业/职业的在职培训对接，并通过继续教育与技能培训中心（Continuing Education and Training，CET）实施技能资格认证[①]。

2016年底，政府成立"新加坡未来技能局"（SSG）和"新加坡劳动力局"（WSG）两个机构。未来技能局（SSG）隶属于教育部下的私立教育理事会，其成立后的首要任务是确保所有教育学府与培训机构承认不同领域的认证框架，扩大新加坡公民的学习选择，同时未来技能局（SSG）主要承接劳动力开发局（WDA）负责的技能培训项目，负责推动与统筹未来技能培训计划（SF）。未来技能局（SSG）主要协调两类培训工作：受雇前培训和继续教育与培训，服务对象涵盖在校学生、企业雇员、自由劳动者、家庭主妇、退休人员等，旨在营造终身学习的社会氛围。

劳动力开发局（WDA）重组为劳动力局（Workforce Singapore，WSG），仍隶属于人力资源部，负责开发劳动力队伍，与企业共同优化人力资源结构。劳动力局直接对人力资源部负责，肩负多种职能，对现有劳动力开发战略进行整合，包括开发技能框架、实施国家培训项目、提供就业安置服务等，以实现支持行业发展、减小结构性技能差距、提高行业标准及提高低技能工人就业能力四个战略目标，并逐渐形成了以劳动力局为主的劳动力开发机构，以及与政府、行业、培训机构、其他社会机构以及劳动力多方协作的运行机

---

① Gary Willmott，李玉静. 通过国家劳动力技能资格制度培养高技能劳动力——新加坡的经验[J]. 职业技术教育，2008，29（06）：64-68.

制（如图2-6所示）。不同机构在上述运行机制中担负不同责任：劳动力局负责开发、实施培训框架，提供就业服务和经费激励以及对培训机构进行认证等；政府机构在经济和人力规划中参与合作；行业承担培训或者招聘参训者以及认证资格证书；培训机构注重开发、实施高质量培训项目；社会机构注重营造终身学习氛围，推动工人学习、促进就业；劳动力寻求参与培训的机会，积极提升劳动技能[①]。

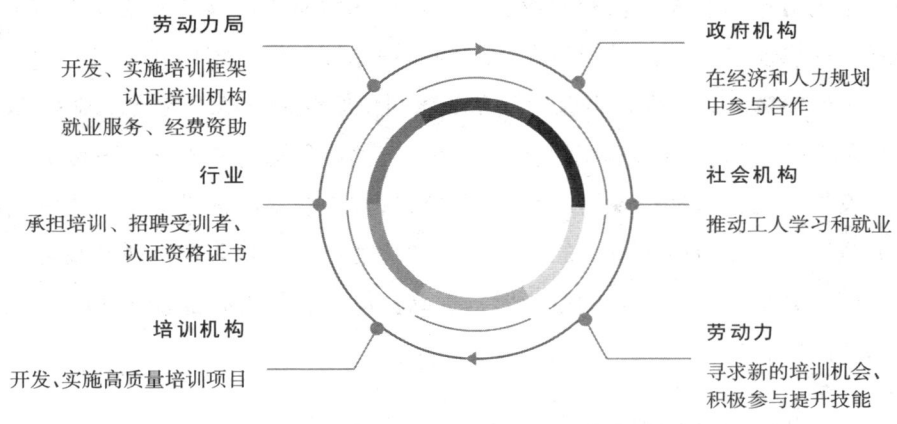

图 2-6　新加坡劳动力开发运行机制

资料来源：SkillsFuture Singapore Agency[SG].[2020-03-15].https：//www.ssg-wsg.gov.sg

劳动力技能资格鉴定制度（WSQ）具有权威性、可获得性和适应性特征。其一，权威性。WSQ的技能、资格和认证标准是劳动力开发局（WDA）分别在行业内进行广泛咨询的基础上制定的，天生具有被行业/企业和劳动者接纳的基因。其二，可获得性。WSQ涉及的课程向所有劳动力开放，不设学历和学术水平的准入条件，而是侧重对其已有技能、相关工作经验及技能资格进行认证，旨在提升培训质量、扩大劳动力培训机会。其三，适应性。为使WSQ能同时满足劳动力和企业的需要，其在制定标准时强调与岗位工作的相关性，并适应特定的工作情境，旨在让劳动力在培训中获得与岗位工作相对

---

① Gary Willmott，李玉静．通过国家劳动力技能资格制度培养高技能劳动力——新加坡的经验[J]．职业技术教育，2008，29（06）：64-68.

接的技能,能够及时上岗。综上,为了提升劳动力的技能,使他们在特定领域获得职业成功,劳动力技能资格鉴定制度(WSQ)的标准、证书和资格认证均高度聚焦建立职业生涯路径与各层次职业技能之间的对应与紧密联系。

二、劳动力技能资格鉴定制度(WSQ)功能

劳动力技能资格鉴定制度(WSQ)具有两大功能:为雇主培养熟练劳动力、促进劳动力技能升级和职业发展。其一,为雇主培养熟练劳动力,主要包括:提供质量有保证且与行业相关的培训选择,指导培训和发展计划;指导雇主的绩效管理;强化企业内部在职培训;促进企业招聘到经过WSQ认证的具备企业所需技能的匹配的员工。其二,促进劳动力实现技能升级并获得职业发展,主要包括:规划职业生涯并获得相应技能以促进劳动力进入新的行业或职位;获得雇主急需的职业资格和技能证书;将职业资格和技能证书作为职业转移凭证,提升就业能力、提高流动性;根据行业既定工作标准评估和认证技能。

三、劳动力技能资格鉴定制度(WSQ)框架

新加坡劳动力技能资格鉴定制度包括技能培训模块、资格认证模块和经济资助模块三方面内容(如图2-7所示)。

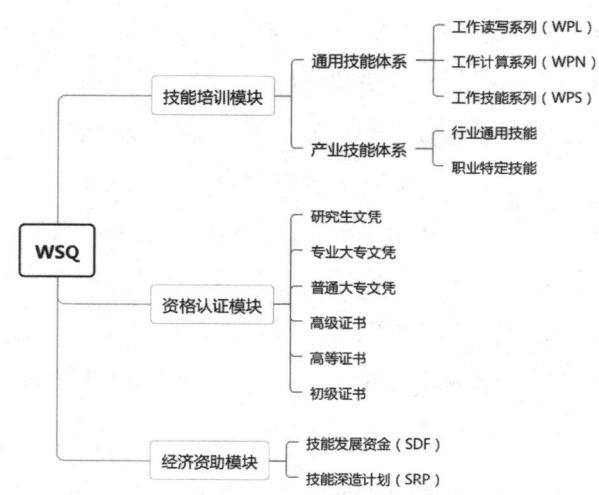

图2-7 劳动力技能资格鉴定制度(WSQ)框架

（一）技能培训

WSQ 涉及两种技能体系：通用技能体系和产业技能体系。

1. 通用技能体系

通用技能是指就业能力、可迁移的能力，即适用于各个职位的能力。通用技能体系包括10项基本技能：（1）工作读写和计算；（2）信息与通信技术；（3）解决问题与做出决策；（4）积极进取与创业精神；（5）沟通和人际关系管理；（6）终身学习；（7）全球化意识；（8）自我管理；（9）与工作相关的生活技能；（10）健康与工作环境的安全[①]。其二，产业技能体系。产业技能是指职业能力，即个人执行各种工作任务所需的技能和能力。

通用技能体系的10项基本技能和标准分为三个大类的培训模块：工作读写系列（WPL）、工作计算系列（WPN）、工作技能系列（WPS）。其一，工作读写技能标准分初、中、高三个等级。其二，工作计算技能标准按语言熟练度分为八个级别，级别越高语言熟练度越高，培训之前为级别一，熟练使用语言为级别八。其三，工作技能系列（WPS）涵盖通用技能体系中的后八项技能，旨在培养参训者多种能力。①信息与通信技术技能，掌握计算机基础知识，可以在工作场所处理信息并生成不同类型的文档。②分析和评估技能，能提出可行、高效、创新的解决方案以解决工作问题、提高生产率。③人际交往能力，能在不同团队环境中有效工作和沟通的能力、基于双赢原则进行谈判的能力。④自我管理与发展的能力，能有效管理时间、个人财产，能将个人发展目标融入企业发展目标的能力。工作技能系列（WPS）的培训课程可由劳动者灵活选择以有针对性地弥补自身技能差距，也可制订成完整的培训计划作为劳动者获得职业准备证书（CRC）的累积条件。劳动者在参加技能培训前，需要在就业技能中心完成评估，其中工作读写技能评估注重阅读、听力、口语和写作技能。

2. 产业技能体系

产业技能是指职业能力，即个人执行各种工作任务所需的技能和能力，包括行业通用技能和职业特定技能。产业技能是在新加坡国家技能认证体系

---

① 李光宇，王鹏. 试析新加坡就业必备技能体系 [J]. 中国冶金教育，2007（05）：72-75.

下基于产业能力标准建立的,至今已经开发了零售业、培训业以及金融服务业等31个产业的技能培训、认证标准和资助方式。通过产业技能培训,学员既可获得行业通用技能,也可获得适应个别工作或工作组群的具体职业技术。以零售业为例,超市、珠宝、家具以及石油零售等七个主要零售业的部门、行业协会、政府经济部门和重点培训机构的代表组成了零售业技能和培训理事会,该机构负责拟定零售业所必需的产业技能,具体有:商品与市场运作能力、售后服务能力、零售和客户服务能力、存储运营能力。在技能培训模块,WSQ为零售业技能培训提供了64个培训模块,技能水平分属于业务、监督和管理三个层次,学员可据自身需求选择某层次的一个、多个或者全部技能培训模块进行培训[①]。

(二)资格认证

技能培训结束后,WSQ负责对参训者的技能水平进行认证,认证完毕提供对应的合格证书(SOA)或职业预备证书(CRC)。合格证书颁发给仅完成某一项培训内容且评估合格的劳动者,合格证书因培训内容而异,仅完成WPL培训模块课程且经认证合格者可获得的合格证书(SOA)就多达四类,分别对应于WPL培训模块的阅读、听力、口语和写作技能。同样地,完成WPN和WPS培训模块,经过评估并合格后也可获得SOA证书。职业预备证书(CRC)颁发给同时完成工作读写系列(WPL)、工作计算系列(WPN)和工作技能系列(WPS)所有培训课程且获得10项合格证书(SOA)的参训学员,该证书涵盖业务、监督和管理三个层级的内容,每个层级对应相应的证书。WSQ提供业务、监督和管理三种职业类别的工作技能系列课程,其中业务层面能力指没有对他人监督的能力,只能在别人指导下开展工作;监督层面能力指具有监督他人工作并主管某一业务的能力;管理层面能力是指可以负责某一大型单位的运营和绩效管理的能力。

WSQ的技能培训模块致力于帮助新加坡劳动力适应劳动力市场、开发其技能并促进其职业发展,参训者完成技能培训模块的学习任务,经过评估且合格后可获得合格证书(SOA),通过累积合格证书(SOA)可获得完整的

---

① 刘杰,戚文革.新加坡劳动力技能资格系统述评[J].中国职业技术教育,2014(24):70-72.

WSQ 资格。WSQ 的资格框架涵盖了6个级别的资格认证（如表2-5所示），分别对应不同等级的资格证书，每一级别对知识和技能的掌握均设定不同的认证标准（如表2-6所示）[①]。

表 2-5　劳动力技能资格鉴定制度（WSQ）认证分级

级别	资格认证
6	研究生文凭（WSQ Graduate Diploma）
5	专业大专文凭（WSQ Specialist Diploma）
4	普通大专（WSQ Diploma）
3	高级证书（WSQ Advanced Certificate）
2	高等证书（WSQ Higher Certificate）
1	初级证书（WSQ Certificate）

资料来源：SkillsFuture Singapore Agency[SG]. Singapore Workforce Skills Qualifications（WSQ）[EB/OL].[2020-03-01].https://www.ssg.gov.sg/wsq

注：新加坡教育系统中的相关称谓：Master Degree 指硕士学位，学制2年；Graduate Diploma，Postgraduate Diploma 指介于学士和硕士之间、类似于硕士预科的课程，学制1年，本科毕业或者 Diploma 读完有几年工作经验才可以就读（Postgraduate Diploma，读 Master 的时候有些相同的课程模块可以申请免修）；Specialist Diploma 指专业大专，专业人士进修相应课程可获得专业大专文凭，需要相关工作经验；此外还有 Advance Diploma，进阶大专，读完理工学院或本科学位以后才能申请，学制1年；Certificate 课程一般1年，通常都是技工类别专业，专门针对特定领域技术性较强的专业，几乎没有任何学术课程，注重动手能力的培训，故大部分认证项目都会带一个 Apprenticeship 学徒计划，例如，水管工、焊工、电工、暖通专家等，某些专业通常还需要通过认证。WSQ 的培训课程认证对应教育系统的文凭等级设置了类似于同等学力的认证等级。

[①] 王祥. 新加坡"劳动力技能资格认证体系"述要[J]. 职业技术教育，2013，34（01）：82-87.

表 2-6　劳动力技能资格鉴定制度（WSQ）认证分级及标准

等级	标准
6：研究生文凭	·具备在复杂易变的环境中以及在专业性、专家型的工作中应用、整合相关知识和技能的能力； ·具备专业且精深的技术，通过原创型研究实现发展； ·具备高层次的组织和管理能力，具有个人问责性、自主性以及对他人负责的态度； ·具备在广义工作活动范围中的自我导向能力，具备战略性思考与判断能力
5：专业大专文凭	·具备在复杂易变的环境中以及在各种专业级别技术的工作中应用、整合情境化知识和技能的能力； ·具有知识获取的关建性技能，具备进行某一特定领域研究以及发展相关培训的知识和技能； ·具备在既定范围内进行较高层次的组织和管理的能力，具有个人问责性、自主性及对他人负责的态度； ·具备独立完成工作任务的能力，具有一定的战略性思考与判断能力
4：普通大专	·具备在比较复杂易变的环境中及在各种较为专业的技术工作中应用情境化知识和技能的能力； ·具备通过抽象理论获取非程序性知识和技能的能力； ·具备在较大范围内的个人问责性、自主性及对他人负责的态度； ·具备独立完成工作任务的能力，具有一定的思考和判断能力
3：高级证书	·具备在工作范围内易变的环境中应用非程序性但情境化知识和技能的能力； ·具备通过抽象理论获取程序性知识和技能的能力； ·具备在他人指导下进行任务计划、资源分配的能力； ·具备在一般性监督条件下完成工作任务的能力，具有判断能力
2：中级证书	·具备在工作范围内较常态环境中开展小范围工作活动的能力，其中有些可能涉及处理非程序性和复杂程序的技能； ·具备通过了解一般性事实或程序间的关联获得知识和技能的能力； ·具备在特定范围内、在有人指导的情况下采取高等技能套件完成任务的能力，其中会涉及个人问责性； ·具备在经常性监督的条件下完成工作任务的能力，具有一定判断和理解能力
1：初级证书	·具备在工作范围内常态环境中开展小范围工作活动的能力； ·具备通过了解常识性事实或程序间的关联获得知识和技能的能力； ·具备基本的理解技能； ·具备在特定范围内、在有人经常指导的情况下采取基本技能套件完成任务的能力，其中会涉及个人问责性； ·具备在有明确指示条件下完成工作任务的能力，具有少许判断能力

资料来源：Singapore Workforce Development Agency.Interpretation of WSQ Competency Standards for Training and Assessment[EB/OL].（2012-11-26）[2020-03-01].http：//ishare.iask.sina.com.cn/f/34817533.html

（三）经济资助

若企业派遣员工接受 WSQ 提供的就业必备技能培训，符合条件的员工可得到技能发展基金（SDF）资助的学费和技能深造计划（SRP）提供的缺勤工资。

技能发展基金（SDF）和技能深造计划（SRP）的资助条件如下。获得工作读写系列、工作计算系列培训奖金的学员应符合如下标准：是新加坡公民或新加坡永久居民；已在就业技能中心参加评估；已参加75%的培训；已完成一切必要的技能水平评估。获得工作技能系列培训奖金的学员应符合如下标准：是新加坡公民或新加坡永久居民；已参加75%的培训；已完成一切必要的技能水平评估。

技能发展基金（SDF）和技能深造计划（SRP）的资助标准如下。其一，技能发展基金（SDF）资助标准为：以参加技能培训模块类似于 ESS 课程这样的公开培训课为例，40岁及以上工人按学费的90%进行资助，以每小时资助 \$16 为上限；40岁以下工人按学费的90%进行资助，以每小时 \$11 为上限。其二，技能深造计划（SRP）资助标准为：40岁及以上工人按每小时基本工资的90%资助，以每小时 \$6.8 为上限；40岁以下工人按每小时基本工资的80%资助，以每小时 \$6 为上限。

技能发展基金（SDF）和技能深造计划（SRP）适用于获得初级技能水平的工人，资助金额以40岁为分界点[①]。可见，新加坡政府重视低技能劳动力的技能培训，其中特别重视那些因年龄增长存在就业困难的群体，鼓励40岁以上低技能劳动力不断提升技能以防范就业风险。

四、劳动力技能资格鉴定制度（WSQ）运行

截至2019年12月，新加坡劳动力局已完成涵盖航天等32个行业的 WSQ 框架（如表2-7所示），建立了39个继续教育与技能培训中心（CET），这些培训中心根据新加坡劳动力技能资格鉴定制度（WSQ）的要求开展工作。新加坡 Skills Future 工作报告显示，2018年有760万的参训者访问了"My Skills

---

① 李光宇，王鹏.试析新加坡就业必备技能体系[J].中国冶金教育，2007（05）：72-75.

Future"网站并参与培训课程,超过5万人参与了Skills Future的研讨会[①]。

表2-7 WSQ技能框架覆盖的行业范围

1. 航天	2. 金融业	3. 加工行业	4. 公共交通	5. 海洋工业
6. 组装与测试	7. 花艺	8. 知识产权	9. 零售	10. 旅游
11. 临床研究	12. 食物与饮料	13. 景观	14. 安全	15. 晶圆制造
16. 环境清洁	17. 通用制造	18. 后勤	19. 纺织与时装	20. 废物管理
21. 创意产业	22. 医疗支持	23. 港口服务	24. 旅游服务	25. 人力资源
26. 幼儿保育与教育	27. 精密工程	28. 酒店及住宿服务	29. 工作场所安全与卫生	30. 信息和通信技术
31. 社区和社会服务	32. 培训和成人教育			

资料来源:SkillsFuture Singapore Agency[SG].[2020-03-01.]https://www.ssg.gov.sg/wsq

第三节 全民未来技能培训战略

2004年11月4日,新加坡成立未来技能委员会(Skills Future Council,SFC),时任副总理的尚达曼担任委员会主席,成员由政府、企业雇主、工会、工人和教育培训机构等劳资政学各方代表组成。委员会致力于教育、培训和职业生涯发展之间的整合,支持个人不断提升技能,鼓励全国形成终身学习的文化氛围。尚达曼说:"无论我们从事什么工作,都要熟练掌握工作技能。让每一位新加坡公民最大限度地发挥自我潜能是政府的努力方向,这需要政府、企业、社团和每一位公民的共同参与。"未来技能培训计划的口号是"你的技能,你的资产,以及你的未来",它是一项全国性运动,鼓励全民充电,通过提升技能去优化生活,最终增强知识经济时代的国家竞争力。未来技能培训计划(SF)的根本目的是为新加坡构建一个更为完整的教育体系以

---

① SkillsFuture Singapore Agency[SG].Skills Future 2018 YEAR-IN-REVIEW[EB/OL]. [2020-03-15].https://www.ssg-wsg.gov.sg/content/dam/ssg-wsg/ssgwsg/news/2018yearinreview/SkillsFuture%20Year-End-Review%202018.pdf.

提升公民的职业技能,分别针对新加坡全体公民、在校学生、在职人员、雇主和培训机构设计不同的未来技能培训规划,旨在为新加坡人提供在生命周期内发挥最大潜能的机会,不论劳动者起点如何,该计划都能充分利用其技能、激情和贡献以推动新加坡迈向更高阶段:发达的经济和包容性社会。

未来技能局(SSG)主要协调受雇前培训和继续教育与培训,相应地,未来技能培训计划(SF)的核心任务有:(1)帮助个人针对自身特点选择教育培训和职业生涯发展;(2)适应产业需求整合并健全一套完整的教育和培训体系;(3)以技能和技术撬动劳动力的职业认同感并以此促进其职业生涯发展;(4)鼓励并支持全社会形成终身学习的文化氛围①。

一、未来技能培训计划(SF)的组织架构

未来技能培训计划(SF)的组织架构如下:以新加坡未来技能局(Skills Future Singapore,SSG)、劳动力局(Workforce Singapore,WSG)和劳动力技能资格鉴定制度(WSQ)三方为主导,社会机构、学校以及大众媒体等起辅助协调作用。如图2-8所示,未来技能局(SSG)是核心,是保证和提高各子项目质量的主要支撑;劳动力局(WSG)是以资源评估为基础的监管组织;劳动力技能资格鉴定制度(WSQ)是整个未来技能计划(SF)的认证机构。这三个成员机构根据不同的分工各自负责不同的任务以保证未来技能培训计划(SF)的有效实施②。

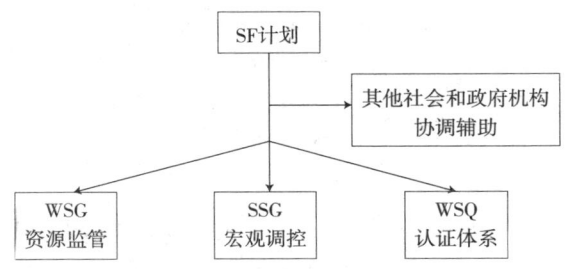

图2-8 未来技能培训计划(SF)的组织架构

---

① SkillsFuture Singapore Agency[SG].About Skills Future[EB/OL].[2020-03-15].http://www.skillsfuture.sg/what-is-skillsfuture.html.

② 杜若飞.新加坡"技能创前程"计划研究[D].西南大学,2017.

二、劳动力未来技能提升的内容

未来技能培训计划是覆盖新加坡人的全民培训计划，它针对全体公民、在校学生、在职人员、雇主和培训机构，分别设置了有针对性的技能提升项目（如图2-9所示）。

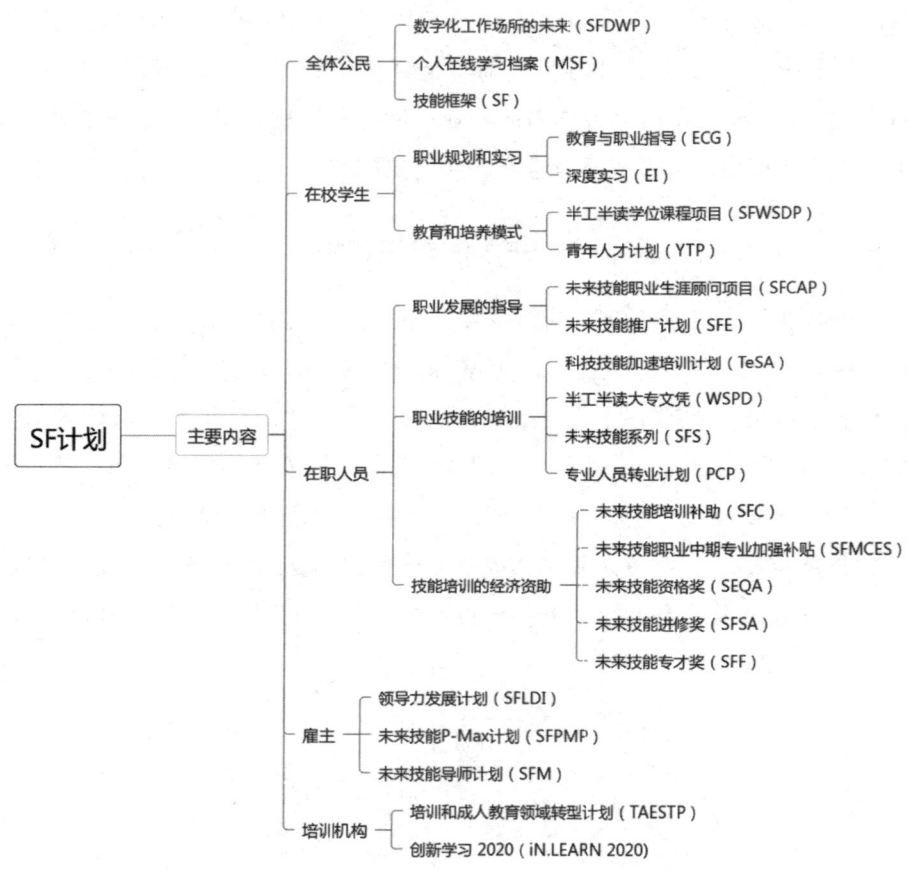

图2-9 未来技能计划（SF）的主要技能提升项目

（一）针对全体公民的未来技能提升

针对新加坡全体公民未来技能提升的学习内容主要有：数字化工作场所的未来（Skills Future for Digital Work Place，SFDWP）、个人在线学习档案（My Skills Future，MSF）和技能框架（Skills Framework，SF）。

1. 数字化工作场所的未来（SFDWP）

数字化工作场所的未来（SFDWP）是一项全国性倡议，以前称为 Future@Work，旨在帮助所有新加坡成年人，包括劳动力市场上的就业者、失业者以及计划重返劳动力市场的成年人，能够及时了解新兴技术及其对工作的影响，并对变革、创新和适应力采取积极的态度。雇主为员工培训正确的思维和技能，以迎接工作场所的技术变革，抓住未来经济中的新机遇。该计划为期2天，最多18个小时。通过该计划受训者可获得以下收益：①能够感知未来经济中的工作类型；②能够在技术含量高的环境中工作；③能够在日常生活中经常使用移动 app；④感知网络安全在日常/工作应用中的重要性；⑤意识到如何使用数据和信息；⑥能够执行功能结果，例如申请 Skills Future 积分或执行基本的网络安全措施，设置密码保护数据或信息；⑦能够制订继续学习的行动计划[①]。

2. 个人在线学习档案（MSF）

个人在线学习档案（MSF）的前身是个人学习档案袋（Individual Learning Portfolio，ILP），它是一个一站式的在线门户，通过获取行业信息和工具来搜索培训课程以扩宽和加深技能，旨在使各个年龄段的新加坡人都能养成终身学习的习惯，选择技能、积累技能并获得职业发展。该门户网站提供的工具和资源可帮助访问者提前了解行业知识，根据其职业和学习需求探索培训计划，促进其在整个教育和职业生涯中不断进步[②]。

3. 技能框架（SF）

技能框架（SF）是新加坡产业转型规划（Industry Transformation Maps）的组成部分，由雇主、行业协会、教育机构、工会和政府共同创建，旨在为个人、雇主和培训提供者创建通用的技能语言。技能框架提供有关产业部门、职业生涯路径、职业/工作角色、职业/工作角色所需的现有和新兴技能的关键信息、技能升级所需的培训计划列表，以促进公众认可技能、制订技能提

---

① SkillsFuture Singapore Agency[SG].Skills Future for Digital Work Plan[EB/OL].[2020–03–05]. https：//www.skillsfuture.sg/digitalworkplace.

② SkillsFuture Singapore Agency[SG].My Skills Future[EB/OL].[2020–03–10]. https：//www.skillsfuture.sg/myskillsfuture.

升和职业发展的培训计划。技能框架（SF）从2016年开始逐步推出，目前在包括会计、航空运输、航天、儿童早期护理和教育等33个领域已推出成形的技能框架[①]。

（二）针对在校学生的未来技能提升

针对在校学生未来技能提升的学习内容主要包括职业规划和实习、教育和培养模式两部分。

1. 职业规划和实习

职业规划和实习主要包括教育与职业指导（Education and Career Guidance，ECG）、深度实习（Enhanced Internships，EI）两个子项目。

（1）教育与职业指导（ECG）

教育与职业指导（ECG）是一项整体性和经验性的工作，旨在为学生和成年人提供必要的知识、技能和价值观，以进行明智的教育和职业决策。教育与职业指导（ECG）鼓励学生了解自己的兴趣和能力，通过探索不同行业中可用的学习或教育途径以及职业机会，实现自己的择业愿望。教育与职业指导（ECG）为处于生命周期不同阶段的个人提供支持，即提供从早期的学校教育到覆盖整个职业生涯的个人支持。其一，小学、中学、初级学院和高级中学（Primary, Secondary, Junior College and Centralised Institute students）阶段的支持。ECG课程内容从小学三年级开始，满足学生在不同学习阶段的发展需求。除了教育计划、职业探索计划和活动之外，还有一个交互式My Skills Future网站，面向5-6年级的小学生、中学生或大学预科生，帮助他们探索自己的优势和兴趣，并提供有关新加坡的行业、职业、课程和教育机构等信息。其二，ECG顾问为需要更多专门支持的学生提供有关教育和职业选择的个人咨询或小组指导。除了为学生提供优质的教育与职业指导体验外，ECG还根据需要与家长和行业合作伙伴进行交流和互动。其三，ECG对工艺教育学院（ITE）和理工学院（Polytechnics）学生的支持。在时间上，ECG为工艺教育学院（ITE）学生安排至少40-60小时、为理工科（Polytechnics）学生提供为期三年的教育与职业指导，ECG顾问的支持覆盖所有理工学院和工

---

① SkillsFuture Singapore Agency[SG].Skills Framework[EB/OL].[2020-03-10]. https：//www.skillsfuture.sg/skills-framework.

艺教育学院。在具备了基本的教育与职业指导知识后，学生可参加与 ECG 相关的课堂教学和课外活动，课外活动主要有行业沉浸计划（Industry Immersion Programmes）、学习之旅（Learning Journeys）、职业讲座（Career Talks）等。其四，公立大学的学生可以参加校园内专门的职业服务办公室或职业指导中心提供的职业咨询服务和准备课程，以确定并准备与实力、兴趣和学习领域相关的职业所需的学业内容。其五，成人可以通过新加坡劳动力局（WSG）的 Careers Connect 获得职业咨询服务。新增劳动力、职业转换者可获得包括职业咨询、求职研讨会和 Careers Connect 上提供的互动式职业资源。需要更深入帮助的人还可接受经过专业认证的职业教练提供的一对一职业指导[①]。

（2）深度实习（EI）

深度实习（EI）是理工学院或工艺教育学院提供的全日制文凭课程，包括国家工艺教育证书（Nitec）或高级国家工艺教育证书（HigherNitec）课程的实习部分。深度实习（EI）主要针对的是理工学院和工艺教育学院入学第二或第三学年的学生。学生学习过深度实习涉及的任何一门课程就获得了深度实习的资格，深度实习旨在促进学生将在课程中获取的知识和技能应用到实际工作场景。在深度实习中，公司在指导实习生方面有较大参与度，使学生在实习期的学习清晰而有条理，也更接地气。深度实习（EI）项目规划到2020年覆盖到所有理工学院和工艺教育学院的课程中，使学生通过在学期间接触实际工作环境，顺利过渡到工作场所[②]。

2. 教育和培养模式

教育和培养模式主要包括半工半读学位课程项目（Skills Future Work-Study Degree Programmes，SFWSDP）和青年人才计划（Young Talent Programme，YTP）两个子项目。

（1）半工半读学位课程项目（SFWSDP）

半工半读学位课程项目（SFWSDP）面向学生和部分在职人士，是基于机

---

① SkillsFuture Singapore Agency[SG].Education and Career Guidance[EB/OL].[2020-03-12]. https：//www.skillsfuture.sg/ecg.

② SkillsFuture Singapore Agency[SG].Enhanced Internships[EB/OL].[2020-03-12]. https：//www.skillsfuture.sg/enhancedinternships.

构的学习与结构化的在职培训紧密结合的课程，它与公司合作开发和提供相应课程并评估学生在工作场所的表现，旨在让学生获得深厚的技术和基本通用技能，助力学生毕业后顺利从大学过渡到工作场所。半工半读学位课程项目（SFWSDP）有两种提供方式：一是利用入学/期末时间，学生在大学和工作场所间交替学习一到两个学期（或三个学期）；二是利用工作日/学习日时间，学生交替在合作伙伴公司和学校进行学习，一般每周在合作伙伴公司工作三到四天，剩余的一两天在大学学习。半工半读学位课程项目（SFWSDP）使学生在学习中获益：其一，在真实的工作环境中获得更坚实的理论基础，从而提高毕业后的预备工作技能水平；其二，获得合作公司的支持，包括（但不限于）学费赞助、津贴和签约奖金；其三，有机会更多地了解合作公司的企业文化；其四，毕业后有很好的机会获得合作公司提供的职业机会。目前，新加坡国立大学（NUS）、南洋理工大学（NTU）、新加坡理工学院（SIT）和新加坡社会科学大学（SUSS）均设有半工半读学位课程项目（SFWSDP），表2-8展示了新加坡理工学院（SIT）半工半读学位课程项目（SFWSDP）的课程设置与合作公司的情况[1]。

表 2-8　新加坡理工学院（SIT）SFWSDP 项目

	项目	合作公司
入学/期末交替模式	酒店业务荣誉学士	· The Ascott · Grand Park City Hall · Ramada & Days Hotel
	土木工程荣誉学士学位	· Land Transport Authority · Oriental Sheet Piling
	电力工程荣誉学士学位	· Keppel Offshore & Marine · Sembcorp Marine · SP Group · System Technic

---

[1] SkillsFuture Singapore Agency[SG].Skills Future Work-Study Degree Programmes[EB/OL].[2020-03-12]. https://www.skillsfuture.sg/wsdeg.

续表

项目		合作公司
入学/期末交替模式	信息与通信技术（信息安全）荣誉工程学士学位 信息与通信技术（软件工程）荣誉工程学士学位	・Accenture ・AIA Group ・Cyber Security Agency ・Defence Science and Technology Agency ・Inspire Tech ・Keppel Offshore & Marine ・Ministry of Defence ・Ministry of Home Affairs ・PSA ・Sembcorp Marine ・Singtel ・Singapore University of Social Sciences ・Government Technology Agency ・Info-communications Media Development Authority
	机械设计与制造工程荣誉学士学位	・Defence Science and Technology Agency ・Sembcorp Marine
	海洋工程荣誉工程学士学位 海军建筑荣誉工程学士学位	・Defence Science and Technology Agency ・Keppel Offshore & Marine ・Sembcorp Marine
	远程信息处理（智能交通系统工程）荣誉工程学士学位	・Defence Science and Technology Agency ・Government Technology Agency
工作日/学习日（WD/SD）交替模式	土木工程荣誉学士学位（每周工作4天/每周学习2个半天）	・Chartworth Enterprise ・Danlin Construction ・Highway International ・NU Systems ・Samwoh Premix ・SG-Glass ・Wen Wei Zhen Metal ・Yew Huat Scaffolding Open to in-employment upgraders in related field of work or industries
	食品技术荣誉学士学位（每周工作3天/每周学习2天）	・Chinatown Food ・Ingredion Open to in-employment upgraders in related field of work or industries

（2）青年人才计划项目（YTP）

青年人才计划项目（YTP）将海外市场沉浸式课程扩展到理工学院和工艺教育学院学生课程中，即这两类院校的学生可以报名参加海外实习和学习课程，旨在为其职业生涯中可能的国际任务奠定基础。该项目同时获得教育机构资助，参与海外沉浸式计划（即实习/工业附属计划或混合式工作和学习计划）的学生有资格获得新加坡国际企业（IE）和青年人才计划项目（YTP）共同资助的海外生活费。学生通过这类学习获得有价值的海外工作经验，从而能够在竞争激烈的就业市场取得领先优势[①]。

（三）针对在职人员的未来技能提升

未来技能培训计划（SF）提出："无论您从事什么工作或在职业上处于什么位置，终身学习将成为我们工作和生活中的新准则，这将使我们能够提高自己，并为我们探索未知的领域做好准备。每个人在任何工作中都必须渴望成为专家，您的技能是未来成功的资产。"[②]针对在职人员未来技能提升的学习内容包括职业发展指导、职业技能培训、经济资助三方面。

1. 职业发展指导

在职人员未来职业发展指导包括未来技能职业生涯顾问项目（Skills Future Career Advisors Programme，SFCAP）和未来技能推广计划（Skills Future Engage，SFE）。

（1）未来技能职业生涯顾问项目（SFCAP）

未来技能职业生涯顾问项目（SFCAP）旨在利用行业资深人士的专业知识帮助个人做出明智的职业决策。新加坡劳动力局与行业中的重要中介机构（例如贸易协会和商会，Trade Associations and Chambers，TAC）以及专业机构合作，建立未来技能职业顾问团队，由职业顾问提供行业职业咨询服务，帮助求职者加深对特定部门技能需求以及工作内容的了解。截止到目前，未来技能职业生涯顾问计划（SFCAP）已在如下领域推出了相应服务：其一，信息通信技术领域，由新加坡劳动力局与新加坡计算机协会（Singapore Computer Society，SCS）合作发起该计划，被称为 SCS 职业指南针；其二，幼儿保育和教育领域（ECCE），由新加坡劳动力局与新加坡幼儿教育协会（AECES）合作发起该计划；其三，制造业领域，由新加坡劳动力局与新加坡职工总会

---

① 杜若飞.新加坡"技能创前程"计划研究[D].西南大学，2017.
② SkillsFuture Singapore Agency[SG].Employers（Mid-Career）[EB/OL].[2020-03-12].https：//www.skillsfuture.sg/ProgrammesForYou#section3.

（National Trades Union Congress，NTUC）的就业与就业能力研究所（Employment and Employability Institute，e2i）合作发起①。

（2）未来技能推广计划（SFE）

未来技能推广计划（SFE）是新加坡政府与社区发展理事会及自助团体合作推出的一个试点项目，通过这些机构走进社区举办工作坊、对话会，协助在职人员找出自身强项，并结合自身需求筛选出适合的培训课程，帮助其对职业培训和未来发展做出明智的规划。未来技能推广计划（SFE）极大地扩大了政府未来技能相关规划的影响力，补充了现有职业咨询服务和资源的不足。例如，SSG 与人民协会和社区发展理事会（People`s Association and Community Development Councils，CDCs），WSG 与就业和就业能力研究所（e2i）合作，定期或不定期举办简报会和研讨会等②。

2. 职业技能培训计划

职业技能培训计划在内容上主要包括科技技能加速培训计划（Tech Skills Accelerator，TeSA）、未来技能系列课程（Skills Future Series，SFS）；在针对人群上，有针对应届毕业生的半工半读大专文凭项目（Work-Study Post-Diploma，WSPD），有针对职业中期人员的专业人员转业计划（Professional Conversion Programme，PCP）。

（1）科技技能加速培训计划（TeSA）

科技技能加速培训计划（TeSA）是新加坡未来技能推广计划的一项重要内容，它为新加坡信息和通信技术（Information and Communications Technology，ICT）专业人员和非 ICT 专业人员提供专业技能开发框架，它是由新加坡资讯通信发展管理局（Infocomm Media Development Authority of Singapore，IMDA）③与战略合作伙伴新加坡劳动力局 WSG、新加坡未来技能局 SSG，以及行业合作伙伴和雇主合作推动的未来技能推广计划，在增加 ICT 相关培训和安置机会的同时，通过促进个人学习新技能或提升技能满足行业对

---

① SkillsFuture Singapore Agency[SG].Skills Future Career Advisors Programme[EB/OL].[2020-03-12].https://www.skillsfuture.sg/career-advisors.

② 杜若飞.新加坡"技能创前程"计划研究[D].西南大学，2017.

③ IMDA 是新加坡的电信监管机构，2017年确定了四个前沿技术重点领域：AI 和数据科学、网络安全、沉浸式媒体（immersive media）和物联网。

信息和通信技术人员的需求。ICT 或 STEM 学科的新入职或中级专业人员，通过科技技能加速培训计划可在职业生涯中获得发展先机：一是获得与技术角色相关的技能；二是担任技术职务（永久性或合同性职位）；三是获得行业认可的资格/证书；四是掌握技能以跟上技术变化的步伐。

比如，TeSA 共构建了 8 个社会新兴领域的框架体系。第一，企业主导培训计划（Company-Led Training，CLT）。CLT 是一项结构化的开发计划，旨在使新中级专业人员达到专家或精通水平以满足行业所需，特别是满足智慧国家项目（Smart Nation）的需求，包括网络安全、数据分析、软件开发、物联网以及网络和通信平台。第二，核心信息通信技术资源计划升级版（Critical Infocomm Technology Resource Programme Plus，CITREP+）。CITREP+ 通过持续的主动培训支持本地 ICT 专业人员保持技术技能的相关性，紧跟技术发展步伐。第三，专业人员转业计划（Professional Conversion Programme，PCP）。PCP 帮助到 ICT 领域求职者获得从事新工作所需的知识和能力及其他工作辅助技能，通过在该领域的真实职业体验提升其行业就业能力，提升从事新工作的信心。第四，未来技能在职培训计划（Earn and Learn Programme，ELP）。ELP 是针对应届理工学院和工艺教育学院毕业生的入职培训计划，毕业生与合适的雇主进行匹配，接受企业雇佣，有针对性地进行结构化在职培训和基于企业的学习训练，毕业生完成培训且具备与行业相关的技能后可获得资格认证，且有机会进入该行业就职。新加坡教育部仅 2015 年就在 12 个领域推出了 15 项培训计划，目前该计划已扩展至更多行业领域。第五，信息通信技术技能框架（Skills Framework for Infocomm Technology，SFIT）。信息通信技术技能框架（SFIT）为个人、雇主和培训提供者提供指南和依据，以促进其对信息通信技术技能的掌握和终身学习。雇主可据它来制定职业地图、阐明岗位说明书，个人可据它来指导技能提升以保持与市场技术进步的同步性，培训提供者可据它来设计 ICT 相关培训课程。第六，ICT 行业未来技能研究奖（Skills Future Study Award for the ICT Sector）。ICT 行业未来技能研究奖是专门针对入职初期和中期的新加坡人设计的，旨在帮助他们发展和深化技能，从而助力新加坡未来的 ICT 集群增长目标。第七，技术沉浸和安置计划（Tech Immersion and Placement Programme，TIPP）。技术沉浸和安置计划（TIPP）旨在将非 ICT 专业人员，尤其是来自科学、技术、工程和数学（STEM）或其他学科的专业人员，转变为适合行业需求的 ICT 专业人员。这些专业人员经过行业从业人员提供的短期强化和沉浸式培训课程后，将被安排担任技术职务。第八，TeSA 仿真试点（TeSA Pilot Immersive）。IMDA 将与快速发展且具有自我指导的工作环境的高技术公司合作，为职业中期的专业人员、经理、行政人员和技术人员（Mid-career Professionals，Managers，Executives and Technicians，PMETs）提供职业仿真体验，通过在合作公司中就某个项目工作 3-6 个月来提升就业能力[①]。

（2）未来技能系列课程（SF）

未来技能系列课程（SF）是针对那些希望了解新兴领域或提升技能的新加坡人，通过提供不同领域、不同级别的课程（包括初级、中级和高级三个熟练程度），使其掌握基本知识以及提升技能的培训计划（如表2-9所示）。目前未来技能系列课程（SF）共有八个类别，分别为：数据分析、金融、技术支持服务、数字媒体、网络安全、创业精神、先进制造业以及城市解决方案[②]。

表 2-9　未来技能系列课程（SF）目录

水平	级别描述
初级	该课程专为学科领域知识水平较低或缺乏先验知识的学习者设计，涵盖基础知识和应用类课程
中级	该课程专为对主题领域有一定工作知识的学习者设计，涵盖更高水平的知识和应用类课程
高级	该课程专为有经验的从业者设计，旨在提升其在专业领域的技能深度，涵盖复杂且专门的主题课程

（3）半工半读大专文凭（WSPD）

半工半读大专文凭（WSPD）的前身是未来技能在职培训计划（Skills Future Earn and Learn Programme），旨在为来自理工学院的应届毕业生提供与

---

① SkillsFuture Singapore Agency[SG].Tech Skills Accelerator[EB/OL].[2020-03-13].https：//www.skillsfuture.sg/tesa.

② SkillsFuture Singapore Agency[SG].Skills Future Series[EB/OL].[2020-03-13].https：//www.skillsfuture.sg/series.

其所学学科专业相关的职业发展机会（如表2-10所示）①。在该计划中，在职人员根据部门和岗位工作要求接受12-18个月的结构化培训以深化工作场所技能。WSPD的培训方式有理工学院在职培训项目和基于职业工作的公立大学项目，由公司派出导师指导参训学员为其持续技能发展提供支持。WSPD培训的参训学员可享受符合公司人才发展计划的奖励，同时也可获得行业认证和基于绩效的潜在职业发展机会（比如工资增长）。新加坡政府斥资支持WSPD计划，参训学员可享受$5000的报名奖励；为鼓励雇主培养人才，参与该项目的雇主也可获得高达$15000的现金奖励以支付开发和提供结构化在职培训的成本，鼓励企业为入职者规划职业生涯。需要指出的是，WSPD培训计划通常由学校与行业合作设计并实施，以确保培训内容与雇主需求、行业发展保持一致②。

表2-10 2019年新加坡WSPD计划实施明细

序号	部门	ELP项目	项目实施	学位	大学
1	能源与化学	化学工程高级文凭	新加坡理工学院	纽卡索大学化学工程学士（荣誉）	新加坡理工大学
2	食品制造	食物应用科学高级文凭	新加坡理工学院	食品技术学士（荣誉）	新加坡理工大学
3	多媒体与信息通信	数据分析专业文凭	淡马锡理工学院	数据分析学士	新跃大学
4	后勤	供应链管理专业文凭	共和国理工学院	供应链管理学士	新跃大学
				工业和管理工程学士学位	新加坡国立大学
5	海洋工程	海工设计专业文凭 海洋生产专业文凭	义安理工学院	化学工程技术/土木工程/电子工程/工业&管理工程/机械工程学位	新加坡国立大学
				纽卡索大学（荣誉）海洋工程/造船/近海工程学士	新加坡理工大学
6	零售	WSQ零售管理专业文凭	南洋理工学院	市场营销学士	新跃大学

---

① SkillsFuture Singapore Agency[SG].WSPD[EB/OL].[2020-03-14].https://www.skillsfuture.sg/wspostdip.
② 杜若飞.新加坡"技能创前程"计划研究[D].西南大学，2017.

续表

序号	部门	ELP 项目	项目实施	学位	大学
7	酒店	酒店业务管理专业文凭	共和国理工学院	市场营销学士	新跃大学
				商业科学学士	新跃大学
				酒店业务管理学士	新加坡理工大学

（4）专业人员转业计划（PCP）

新加坡人力资源部于2016年推出专业人员转业计划（PCP），这是面向职业中期的专业人员、经理、行政人员和技术人员（PMET）的职业转换计划，旨在促进其实施技能转换并过渡到具有良好前景和发展机会的新职业或新部门。该计划率先在零售、餐饮服务、活动策划、筹划展览及会议领域推出四个新的专业人员转业计划，随后，物流业、国际批发贸易、公共交通、宇航等领域也在两年内推出了相应计划[①]。比如，该计划可帮助PCM（Process Construction and Maintenance）行业的公司招募经验丰富的PMET并对其进行培训，以使他们能够担任新职务。过程工业协会（Association of Process Industry，ASPRI）参与制定培训课程体系，以确保PMET具有行业发展所必需的能力。参训者通过该计划可获得如下收益：职业中期PMET可以转而从事新工作以获得新的职业发展；可利用行业认可的由ASPRI-IPI提供且获得WSQ认证的培训课程/设施；获得6个月薪金支持和课程费用补贴（如表2–11所示）。政府为参与PCP计划的个人提供两种资金支持：标准补贴和加强补贴。标准补贴的标准为：薪金支持额度以参训者月薪$4000的70%为上限，学费支持额度以课程费用的70%为上限。加强补贴的标准为：薪金支持方面，若参训者长期失业或为40岁及以上的SC/SPR，薪金支持以月薪90%为上限，最高不超过每人每月$6000；学费支持方面，若参训者为中小企业员工或40及以上的SC/SPR，资金支持以课程学费的90%为上限。参加PCP计划需要申请人符合如下标准：是新加坡公民（SC）或新加坡永久居民（SPR）；年龄至少21岁；毕业或完成国民服务至少两年；是来自其他行业或在PCM中担任

---

① 新加坡人力部检讨就业入息补助计划：你能受惠吗@留学生[EB/OL].（2018-07-13）[2020-03-15]. http://www.sohu.com/a/240955845_99926437.

不同职务的 PMET。参与 PCP 计划的公司应符合以下标准：被提名的 PCM 专业人员为加入该计划之前最近 3 个月（即 90 天）内重新被雇佣者；为 PCM 提供永久性全职 PMET 职位或至少 12 个月的雇佣合同，月总薪金为 $2800 或更高；PCM 专业人员仅能申请 WSG 下的某一个 PCP 项目；公司无须向任何第三方支付 PCP 实施中产生的服务和咨询费用；在 PCM 参与 PCP 培训课程期间，公司不得停发工资[①]。

表 2-11 政府对 PCP 的资金支持标准

	标准补贴	加强补贴
薪金支持	以每位参训者每月不超过 $4000 的 70% 为上限	受训者为长期失业或 40 岁及以上的 SC/SPR，资金支持以每月工资的 90% 为上限，不超过 $6000/人·月
学费	以课程费用的 70% 为上限	受训者为中小企业员工或 40 岁及以上的 SC/SPR，资金支持以课程学费的 90% 为上限

3. 未来技能培训的经济资助

新加坡政府对未来技能培训提供多种形式的经济资助，包括未来技能培训补助（Skills Future Credit, SFC）、未来技能职业中期加强补贴（Skills Future Mid-Career Enhanced Subsidy, SFMCES）、未来技能资格奖（Skills Future Qualification Award, SFQA）、未来技能进修奖（Skills Future Study Awards, SFSA）和未来技能专才奖（Skills Future Fellowships, SFF）。这些奖项涵盖了对雇主和雇员的奖励，同时也有对培训师资的奖励。

（1）未来技能培训补助（SFC）

未来技能培训补助（SFC）旨在鼓励个人掌握技能和培养终身学习的能力，面向所有 25 岁及以上的新加坡人。自 2016 年 1 月起，所有 25 岁及以上的新加坡人均获得个人技能培训补助账户，并获得首笔 $500 的培训期初抵免额，抵免额不会过期，而且政府会定期追加补助，即可以累积抵免额[②]。在收到政府寄来的账户启动函件后，申请人即可通过 www.skillsfuture.sg/credit 申请上述培

---

① ASPRI.Professional Conversion Programme[EB/OL].[2020-03-16].https：//www.aspri.com.sg/programmes/professional-conversion-programme-pcp/.

② SkillsFuture Singapore Agency[SG].Skills Future Credit[EB/OL].[2020-03-16].https：//www.skillsfuture.sg/credit/abounced Subsidy.

训补助。$500额度听起来并不大,但由于技能培训课程本身已经得到了政府的高额补贴,实际由个人支付的部分非常少,以烹饪、茶道课程学费$10为例,$500意味着能够资助个人学习多达50门课程。

(2)未来技能职业中期加强补贴(SFMCES)

未来技能职业中期加强补贴(SFMCES)针对40岁及以上的新加坡人,政府认为中途转业者接受技能训练会面对更大挑战,为鼓励他们终身学习以适应不断变化的工作场所需求,从而养成不断提高技能和学习新技能的习惯,新加坡政府推出了该计划。自2015年7月1日开始,教育部资助的全日制及部分时间制课程,至少90%的课程费用由教育部资助,其中包括从Nitec(新加坡工艺教育学院颁发的国际技术文凭)到研究生的全日制和兼读制课程。自2015年10月1日起,对SSG所支持的8000多个课程费用给予补贴,符合条件的申请者可获得最高达课程费用90%的补贴(如表2-12所示)[①]。

表2-12 SSG所支持课程的学费补贴情况

课程类型	非专业人员、经理和行政人员课程	专业人员、经理和行政人员课程
SSG指定的CET中心提供的课程	补贴额度高达课程费用总额的90%	
认证技能培训课程	补贴额度高达课程费用的90%,每小时补贴上限为$25	补贴额度高达课程费用的90%,每小时补贴上限为$50
教育部资助的全日制及部分时间制课程	补贴额度最少为课程费用的90%	

(3)未来技能资格奖(SFQA)

未来技能资格奖(SFQA)以前被称为CET资格证书奖(CET Qualification Award,CQA),旨在鼓励工人获得WSQ的全部资格,具备全面而强大的技能以胜任工作,不断追求职业发展、探索新的就业机会。获得WSQ完整资格的新加坡公民即有资格获得$200或$1000的现金奖励。从2011年开始,未来技能资格奖(SFQA)的奖励政策在执行中逐渐放松奖励条件(如表2-13所示)[②],

---

① SkillsFuture Singapore Agency[SG].Skills Future Mid-Career[EB/OL].[2020-03-16].https://www.skillsfuture.sg/enhancedsubsidy.

② SkillsFuture Singapore Agency[SG].Skills Future Qualification Award[EB/OL].[2020-03-16].https://www.skillsfuture.sg/qualificationaward.

惠及面不断拓展。

表2-13 未来技能资格奖（SFQA）

达标日期	合格
2011.3.1 － 2015.12.31	（1）首次获得以下WSQ完整资格之一者可得$200： 初级证书、高等证书、高级证书 （2）首次获得以下WSQ完整资格之一者可得$1000： 普通大专文凭、专业大专文凭
2016.1.1 － 2019.7.31	取消了"首张"证书奖励的限制，奖励额度保持不变，奖金总额不设上限： （1）每次获得以下WSQ完整资格之一者可得$200： 初级证书、高等证书、高级证书 （2）每次获得以下WSQ完整资格之一者可得$1000： 普通大专文凭、专业大专文凭、研究生证书、研究生文凭
从2019.8.1起	每次获得WSQ完整资格之一者可得$200： 商业管理、就业技能、领导力和人员管理、卓越的服务 所有其他WSQ框架资格中， （1）每次获得以下WSQ完整资格者可得$200： 初级证书、高等证书、高级证书 （2）每次获得以下WSQ完整资格者可得$1000： 普通大专文凭、专业大专文凭、研究生证书、研究生文凭

（4）未来技能进修奖（SFSA）

未来技能进修奖（SFSA）面向致力于发展和深化关键领域技能并在此类领域具有相关工作经验的职业生涯的中早期新加坡人，鼓励新加坡人发展和加深未来经济增长部门或重点领域所需的专业技能，该计划同时还为已经具备深厚专业技能且愿意发展其他能力的新加坡人提供支持，旨在促进劳动力在不断发展变化的经济中不断提高就业能力，并有更多机会最大限度地发挥潜能。自2015年10月起，先期提供了500多个进修奖，后期的稳定发展目标是每年颁发2000个进修奖。该奖项提供$5000的现金奖励，可用于受训者支付与所修课程相关的自付费用，也可以在现有的政府学费补贴之外使用。SFSA现已扩展到包括会计/新加坡会计委员会（SAC）、航天/新加坡经济发展局（EDB）、旅游景点/新加坡旅游局（STB）和先进制造/新加坡经济发展局（EDB）等38个领域[①]。

---

① SkillsFuture Singapore Agency[SG].Skills Future Study Awards[EB/OL].[2020-03-16].https：//www.skillsfuture.sg/studyawards.

（5）未技能专才奖（SFF）

未来技能专才奖（SFF）由新加坡总统发起，旨在表彰掌握精湛技能且在指导未来人才发展中有贡献的新加坡公民，申请者本人必须是终身学习的支持者和践行者，并致力于为他人的技能发展做出贡献。该奖项要求申请者必须在相同（或相关）行业或工作岗位拥有至少10年工作经验，同时还要满足如下三个标准：①在相关专业和技术专长领域拥有深厚且精湛的技能；②表现出对终身学习和所精通领域的坚定的个人认同；③为他人的技能发展做出重大贡献。获奖者可获得 $10000 的奖金，以鼓励持续追求掌握新技能[①]。

（四）针对企业雇主的未来技能提升

未来技能计划培训（SF）提出，"人是企业最重要的资产，因此公司需要有效的策略来吸引和留用有价值的员工。具有正确的态度、知识和精湛技能的员工将比以往任何时候都更能决定组织是否能在竞争日益激烈的商业环境中蓬勃发展。"[②]SF计划致力于克服劳动力短缺难题，旨在使所有员工通过培训获得更多职业发展机会从而发挥潜能。针对企业雇主的未来技能提升主要包括企业领导个人发展、中高层专业人员配置和企业员工发展指导三方面，主要有领导力发展计划（Skills Future Leadership Development Initiative，SFLDI）、未来技能P-Max计划（Skills Future P-Max Programme，SFPMP）和未来技能导师计划（Skills Future Mentors，SFM）。

1. 领导力发展计划（SFLDI）

领导力发展计划（SFLDI）致力于企业领导的个人发展，旨在支持有理想、有抱负的新加坡人通过公司内部计划或部门领导力计划获得关键领导力和经验，以培养下一代新加坡商业领袖，建构领导梯队。教育和培训提供者将与不同的行业和公司合作，提供高质量的领导和管理发展课程与计划，受训者将有机会在职业生涯中获得相关的技能发展机会或在政府的支持下创建或加强

---

① SkillsFuture Singapore Agency[SG].Skills Future Fellowships[EB/OL].[2020-03-16].https：//www.skillsfuture.sg/fellowships.
② SkillsFuture Singapore Agency[SG].Employers[EB/OL].[2020-03-16].https：//www.skillsfuture.sg/ProgrammesForYou#section4.

公司内部的人才管理计划，例如，海外任务和各级人才通道的跨职能轮换[①]。

2. 未来技能 P-Max 计划（SFPMP）

未来技能 P-Max 计划（SFPMP）由劳动力发展局（WDA）的五个就业中心及 CaliberLink 网站推动，旨在帮助中小企业（Small and Medium-sized Enterprises，SMEs）更好地开展中高层专业人员配置工作，即招聘、培训、管理和留任新聘用的专业人员、经理、行政人员和技术人员（PMETs），促进 PMETs 进入适当的 SME 工作岗位。P-Max 计划的参与者为：想要雇佣 PMETs 的本地 SMEs，身份为新加坡公民（SC）或新加坡永久居民（SPR）且正在求职、想在 SMEs 发展的 PMETs。未来技能 P-Max 计划是一个分属不同部门主管的有关入职培训（Place-and-Train（PnT）Programme）的系列计划，有 ASME PnT Programme，SNEF PnT Programme，SPA PnT Programme，U SME PnT Programme，SMF PnT Programme，WAF PnT Programme 等，他们的基本理念和操作方法大同小异，下面以新加坡劳动力局（WSG）支持、新加坡全国雇主联合会（SNEF）作为项目主管的 SNEF PnT Programme 为例，详细说明未来技能 P-Max 计划（SFPMP）的具体运行。

P-Max 入职培训项目的主要工作目标为：帮助本地 SMEs 更好地招聘、培训、管理、留任新雇佣的 PMETs（新加坡人）；鼓励 SMEs 采用先进人力资源管理方法，例如，目标设定、绩效管理等，帮助新聘用的 PMETs 更好地适应新的中小企业工作环境；针对 50 岁及以上的 PMET 实施年长工人管理办法以营造工作场所包容性文化；帮助求职的 PMETs 顺利找到合适的 SME 工作。随着高级工人失业不断增加，50 岁及以上工人群体越来越关注工作机会、工作安全以及就业援助，基于此，SNEF 决定其 P-Max 计划从 2019 年 7 月 15 日开始将 50 岁及以上新加坡公民中的 PMETs 的入职培训列入重点工作，以促进该群体进入 SME 就业。该计划的有效申请日期至 2020 年 3 月 31 日[②]。

申请参加 P-Max 计划的 PMETs 需满足如下条件。其一，想要参加普通 P-Max 计划的申请人，必须是新加坡公民（SC）或新加坡永久居民（SPR），且

[①] SkillsFuture Singapore Agency[SG].Skills Future Leadership Development Initiative[EB/OL].[2020-03-16]. https://www.skillsfuture.sg/leadershipdevelopment.

[②] SNEF.About P-Max[EB/OL].[2020-03-16].https://www.p-max.sg/about-p-max/.

热衷于在 SME 从事全职工作；获得专科及以上教育文凭，和/或从事 PMET 工作/拥有 PMET 从业工作经验；已经毕业或服新加坡兵役至少 12 个月。其二，想要参加 P-Max 针对年长 PMET 员工（50 岁及以上）培训的申请人，必须是新加坡公民（SC）且年龄为 50 岁及以上，其他条件与普通 P-Max 申请人相同[①]。

申请参加 P-Max 计划的 SMEs 需满足如下条件：在新加坡注册或成立；销售额不超过 1 亿新元或雇佣规模不超过 200 人；本地股份（SC 或 SPR 拥有的股份）至少占 30%；在中小企业内提供 PMETs 工作，和/或在参与该项目之前的 3 个月内至少以月薪 2500 美元雇佣过 1 名 PMET[②]。ASPRI 的 P-Max 计划规定的企业条件有所不同：必须是中小企业；必须参加 SME 和 PMET 专题研讨会；新雇佣的 PMET 员工必须至少在企业工作 6 个月；该公司此前没有接受过任何类似的入职培训项目补助金[③]。

P-Max 计划的实施分为四个步骤[④][⑤]。①职位匹配。求职的 PMETs 与 SMEs 供需匹配，筛选求职的 PMETs，并与计划经理（PMs）就 SMEs 的雇佣职位进行匹配。拥有新聘用 PMET 的中小企业也有资格参加该计划。②专题研讨会培训。SME 主管及其新聘用的 PMETs 分别参加各自的 SME 和 PMET 研讨会；申请参加年长工人管理的企业需参加年长工人管理培训研讨会；未雇佣 PMETs 员工的 SMEs 若有意提升人力资源管理能力以更好地管理现有员工可派主管参加 P-Max Lite 的培训研讨会，以鼓励 SMEs 学习采用先进的人力资源管理方法。这些研讨会的课程费用由 WSG 提供资金支持，支付额度高达课程费用的 90%，中小企业只需支付相应的 SME 和 PMET 研讨会课程费用的 10% 净费用（如表 2-14 所示）。③培训后的追踪随访/培训后实践。参加普通

---

① SNEF.P-Max Eligibility Criteria[EB/OL].[2020-03-16].https：//www.p-max.sg/about-p-max/eligibility-criteria/.
② SNEF.P-Max Eligibility Criteria[EB/OL].[2020-03-16].https：//www.p-max.sg/about-p-max/eligibility-criteria/.
③ ASPRI.P-Max Programme[EB/OL].[2020-03-16].https：//www.aspri.com.sg/programmes/p-max-programme/.
④ SkillsFuture Singapore Agency[SG].Skills Future P-Max[EB/OL].[2020-03-16].https：//www.skillsfuture.sg/p-max.
⑤ SNEF[SG].P-Max Programme Concept Overview[EB/OL].[2020-03-16].https：//www.p-max.sg/about-p-max/programme-concept-overview/.

P-Max 计划的，完成上述研讨会学习后，P-Max 的计划经理（PMs）对新培训的 PMETs 及留任他们的 SEM 代表展开为期6个月的追踪随访；参加年长工人管理培训计划的，需完成年长员工管理工具包培训，且践行年长工人管理办法。④领取补助金。参加普通 P-Max 计划的，6个月追踪随访结束后仍留任新聘 PMET 雇员的 SEMs 将获得 $5000 的一次性补助金。参加年长工人管理培训的 SMEs 补助金额度分两类：以前参加过 P-Max/Max Talent 计划的 SMEs，如果雇佣1名年龄50岁及以上的新加坡 PMET（即 SC PMET）可额外获得一次性 $5000 的补助金；第一次参加 P-Max 计划的 SMEs 在培训项目结束后雇佣年龄50岁及以上新加坡 PMET（即 SC PMET）的可获得一次性 $10000 的补助金。参加 P-Max Lite 的企业享受 WSG 提供的学费支持，但培训后并不享受补助金。

表2-14 专题研讨会课程费用支付情况

	为期2天的 PMET 研讨会	为期1天的 SME 研讨会	为期1天针对年长工人（≥50岁的SC）管理的 SME 研讨会
课程费用	S$1500	S$500	S$350
减去：90% 的费用由 WSG 承担	S$1350	S$450	S$315
补贴后的课程费用	S$150	S$50	S$35
加上：课程费用7% 的消费税（GST）	S$10.5	S$3.5	S$2.45
每个 PMET/SME 代表应支付的费用	$160.5	S$53.5	S$37.45

资料来源：The Association of Process Industry（ASPRI）. P-Max Programme [EB/OL]. 2020-03-16].https：//www.aspri.com.sg/programmes/p-max-programme/；Course Fees & Funding Support.https：//www.p-max.sg/about-p-max/course-fees-funding-support

专题研讨会的类别与培训主题。不同的入职培训项目专题研讨会的类别有所差别，比如，ASME PnT Programme 有为期1天的 SME 研讨会和为期3天的 PMET 研讨会两种，而 SNEF PnT Programme 有为期1天的 SME 研讨会和为期2天的 PMET 研讨会两种。新加坡全国雇主联合会（SNEF）主管的 SNEF PnT Programme 为期1天的 SME 研讨会，旨在促进 SME 了解 PMETs 的工作绩效和对可交付成果的期望；引入先进人力资源管理方法。比如，2020年2月6日的 SME 研讨会培训主题包括：目标和关键绩效指标设置，辅导主要的人力资源管理概念和技巧，人际交往技巧，监督管理与绩效管理技巧，目标管理和绩效管理工具的使用。为期1天的年长工人管理研讨会旨在促进SME更好地了解新雇佣的年长工人，并引入年长工人管理办法。2020年3月13日为期1天的年长工人管理SME研讨会的培训主题有：年长工人招聘与选拔流程，年长工人工作场所设计与弹性工作安排，识别年长PMETs技能提升需求进行能力建设以满足业务需求。P-Max Lite为期1天的SME研讨会培训主题主要有：目标设定与绩效管理工具，人力资源管理工具包的使用。为期2天的PMET研讨会旨在为新聘用的PMET武装五项关键管理技能，这些技能是为满足中小企业的需求而定制的，旨在促进PMETs更好地适应、从事SEM的工作。比如，2020年3月5—6日为期2天的PMET研讨会的培训主题有：目标设定和心理建设，个人效能提高和工作场所关系管理，领导技能培养，绩效管理技能培养，目标设定和绩效管理工具的使用。

3. 未来技能导师计划（SFM）

未来技能导师计划（SFM）是针对指导中小企业员工发展而特别设立的，专门针对具有创新活力的中小企业建立导师群，一对一地协助他们提升员工技能，培养管理人员，旨在提高中小企业在学习和发展方面的能力，它注重更新中小企业的价值主张，使其成为可为员工提供良好职业发展和成长机会的首选雇主。SFM在帮助中小企业开发劳动力技能中发挥了关键作用，帮助企业迎接内部培训能力方面的挑战。企业可以向新加坡标新局（Spring Singapore，SS）提出自己的导师需求，经标新局评估后为其搭配适合的导师，这些导师"可能是拥有深厚专长的半退休或自由专业人士"[①]。新加坡标新局在2016年启动了初期规划，为后续三年参与该计划的中小企业提供100%的资金支持。同时，新加坡政府拨款4500万新元，计划在同期内选拔出至少400名导师去指导2000多家中小企业的发展，率先在食品、零售和物流行业试行[②]。

（五）针对培训机构的未来技能提升

针对培训机构的未来技能提升指促进培训提供者与继续教育和培训

---

① 严晓蓉.新加坡推人才新政[EB/OL].（2016-04-13）[2020-03-13].https://www.shobserver.com/news/detail?id=14082.

② 杜若飞.新加坡"技能创前程"计划研究[D].西南大学，2017.

（Continuing Education and Training，CET）生态系统中的其他合作伙伴一起，紧跟技术进步和全球化的步伐，满足由创新和生产力驱动的经济发展需求，主要内容包括培训和成人教育领域转型计划（Training and Adult Education Sector Transformation Plan，TAESTP）、创新学习 2020（iN.LEARN 2020）。

1. 培训和成人教育领域转型计划（TAESTP）

培训和成人教育领域转型计划（TAESTP）由培训和成人教育（TAE）技能委员会与更广泛的 TAE 社区协商制订，旨在借助 Skills Future 创造的机会，持续提供继续教育和培训方法（CET），在 TAE 领域持续坚持转型以能够掌握未来技能并营造终身学习的氛围，TAE 的关键变革均围绕这两点展开。TAESTP 的宗旨之一即提高培训供应的素质，政府也宣布加强对私人教育机构的管制，获得政府直接资助的培训供应者都必须参与培训成果调查，由学员在课程结束后进行评价。TAESTP 确定了 TAE 行业的重点领域和发展建议：①重新定位，迅速变革：识别新的机会、支持业务竞争、建立由学习到绩效的结果测量；②加强并支持基础设施建设：加强培训管理，支持业务模式、加强学习基础设施和体系建设，支持创新；③解决人力和技能需求：人力资源的演变以及新的 TAE 工作角色、通过能力开发和专业化来深化关键技能[①]。

2. 创新学习 2020（iN.LEARN 2020）

2015 年 10 月 28 日，新加坡正式启动"创新学习 2020"计划（iN.LEARN 2020）。iN.LEARN 2020 由成人学习研究所（IAL）管理的 iNLAB 学习创新中心支持，它由人才、理念、协作、技术和智力五大战略驱动，通过能力建设、基础设施支持和资源供应减少混合式学习的障碍，是一个五管齐下的战略，旨在创建一个新的学习生态系统[②]。该计划由新加坡资讯通信发展管理局（IDA）制定，旨在促进继续教育与培训领域学习创新，同时为培训机构、组织和个人提供技术学习支持。iN.LEARN 2020 计划在继续教育和培训中心（CET）使用混合学习方式[③]——适当的课堂学习＋电子学习工具＋工作场所

[①] SkillsFuture Singapore Agency[SG].Training and Adult Education Sector Transformation Plan[EB/OL].[2020–03–18].https：//www.skillsfuture.sg/taestp.

[②] 杜若飞.新加坡"技能创前程"计划研究[D].西南大学，2017.

[③] SkillsFuture Singapore Agency[SG].Skills Future iN.LEARN 2020 [EB/OL].[2020–03–18].https：//www.skillsfuture.sg/inlearn.

学习，满足企业和个人的动态学习需求（如表2-15所示），促进 CET 合作伙伴和从业者，如培训机构、成人教育者、企业、顾问和技术供应商达成密切合作，以提高学习效率和质量。该计划可提高个人创新学习的能力，同时鼓励成人教育和培训机构改善继续教育与培训领域的设计、开发和运行，从而改变当前传统课堂环境下的培训形式，以课外和工作场所为主的自主在线学习或混合式学习成为主流。该计划在随后3年的总预算约为2700万新元[①]。"创新学习2020"计划可使多方参与者从中受益：其一，培训伙伴在培训提供和课程开发方面更具创新性，利用技术和创新来更好地满足企业和个人的需求，并接触更多的客户；其二，成人教育者在混合学习的设计、开发和互动中增长知识和专长，通过访问各种高质量和高吸引力的课程便可满足广泛的技能和工作需求，增加了自身的市场价值，能胜任更多业务；其三，企业将学习和培训带入工作场所，节省了派遣员工参加培训的时间。

表 2-15　iN.LEARN 2020 混合学习

战略	主要举措
人才 – 发展	iN.LAB 提供系列能力开发计划，旨在赋予培训合作伙伴和成人受教育者使用技术和创新进行设计与交付的能力。其中，"资源与教育技术系列课程"的主题有：革新意识与商业运营、电子学习工具及其他创新技术和教学法、培训管理/基础设施；"工作场所系列课程"的主题有：工作场所学习、工作场所学习方法、实施工作场所学习
理念 – 创新	InnovJam– 集思广益多种学习创新以改善培训交付和学习体验； InnovPlus– 通过组织竞争解决学习思想创新难题。获奖创意将获得高达20万新元的奖金； InnovLogue– 与专家对话，学习实践经验； Innovbites– 午餐时间与受邀的 CET 合作伙伴和从业人员分享有关学习创新的技巧、诀窍以及内部知识的学习创新
协作 – 生态	iN.LAB 设计并配备设施、设备和工具以支持有关学习创新的实验和协作。CET 合作伙伴和从业人员可使用这些设施进行协作和联网
智力 – 研究	IAL 将与本地和国际研究机构合作展开研究，收集有关如何更好地利用技术和创新的信息，并提供反馈意见以调整 iN.LEARN 2020 战略

三、未来技能培训课程供给类型

未来技能委员会及教育与培训供应商为新加坡人提供多种形式的学习途

[①] 叶小婷. 新加坡启动"创新学习2020"计划推动学习方式变革 [J]. 世界教育信息，2016（3）：2.

径,包括线上和线下课程\全日制和非全日学习等。具体课程的设置分为九类[①]:(1)大学提供的 WSQ 框架内课程,比如,南洋理工学院提供的精工工程专科和专业专科新技能资格(WSQ);(2)Skills Future @ PA(人民协会)提供的课程,常在一些选定的民众俱乐部举行;(3)为了提高劳动者的生产力及创造力,在工作场所开展的提高生产力及改善工作流程的课程;(4)志愿者及社会服务组织提供的社会服务技能课程;(5)工作场所安全及健康课程;(6)在线平台 Coursera 提供的由全球顶尖大学及机构提供的课程;(7)在线课程平台 Udemy 提供的课程;(8)资讯及通信类课程,基于新加坡政府推出的智慧国家2025计划(Smart Nation 2025),鼓励劳动者学习资讯及通信技术和知识;(9)会计、银行及金融等财务课程。

第四节 劳动者就业援助与就业激励

一、针对全体劳动者的就业技能提升

(一)卓越技术培训计划(SETP)

卓越技术培训计划(Skills Excellence for Training Programme,STEP)是由新加坡人力资源部和劳动力发展局于2011年推出的专门针对专业人士、管理人员、行政人员和技术人员(PMETs)的继续教育和培训计划,旨在推动他们动态更新知识和技能以保持就业竞争力。卓越技术培训计划(STEP)涵盖PMETs 从初级管理人员到高级管理人员的所有工作领域,在战略上不仅要帮助在选定工作领域拥有良好技能和素质的高技能人才继续深化技能,同时赋能使之能够在相应领域从事更宽泛的管理与运行工作,最终使高端私营企业成为新加坡生产力增长和持续创新的源泉,使新加坡在全球化下保持竞争力。卓越技术培训计划(STEP)在3年内帮助约60000个 PMETs 实现以下目标:其一,技能深化,深化行业和职业特定技能;其二,技能拓展,促进拥有专

[①] 新加坡狮城论坛.新加坡技能创前程节展开[EB/OL].(2018-07-01)[2020-03-18].http://dy.163.com/v2/article/detail/DLLEV02Q0525BMR0.html.

业技能的 PMETs 拓展在商业运营等方面的知识和技能；其三，技能更新，帮助 PMETs 更新行业最新趋势和发展知识；其四，开发人才库，推动开发高潜力 PMETs，形成不同行业的人才库和领导核心。参加 STEP 课程的 PMETs 可享受高达 70% 的补贴或参与费，成功申请行业奖学金者还可获得额外的资助（津贴、书本津贴等）。

卓越技术培训计划（STEP）提供的继续教育与培训产品有如下几种。①资格证书课程。资格证书课程涵盖全面知识和技能，耗时较长，合格者可获得全面的技能证书。比如针对私营电力公司 PMETs 的 WSQ 课程有 WSQ 文凭/专业文凭（如数字动画、精密工程、软件开发、旅游业）和 WSQ 研究生证书/研究生文凭（如企业资源规划、系统分析），旨在促进其技能提升从而进入新的部门/承担新的责任，在职业生涯中取得进展。另外还有一些非 WSQ 资格证书课程。②模块化课程。模块化课程设置通常与行业合作伙伴合作商定，旨在弥补 PMETs 的知识和能力差距。例如，在"横向"技能领域（企业管理和人力资源）和"纵向"技能领域（如旅游和环境技术）开设模块化劳动力技能资格（WSQ）课程，以培养拥有 T 形知识结构的 PMETs。再比如，非 WSQ 课程形式的德国科学技术学院–慕尼黑大学（GIST–TUM Asia）制造业专业发展课程和华威大学的高管发展课程。③行业奖学金项目。行业奖学金项目指劳动力发展局与知名行业机构合作设立奖学金项目以提升劳动力能力。比如，与 Embry Riddle/UniSIM 设立的奖学金（例如航空商业管理理学学士和航空维修理学学士）、新加坡国立大学风景园林硕士学位、斯特林大学零售管理硕士学位、通过 UniSIM 进行管理的幼儿教育奖学金项目。④硕士班/研讨会。这类课程通常是为期 1–2 天的特定主题课程，如生产力、绿色零售、服务领导力等，很多都在新加坡一流机构开设，如克兰菲尔德大学、伦敦时装学院、丽思卡尔顿领导力中心和纽卡斯尔大学等。⑤行业技能发展咨询服务。劳动力发展局与行业协会、牵头机构和选定的 CET 中心合作，在深入了解行业技能需求的基础上为企业或部门制定 STEP 培训路线图，旨在为雇主和 PMETs 提供可持续的技能发展途径，PMETs 可据此规划其职业发展途径，而雇主也可据此制订公司的发展计划①。

（二）专业人员转业计划（详见 SF 计划）

二、低薪工人就业援助与技能提升

2005年6月30日，新加坡内阁委员会（Ministerial Committee）针对低薪劳动者及其家庭脱贫提出了可持续的解决方案，旨在提升其就业能力。当时新加坡学历水平低于中等程度的劳动者有50万人，在劳动力队伍中，低薪劳动者占全体劳动力的20%左右，约30万人，这些低薪劳动者同时面临着被解雇和结构性失业的困境②。基于此，新加坡政府针对失业人员（新加坡中央社区发展局负责）、低薪员工特别是就业困难人员提供了一系列解决方案。其中，就业援助包括工作匹配和就业服务、就业辅导与咨询、技能提升及再培训机会、举行就业博览会提供就业机会等。2005年，为集中协助低薪工人提升技能、赚取更高工资、提升他们的生活水平及孩子的教育程度，新加坡"低薪工人部长级委员会"强调通过"就业奖励（workfare）"帮助低薪工人，而非采取福利制度的做法。委员会公布了援助低薪工人的六大方针：提高工作回报、提供社会服务支援、提升技能、扩展就业机会、对未来有所憧憬以及分享国家财富③。

（一）重新改造职业计划（JRP）

重新改造职业计划（Job Re-Creation Programme，JRP）于2005年由新加坡工会、雇主、政府三方合作推出，是为解决结构性失业问题而启动的再就业援助方案的一部分，目标是每年改造1万份工作，提升工作价值和薪金。该计划主要是通过提升职业形象和工作条件，在提高企业生产效率的基础上提高工资等方法增加职业的吸引力，以解决日益严重的结构性失业问题。其一，

---

① Ministry of Manpower[SG]. Fact sheet on Skills Excellence for Training Programme[EB/OL].[2020-03-16].https：//www.mom.gov.sg/~/media/mom/documents/speeches/2011/factsheet%20-%20skills%20training%20for%20excellence%20programme.pdf.

② 冯可立，李伟仪. 就业贫穷问题国际经验比较[EB/OL].（2005-10-10）[2020-03-18].https：//www.doc88.com/p-130713403759.html.

③ 经济参考报. 新加坡六大方针扶助低薪工人[EB/OL].（2005-09-06）[2020-03-18]. https://finance.sina.com.cn/j/20050906/0852298532.shtml. 摘自2005年8月31日新加坡《联合早报》.

对缺乏吸引力、低职业形象、低报酬的职业进行再设计，使从业者看到职业前景（如表2-16所示）。其二，创造更多适宜新加坡人的就业机会，由政府和企业联手发掘辅助性工作岗位，通过实施岗位再设计增加就业机会。例如，新加坡教师联合会（STU）成立了EduCare，在学校招聘、培训和部署新加坡人担任教师助理和图书馆助理。其三，通过系列配套计划对求职者进行培训，使其能够更快地适应再造后的工作岗位，如再就业支持计划、就业援助计划、技能发展计划、转入关键性行业计划、入职培训计划[1]。为了激励雇主，推出新的职业再造激励计划，以资助雇主的人力、设备和其他成本，推动试点项目，重新设计工作。每个试点项目雇主最多可获得10万新元的资助。NTUC和WDA还可为雇主提供职业再造的候选人筛选和专门培训，帮助雇主招聘新加坡人。

重新改造职业计划是多赢的，失业的新加坡人可以期待新的、更有意义的就业机会，即使是超过50岁的年长工人也能在交通、保安和园艺等行业找到工作，经重新设计的工作其工资比以往高；雇主可以通过重新设计岗位工作而更好地招聘和留用员工；对政府而言，重新改造工作计划给当地工人提供发展机会，并为关键行业的发展建立技能基础[2]。2007财政年度，劳动力发展局和全国职工总会为重新改造职业计划投入了1200万元，鼓励公司改善工作环境、改用机器、重新设计工作，以便提高生产力，约15000名工人从中受益。

表2-16　重新改造职业计划（JRP）的举措

举措	例子
提高职业价值和生产率，获得更高薪酬	岗位再造措施： ·引入自动化和机械化提高生产力 ·机械化使工人熟练地从事工作 ·改进工作流程，获得更多收入 岗位再造举例： －养护：使用搭便车清扫器、自动洗涤器、高压喷水器等 －美化：新制服、使用手推车

---

[1] 徐林清.新加坡的职业再造计划及其启示[J].东南亚研究，2006（05）：43-46+87..

[2] SkillsFuture Singpore Agency[SG]. Fact Sheet on Job Re-creation Programme[EB/OL].[2020-03-19]. https：//www.ssg-wsg.gov.sg/content/dam/ssg-wsg/ssgwsg/news/media-release/29052008/JRPFactsheet.pdf.

续表

举措	例子
改善形象和工作条件	·更灵活的工作时间，例如，清洁维护 - 在工作重新设计之前：上午5点到中午12点 - 在工作重新设计之后：上午8点到下午5点（若能提前完成工作，可在下午3点下班） ·新的制服和福利
强化培训和职业前景	·更清晰的职业发展道路。例如： - 安全：从安全员工到安全主管 - 医疗：从医疗助理到病人护理助理 ·安全 - 定制安全认证培训课程，如安全劳动力技能资格鉴定制度（WSQ）以提高整体标准并使私人安全专业化

资料来源：SkillsFuture Singpore Agency[SG]. Fact Sheet on Job Re-creation Programme[EB/OL].[2020-03-19]. https://www.ssg-wsg.gov.sg/content/dam/ssg-wsg/ssgwsg/news/media-release/29052008/JRPFactsheet.pdf

1. 再就业支持计划（RESS）

新加坡政府于2005-2007年实施了再就业支持计划（Re-Employment Support Scheme,RESS），旨在帮助资格为"O"及以下的新加坡失业人员从事、调整、留住新工作，由社区发展委员会（CDC）和新加坡职工总会（NTUC）向每个在职12个月及以上的合格求职者提供最高$1200的赠款，正在重新调整就业且在职18个月及以上的合格求职者可获得最高$1800的奖励。截止到2006年12月底，已有7000求职者从中受益。该计划是在当时劳动力市场并不活跃的背景下推出的，旨在鼓励劳动者尝试新工作、适应新的工作环境和工作要求。政府高度重视企业难以搜寻到和难以留任的工人，比如，新加坡劳动力局与社区发展委员会和三方合作伙伴合作围绕解决职业设计欠佳、缺乏工作经验等潜在问题为劳动者提供帮助。新加坡政府清楚地认识到，劳动者的职业发展需要技能培训、改善工作环境以及改变工人和雇主的思维方式，故新加坡劳动力局通过再就业支持计划致力于增强企业员工和劳动力市场求职者的竞争力和就业能力，为满足新加坡经济变化供给合格的劳动力。新加坡劳动力局与行业、工会、雇主、经济机构、专业协会和培训组织合作，通过培训和技能升级打造劳动力队伍，在增强劳动力能力的基础上提高行业标准，以支持不断进步的行业的发展需求①。

2. 就业援助计划（WAP）

就业援助计划（Work Assistance Programme，WAP）是新加坡中央社区发展局针对中短期失业的低薪群体提供的短期工作援助。凡身体健康且月薪低于 $1500 的失业者均可申请参与该计划，申请者在 1–3 个月内每月可获得 $50~$400 不等的经济资助，但申请人必须参加提供给他的所有求职面试、参与指定培训，且面试成功后必须就业。申请人参加此计划后超过 3 个月仍未找到工作的，会被分配 1 名个案经理进行更为紧密的就业辅导、评估其是否需要额外培训。该计划通常为期 6 个月，但若申请人在计划结束后仍未能找到工作，计划时长可再延长 6 个月，一直到申请人找到新工作为止。新加坡政府于 2002 年拨款 3300 万新元针对 10000 名劳动者实施就业援助，6 个月内 97% 的申请人都实现了就业②。

3. 技能发展计划（SRP）

新加坡人力资源部（Skills Redevelopment Programme，MOM）制订了人力发展援助计划，最初投入 2 亿新元支持技能发展计划（SRP）和转入关键性行业计划（SMCP）。技能发展计划（SRP）旨在提高劳动力队伍受雇的可能性，初期投入的 1.4 亿新元在 5 年内重新训练 10 万名劳动者，至 2002 年底已有 1749 家私人企业机构参与其中③。

4. 转入关键性行业计划（SMCP）

转入关键性行业计划（Strategic Manpower Conversion Programme，SMCP）是在一些新兴产业部门，由雇主先选择雇员，然后对其进行适应性培训，使其继续受雇而不受技术结构变化的影响。比如，新加坡政府于 1997 年重新规划物流业发展，将运输、仓储、配送等整合一条龙服务，为配合物流业改造提升推出了转入关键性行业计划以吸纳劳动者转入物流行业就业。根据该

---

① SkillsFuture Singapore Agency[SG].Re-Employment Support Scheme[EB/OL].（2007-01-12）[2020-03-19].https：//www.ssg-wsg.gov.sg/news-and-announcements/2007/12_Jan_2007.html.
② 冯可立，李伟仪.就业贫穷问题国际经验比较[EB/OL].（2005-10-10）[2020-03-18].https：//www.doc88.com/p-130713403759.html.
③ 蓝立刚.新加坡政府面向新经济时代促进企业培训与员工发展策略的研究[D].上海交通大学，2005.

计划，欲转业者报读政府认可的培训课程，政府按学费的40%给予资助[①]。劳动力发展局于2003年成功推行保健护理业转入关键行业计划，共有400名PMETs转行为护士及放射照相技术员[②]。人力资源部和资讯通信发展管理局联合推出的转入关键性行业计划旨在鼓励雇主针对不懂得电脑操作的职员开展相关培训，以促进其能够使用电脑进行工作。

5. 入职培训计划（PTP）

入职培训计划（Place and Train Programme，PTP）是一项针对普通员工重新就业的培训计划，由雇主选择雇员，而后申请参加该计划，通过开展有针对性的培训，促进雇员更好地胜任新职位。入职培训计划（PTP）提供培训和工资支持，培训持续时间取决于岗位工作要求和培训计划。对雇主而言，如果正想聘用新员工，恰好可以参与入职培训计划（PTP），在有资助的情况下做好新入职员工的岗前培训。表2-17展示了家具装修和海洋行业的入职培训计划方案。在P-Max中也有类似工作机制的入职培训计划。

表2-17 入职培训计划（PTP）示例

行业	量身定制人力资源解决方案
家具装饰	e2i与新加坡家具工业理事会（Singapore Furniture Industries Council，SFIC）合作为SMEs定制入职培训计划，旨在更好地配置本地PME中的熟练工人，使之能够胜任SMEs的项目协调员、中小型企业的零售助理/行政管理人员等职位。工作方式大致为由SFIC在行业内寻找合适的职位，并将PME与现有职位相匹配。每位学员接受44小时的定制入职培训，由e2i支持课程费用和培训津贴
海洋	e2i与新加坡商业潜水协会（CDAS）和KBA（高宝）培训中心合作启动一项就地培训计划，面向热衷于从事商业潜水员职业的新加坡当地人。培训内容包括培训概览、能力测试以及为期9周的内陆和近海商业潜水员培训

资　料　来　源：Employment and Employability Institute Pte Ltd[SG]. Place and Train Programme[EB/OL].[2020-03-15].https：//e2i.com.sg/businesses/place-and-train-programmes

为鼓励雇主雇佣和重新雇佣失业6个月及以上的新加坡公民（SCs），自2018年4月1日起，入职培训计划（PTP）的补贴度有所提升（如表2-18所

[①] 叶启明.星"一条龙"发展物流见效[N/OL].（2001-10-16）[2020-03-20].大公报.http：//news.carnoc.com/list/10/10113.html.

[②] 有道.转入关键性行业计划[EB/OL].[2020-03-20].http：//youdao.com/w/eng/strategic_manpower_conversion_programme.

示）。符合以下条件的新加坡本地人可以申请入职培训计划（PTP）：是新加坡公民（SC）或新加坡永久居民（SPR）；至少年满21岁；满足由雇主针对课程设定或课程自身的入学要求；只有长期失业（LTU，Long Term Unemployed，指失业并积极寻求工作六个月或更长时间）的SCs才有资格获得更高的工资支持率。参与企业必须满足以下标准：在新加坡注册或注册成立；能够提供与入职培训计划（PTP）涉及的职业直接相关的工作岗位，工作报酬与市场价格相当；承诺为其新雇佣员工提供培训[①]。

表2-18　入职培训计划（PTP）的补贴情况

WSG为雇主提供的资金	补贴
学费资助	高达课程费用的90%
薪酬补贴/支持	月薪的70%，最高每月2000新元
仅限SCs的薪资补贴/支持	月薪的90%，最高每月3000新元

资料来源：Employment and Employability Institute Pte Ltd[SG]. Place and Train Programme[EB/OL].[2020-03-15].https：//e2i.com.sg/businesses/place-and-train-programmes

（二）就业援助与激励政策

1.低薪劳动者的就业计划

（1）就业训练计划（Training for Employment Scheme）

新加坡政府于2003年10月1日起推出了覆盖全体劳动力的就业训练计划，预算200万新元补贴项目运行。政府支付80%的培训费用，新加坡雇主联合会（SNEF）支付10%，雇主只需支付剩余的10%。以社会服务就业训练计划（Training for Employment in Social Service，TESS）为例，该计划旨在为新加坡志愿性福利组织（Voluntary Welfare Organization）储备从事社会服务的劳动者。所有志愿性福利组织均可参与该计划，参加者出勤率达到75%即视为完成培训计划。培训课程的内容包括基本治疗助手课程、康复及家居照护员、健康照护员等。政府对社会服务就业训练计划（TESS）的财政支持有三类：

---

① Employment and Employability Institute Pte Ltd[SG].Place and Train Programme[EB/OL].[2020-03-20]. https：//e2i.com.sg/businesses/place-and-train-programmes.

课程费用、在职训练津贴、薪金补贴。（1）课程费用：39岁及以下的，政府支付90%；40岁及以上的，政府全额支付，旨在激励雇主雇佣较年长劳动者。（2）在职训练津贴：参训者每小时可获得$6的在职训练津贴。（3）薪金补贴：参训者在培训结束后留在该社会服务机构工作的，雇佣机构可获得薪金补贴，其中，雇员为39岁及以下的劳动者，在其上班的前三个月，雇佣机构获得50%的薪金或不超过$1000的薪金补贴；雇员为40岁及以上的劳动者，在其上班的前六个月，雇佣机构可获得50%的薪金或不超过$2000的薪金补贴。

（2）壮年低薪群体就业奖励计划（Welfare）

2005年，为集中协助低薪工人提升技能、赚取更高工资、提升生活水平及孩子的教育程度，新加坡"低薪工人部长级委员会"强调通过"就业奖励workfare"帮助低薪工人，而非采取福利制度做法。委员会公布了援助低薪工人的六大方针：提高工作回报、提供社会服务支援、提升技能、扩展就业机会、对未来有所憧憬以及分享国家财富[①]。

新加坡政府为长期援助愿意工作的低薪人群，于2007年2月启动了为期三年的就业奖励计划（Workfare），作为新加坡社会安全网的第四根支柱。就业奖励的基本原则是，如果劳动者的收入不多但愿意工作，政府会通过缴存公积金和现金补贴增加其收入，旨在帮助收入水平较低但肯自食其力的新加坡人维持就业以减轻社会负担，体现了政府扶贫济困、鼓励自食其力、拒绝走向高福利社会的弱势群体援助理念[②]。

新加坡政府针对壮年低薪劳动者推出了就业福利计划（Workfare），为壮年新加坡工人提供收入津贴、退休储蓄津贴、职业培训津贴以鼓励就业和技能提升，该计划分为就业入息补助计划（Workfare Income Supplement（WIS）Scheme）和就业培训计划（Workfare Training Support Scheme（WIS）for Individuals），随着经济发展和收入水平增长政府不断调低进入门槛，以覆盖更多的低薪者[③]。就业福利计划面向两类人群：其一，壮年低薪新加坡人，指

---

① 经济参考报. 新加坡六大方针扶助低薪工人[EB/OL].（2005-09-06）[2020-03-16]. https：//finance.sina.com.cn/j/20050906/0852298532.shtml. 摘自2005年8月31日新加坡《联合早报》.

② 朱莉莉. 新加坡促进就业的经验及启示[J]. 北京劳动保障职业学院学报，2009，3（04）：10-12.

③ Ministry of Manpower[SG]. Workfare[EB/OL].[2020-03-16]. https：//www.mom.gov.sg/employment-practices/schemes-for-employers-and-employees/workfare.

那些在职和 / 或正在参加职业培训以提升技能的人；其二，将壮年低薪雇员送去参加职业培训的雇主。符合条件的雇员可获得如下收益：满足短期支出需求的现金补贴；增加公积金（Central Provident Fund，CPF）以建立退休储蓄；参与职业培训以提升技能、提高就业能力的给予补贴和现金奖励。

①就业入息补助计划（WIS）

就业入息补助计划（WIS）通常也简称为 Workfare，通过现金支付和公积金缴款满足个人退休、住房和医疗保健需求[①]。2017年 WIS 计划的主要受益人群为收入在最低20% 或30% 的新加坡人，2020年起受益人群调整为收入在最低20% 或稍高者，计划目标是让近44万新加坡人受益。WIS 计划的详细内容除了 MOM 网站外，在 CPF 网站也有详细列示。

申请者需满足如下条件：是新加坡人；年龄在35岁及以上，所有残疾人都有资格申请 WIS；2020年，每月总收入不超过 $2300（2017年至今一直为 $2000）。申请人有如下情况的不能申请 WIS：一是申请人未婚的，若居住在上年度12月31日评估年价值为 $13000 的不动产中，或有两套及以上不动产；二是已婚人士，夫妻双方共同拥有两套及以上不动产，或配偶上一课税年度的应税收入超过 $70000。申请人为自雇佣的还必须同时申报在工作年度内完成的净营业收入，并缴纳 MediSave 供款[②③]。

WIS 的资助是动态调整的，主要表现在：（1）进入门槛逐步调低，受益人的月薪上限在2016、2017、2020年分别为 $1000、$2000、$2300；（2）对个人的最高年度补贴上限逐步调高，2016、2017、2020年分别为 $3500、$3600、$4000。年龄低于35岁的残障人士符合 WIS 申请条件的每年可获得多达 $1700

---

① Central Provident Fund Board[SG].Workfare Income Supplement Scheme [EB/OL].[2020-03-16].https：//www.cpf.gov.sg/Members/Schemes/schemes/retirement/workfare-income-supplement-scheme.
② Ministry of Manpower[SG]. Workfare Income Supplement（WIS）Scheme Eligibility Criteria[EB/OL].[2020-03-17].https：//www.workfare.gov.sg/Pages/WIS-Eligibility-Criteria.aspx.
③ Medisave 是新加坡一个全国性储蓄系统，在工作年份将部分收入存入该账户，旨在帮助 CPF 会员（所有 SC 和 SPR）为未来尤其是退休后个人或家属的医疗费——住院费用、日间手术费用、特定诊所费用而储蓄。自雇佣者或每年投资收入超过 $6000 的也需向 Medisave 账户存钱。谢文宇.新加坡公积金 CPF | 医疗账户 Medisave[EB/OL].（2017-07-25）[2020-03-17]. https：//www.weibo.com/ttarticle/p/show?id=2309404133344483912087&mod=zwenzhang.

的补贴[1]。WIS 对不同年龄组的补贴支出呈现出一个明显特点，即年龄高的员工补助额度高于年龄低者，体现出了政府对壮年员工技能提升的重视（如表 2-19 所示）。享受 WIS 补贴的个人中，自雇佣者人数是雇员的三分之二，且预计该数字会继续增长。

表 2-19　WIS 对不同年龄组的最大补贴额度（$）

年龄组	雇员		自雇佣	
	2017年	2020年	2017年	2020年
35-44岁	1500	1700	1000	1133
45-54岁	2200	2500	1467	1667
55-59岁	2900	3300	1933	2200
60+	3600	4000	2400	2667

资料来源：2017年数据来自：新加坡人力部（MOM）4大新政策，你会受益嘛~[EB/OL].（2016-04-21）[2020-03-16].http：//www.360doc.com/content/ 16/0421/04/27412483_552463716.shtml；2020年数据来自：Ministry of Manpower[SG].Factsheet on enhancements to the Workfare Income Supplement Scheme [EB/OL].[2020-03-16].https：//www.mom.gov.sg/-/media/mom/documents/budget2016/factsheet-on-enhancements-to-workfare.pdf?la=en&hash=33F93C60224C822CBA3A01C228FE81C3

②就业培训计划（WTS）

就业培训计划（WTS）以壮年低薪员工，特别是残障低薪员工为主要帮助对象，鼓励其参加培训以提升工作技能、提高就业能力，同时增加收入；鼓励雇主促进低薪雇员参与培训从而完成技能升级以提高工作绩效，它是 WIS 计划的补充。就业培训计划（WTS）于2010年7月1日生效，为期三年，后因为效果不错一直延期施行。目前，就业培训计划（WTS）的详细内容除了 MOM 网站外，在 WSG 网站也有详细列示，是 Skills Future 计划的构成内容。就业培训计划（WTS）由雇主补贴（Employment Grant，EG）、技能提升计划（Workfare Skill-up Programme，WSP）、坚持受训奖（Training Commitment

---

[1] Ministry of Manpower[SG]. Factsheet on enhancements to the Workfare Income Supplement Scheme [EB/OL].[2020-03-17]. https://www.mom.gov.sg/-/media/mom/documents/budget2016/factsheet-on-enhancements-to-workfare.pdf?la=en&hash=33F93C60224C822CBA3A01C228FE81C3．

Award，TCA）三个计划组成。技能提升计划（WSP）旨在帮助低薪工人克服培训障碍，使之在获得就业援助之前能够识字并掌握一定工作技能。该计划由劳动力发展局、就业与就业能力研究所（e2i）和社区发展委员会合作管理，对低薪工人，特别是未受过中等教育的工人全涵盖，其主要内容包括：激励性研讨会、团队辅导、工作场所素养和通用（软）技能培训、职业行业技能培训、培训津贴和里程碑奖、专门的就业安置服务等。

申请参加就业培训计划（WTS）的个人需要符合下列条件：是新加坡公民（SC）；目前受雇，且受雇期间平均月收入不超过 $2000；年龄 35 岁及以上，或是已满 13 岁的残障人士；参加课程出勤率至少为 75%，考核合格且获得证书。

为降低培训成本，就业培训计划（WTS）为愿意参加培训的个人和送员工参加培训的雇主提供不同形式的津贴。个人可获得三种形式的津贴。（1）学费补贴。可获得高达 95% 的学费津贴。（2）培训津贴。个人自发参加与所从事工作相关的培训，符合下列条件的可在课程结束后的 120 天内到 e2i 或 Career Connect 申请每小时 $4.5 的培训津贴：自 2018 年 1 月起，参训者的培训课程出勤率至少为 75% 且考核合格，具有获得新加坡未来技能局（SSG）/ 新加坡劳动力局（WSG）/ 就业与就业学院（e2i）补助金资格。（3）坚持受训奖（或持续技能提升奖，TCA）。获奖条件是受训者需获得 WTS 认可的一项认证：在 12 个月内取得两项 WSQ 课程合格证明（SOA）；取得一项 WSQ 合格认证、获得资格证书（WSQ qualification）；取得一项继续教育与培训中心（CET）学术模块证书（Academic CET Modular Certificate）或研究生文凭课程证书（Post-Diploma Certificate）；取得一项继续教育与培训中心（CET）结业的资格证书（Academic CET qualification），获得一项由未来技能局认证或支持的技能培训课程证书（Qualification under Certifiable Courses），每次可获得 $200，每个自然年度不超过 $400[①]。

若雇主派员工参加就业培训计划（WTS）认可的培训课程，可获得雇主补贴（EG）。雇主补贴标准视参训员工年龄而异：员工年龄大于等于 35 岁、月收入小于等于 $1400 的，雇主可获得高达 95% 的学费津贴和高达 95% 的员

---

① SkillsFuture Singapore Agency[SG].Workfare Training Support Scheme for Individuals[EB/OL].[2020–03–18]. https://www.wsg.gov.sg/content/dam/ssg-wsg/wsg/programmes/WTAInd/2019WTS%20Brochure.pdff.

工缺勤工资补助；员工年龄小于35岁、月收入大于$1400但小于等于$1700的，雇主可获得高达90%的学费津贴和高达90%的员工缺勤工资补助。

就业培训计划（WTS）的资助额度是动态调整的，且呈增长趋势，进入门槛逐步调低，受益人的月薪上限在2016、2017年分别为$1000、$2000。

（3）年长工人就业援助与激励

在人口老龄化的背景下，充分利用年长劳动力资源，延长劳动力工作年限、返聘年长劳动力以充分利用存量劳动力资源特别是年长劳动力资源成为新加坡缓解劳动力紧缺的一个重要突破口。但是，2005年，新加坡居民月薪$1000及以下的低薪劳动者约有24万人，他们大部分年龄较高且受教育程度低，远不能适应"智慧城市2015"的需求。年长劳动力受教育水平较低，从事的职业收入较低，无论是延长工作年限，还是鼓励企业返聘，都面临着技能存量无法满足工作需求的困境。那么，如何鼓励年长劳动力提升技能、提高就业能力，如何鼓励企业雇佣年长劳动力、愿意面向年长劳动力开展职业培训使之满足岗位技能需求，既是一个年长劳动力技能提升的问题，也是一个年长劳动力职业中期转换的问题。

新加坡设有由工会、雇主和政府代表组成的提高年长工人受雇能力劳资政委员会（Tripartie Committee on Employability of Older Workers），协助雇主返聘年满65岁的员工，比如，帮助雇主制定灵活的年长工人工作时间安排，为雇佣年满65周岁的企业提供就业辅助金等。针对年长劳动力就业出台了返聘年长工人法令，提倡按照公平雇佣联盟（Tripartie Alliance for Fair Employment Practices，TAFEP）的做法雇佣年长劳动力。帮助年长劳动者制定优化职场计划：一是促进工作与生活和谐，配套了工作与生活平衡津贴（Work-life Grant）；二是协助雇主多聘请新加坡居民，配套了年长工人管理津贴（Age Management Grant）、重新设计工作津贴（Job-redesign Grant）、雇佣及留任津贴（New Hire Retention Incentive）、在职培训津贴（On-the-job Training Allowance）；三是提高劳动力参与率，配套了留任花红（Retention Vonus）、就业准备课程（Job-pre Courses）、公共交通福利津贴（Transport Allowance）[1]。

---

[1] 新加坡人才规划及政策司.新加坡人力规划及发展策略[EB/OL].（2013-05-28）[2020-03-18]. http://www.doc88.com/p-3854861275815.html.

针对新加坡人口老龄化的趋势，为了缓解劳动力短缺，解决结构性失业，新加坡政府出台了专门针对年长工人的激励政策，旨在鼓励企业聘用年长工人，并不断提升其技能以提升就业能力，适应智慧城市、智慧国计划实施中就业岗位对劳动力技能提出的新的较高的要求，从而规避可能的结构性人职不匹配的风险。为此，新加坡政府实施了乐龄补贴计划（Silver Support（SS）Scheme）、特别就业补贴（Special Employment Credit，SEC）计划，鼓励雇主雇佣年长工人、鼓励年长工人就业以提高收入水平；未来技能P-Max计划（SFPMP）专门针对企业雇佣年长工人且送其参加职业培训给予补贴和奖励；见习计划（People-for-Jobs Traineeship Programme）一方面为40岁及以上的较年长劳动力提供培训机会，同时也为雇主提供资助以鼓励其雇佣较年长劳动者。

①乐龄补贴计划（SS）

乐龄补贴计划（SS）是新加坡政府支持老年人的系列计划内容之一，旨在为那些一生收入很低、几乎或根本没有家庭支持的老年人提供补贴，主要指65岁及以上且收入排在后20%的人[①]。该计划的补贴力度较小，覆盖新加坡约30%的老人。获得乐龄补贴计划（SS）资助不需要申请，公积金局每年集中进行评估，符合条件的老人自动享受补贴。老人享受乐龄补贴应具备如下条件：（1）终身工资，55岁之前公积金缴存额不超过\$70000，自雇佣者在45-54岁期间年平均净营业收入不超过\$22800；（2）住房类型，居住在有1-5间居室的HDB（组屋）公寓内，且对5室或更大HDB公寓或私人不动产或多处不动产没有所有权/配偶拥有所有权；（3）家庭支持水平较低，家庭成员人均月收入不超过\$1100[②]。

乐龄补贴额度因新加坡老人居住的HDB公寓而异（如表2-20所示）。社区关怀长期援助计划（ComCare Long Term Assistance）覆盖的65岁及以上老年人，普遍因年龄、疾病、残障而永久性不能工作，且几乎没有或根本没有收入来源，很少或几乎没有家庭支持，乐龄补贴额度与其居住公寓类型无关，

---

① Ministry of Manpower[SG].Factsheet on the Silver Support Scheme[EB/OL].[2020-03-18]. https：//www.mom.gov.sg/-/media/mom/documents/budget2016/factsheet-on-silver-support-scheme.pdf?la=en&hash=53229905E98032003ED3570C373C596E.

② Central Provident Fund Board[SG]. Silver Support（SS）Scheme[EB/OL].[2020-03-18]. https：//www.cpf.gov.sg/Members/Schemes/schemes/retirement/silver-support-scheme.

为每季度$300。社区关怀长期援助计划内的老人每个季度合计可从两个计划获得$1800。

表 2-20 乐龄补贴额度（$）

	HDB 公寓类型	每季度补贴额度
1	1-2居室	750
2	3居室	600
3	4居室	450
4	5居室	300

资料来源：Ministry of Manpower[SG]. Silver Support Scheme[EB/OL].[2020-03-18]. https：//www.mom.gov.sg/employment-practices/silver-support-scheme

②特别就业补贴（SEC）

特别就业补贴（SEC）旨在为雇佣年长新加坡工人的雇主提供持续的支持，定期为员工缴纳公积金的雇主均有资格享受 SEC，人力资源部会自动对之进行评估，符合条件的企业会在 SEC 付款前收到邮件通知。

2012年首次实施特别就业补贴（SEC）计划，目标是长期支持雇主雇佣新加坡老年人和残障人士（Persons with Disabilities，PWDs），提升其就业能力。获得特别就业补贴（SEC）的雇员需满足如下条件：是新加坡公民（SC）；是年龄在50岁以上的正式雇员；月薪高达$4000。2012-2016年间，符合条件的雇主可获得上限为雇员月工资8%的SEC。2015年，为了鼓励雇主自愿雇佣超过返聘年龄（65岁）的老年人，在上述 SEC 的基础上又增加了额外3%的工资补偿，即 ASEC（Additional SEC）。2017-2019年 SEC 计划继续实施，雇员年龄提高到55岁及以上，2017年返聘年龄提高到67岁。企业雇佣的老年工人所在年龄组别的年龄越高，企业获得的 SEC 额度相应越高：雇佣55-59岁员工的，SEC 为月工资的3%；雇佣60-64岁员工的，SEC 为月工资的5%；雇佣65岁及以上员工的，SEC 为月工资的7%（如表2-21所示）。2019年政府宣布SEC计划以及3%ASEC延长至2020年底。2012年，企业雇佣任何年龄的残障人士均可享受雇员月工资16%的 SEC 和月工资22%的 ASEC，当时实际额度

分别高达 $240/月 和 $330/月，这两项补贴也延长至2020年底[①]。

表 2-21 2017-2019 年按雇员月工资计算的 SEC 额度

给定月份雇员工资	按当月每个雇员工资测算的 SEC		
	55-59 岁（月工资的3%）	60-64 岁（月工资的5%）	65 岁及以上（月工资的7%）
$500	$15	$25	$40
$1000	$30	$50	$80
$1500	$45	$75	$120
$2000	$60	$100	$160
$2500	$75	$125	$200
$3000	$90	$150	$240

数据来源：新加坡人力部（MOM）4大新政策，你会受益嘛~[EB/OL].（2016-04-21）[2020-03-16].http://www.360doc.com/content/16/0421/04/27412483_552463716.shtml

③未来技能 P-Max 计划（SFPMP）

为鼓励雇主雇佣50岁及以上的 PMETs，P-Max 计划为 SMEs 提供了年长工人管理研讨会，围绕年长工人的人力资源管理、技能评估与提升展开培训。培训结束后符合条件的 SMEs 还可以获得一次性 $5000-$10000 的培训补助金（详见前文）。

④见习计划（People-for-Jobs Traineeship Programme）

针对年长劳动者面临的提早被解雇、工作不稳定、职业转换频繁等问题，2003年，新加坡政府推出了见习计划，面向40岁及以上的较年长劳动者提供财政支援，且提升雇主雇佣他们的积极性，促进其尽快实现就业。见习计划一方面尝试使较年长劳动者得到职业培训的机会，另一方面旨在使之至少在见习期间得到工作机会。仅2003年就有5000家企业参与见习计划，12000名中学及以下教育程度的较年长劳动者获得见习的机会，有44%的人在完成见习计划后留在企业长期工作。2004年，政府拨款3600万新元延长资助见习计

[①] Central Provident Fund Board[SG].Special Employment Credit[EB/OL]. [2020-03-18].https://www.sec.gov.sg/Pages/Home.aspx.

划一年期限[①]。

第五节 经济转型中的企业雇佣激励

一、职业支持计划（CSP）

面对经济转型中出现的结构性失业，为了促进中小企业重新雇佣失业的新加坡公民，更重要的是促进中小企业步入正轨，新加坡劳动力局（WSG）和就业与就业能力研究所（e2i）于2017年4月1日推出了为期两年的职业支持计划（Career Support Programme，CSP），为符合条件的企业提供薪资支持，旨在鼓励雇主雇用合格的专业人员、经理、行政人员和技术人员（PMETs），帮助新加坡公民适应不断变化的工作需求并提高其就业能力。2019年初计划到期后政府又将该计划延长两年，新的执行期由2019年4月1日起至2021年3月31日止。申请参加职业支持计划（CSP）需满足以下条件：（1）公司必须在新加坡合法注册，并在ACRA注册有唯一实体编号（Unique Entity Number，UEN）；（2）提供给个人永久性工作或至少12个月的雇佣合同；（3）企业为雇员提供的总月薪至少为$4000，中小企业为雇员提供的总月薪至少为$3600（如表2-22所示）[②]。

表 2-22 职业支持计划（CSP）对企业的薪金支持

企业雇佣的新加坡公民身份的 PMET	就业的第一个6个月	就业的第二个六个月	就业的第三个6个月
≥40岁的失业者，积极寻找工作时间≥12个月	50%	30%	20%
≥40岁的失业者，积极寻找工作时间在6-12个月；或被裁员者	40%	20%	不适用
<40岁的失业者，积极寻找工作时间≥6个月	20%	10%	不适用

---

① 冯可立，李伟仪．就业贫穷问题国际经验比较 [EB/OL]．（2005-10-10）[2020-03-18].https：//www.doc88.com/p-130713403759.html．

② SkillsFuture Singapore Agency[SG].Career Support Programme[EB/OL].[2020-03-20].https：//www.wsg.gov.sg/programmes-and-initiatives/wsg-career-support-programme-employers.html．

续表

企业雇佣的新加坡公民身份的 PMET	就业的第一个6个月	就业的第二个六个月	就业的第三个6个月
总月薪（每月基本工资与任何固定每月津贴之和）：中小企业提供至少 \$3600/月（最高为 \$7000/月）；非中小企业提供至少 \$4000/月（最高为 \$7000/月）			

资 料 来 源：Employment and Employability Institute Pte Ltd[SG]. Career Support Programme[EB/OL].[2020-03-20].https：//e2i.com.sg/individuals/career-support-programme-csp

二、企业发展计划与生产力解决方案津贴

新加坡政府关注企业发展，一方面鼓励企业创新以及在海外创业，另一方面推动传统企业技术升级，同时配套政策激励企业参与员工技术升级，推进员工与企业共同成长，从企业岗位供给侧推动雇员技能提升。

（一）企业发展计划（Enterprise Development Grant，EDG）

新加坡政府在2011-2015年实施生产力及创新优惠计划（Productivity and Innovation Credit，PIC），通过减免税和现金支付等方式鼓励生产力提升和创新活动，后该计划延长至2018年。新加坡政府于2018年10月25日发起企业发展计划（EDG）旨在帮助新加坡企业在国内外市场的健康成长，主要资助企业创新或海外创业，企业参与企业发展计划（EDG）下的项目可获得高达70%的项目成本资助，主要是第三方咨询费、软件设备和内部人力成本等。企业发展计划（EDG）具体内容涵盖如下几方面。（1）核心能力类项目，旨在通过增强业务基础帮助企业发展和为转型做准备，但并非销售和会计等基本功能类业务，而是商业策略发展、财务管理、人力资本发展、卓越服务、战略品牌与营销发展等。（2）创新与生产力类项目，旨在为探索新增长领域或寻求提高效率的企业提供支持，从而鼓励企业进行创新和转型，以创建新的业务模型或创新的产品和流程。企业发展计划（EDG）提供的措施是审查流程和重新设计工作流程，鼓励企业利用自动化和技术来提高日常任务的效率。具体项目包括自动化、流程重新设计、产品开发等。（3）市场准入类项目，旨在为愿意并准备在海外创业的新加坡公司提供支持，具体项目包括并

购（M & A）、海外营销办事处（OMP）、仿真实验项目（PPTB）、标准采用等[①]。企业要获得 EDG 资格，需要满足三个条件：在新加坡注册并运营；至少拥有 30% 的本地股权；财务上可行且足以启动和完成项目。

（二）生产力解决方案津贴（PSG）

新加坡政府于 2018 年将类似的企业资助项目统一为生产力解决方案津贴（PSG），鼓励中小企业从引入简单技术起步实现自动化流程以提高生产率，比如精密工程所需的移动机械手臂等。生产力解决方案津贴（Productivity Solutions Grant，PSG）涵盖两方面内容：一是特定行业解决方案，包括零售、食品、物流、精密工程、建筑和园林绿化行业；二是跨行业解决方案，如客户管理、数据分析、财务管理和库存跟踪领域。新加坡政府、国家环境局（NEA）和新加坡旅游局（STB）等各种政府机构预先制定好各种科技方案，通过生产力解决方案津贴（PSG）项目在中小企业中实施，企业可获得高达 70% 的资金支持，故 PSG 成为中小企业进行长期技术投资的重要途径。中小企业申请参与 PSG 需符合以下条件：在新加坡注册并运营；必须在新加坡使用 IT 解决方案或设备的购买、租赁、订购；至少拥有 30% 的本地股权（仅适用于部分解决方案）。自 2019 年 4 月 1 日起，获批参与 PSG 的企业可以通过企业津贴网（Business Grants Portal，简称 BGP）申请生产力解决方案补助金（SkillsFuture 培训补贴）。

三、企业培训补贴

新加坡政府出台了多项补贴政策以激发企业培训员工的积极性，有的政策是普适性的，有的政策是专门针对中小企业的，有的政策是专门针对某个行业的，政策非常全面，既考虑到了覆盖面，也考虑到了行业针对性。比如，企业培训补贴（Training Grant for Company，TGC）旨在通过资助企业员工参加培训，促进人力资源在使用新技术、行业技能以及专业知识等方面加强就业能力。企业最高可获得培训生工资和海外培训费用 30% 的补贴；加强中小企业员工培训计划（Enhanced Training Support for SMEs，ETSS），旨在鼓励

---

① Enterprise Singapore[SG].Enterprise Development Grant[EB/OL].[2020-03-20].https：//www.enterprisesg.gov.sg/financial-assistance/grants/for-local-companies/enterprise-development-grant/overview.

中小企业委派员工接受培训和提升职业技能；中小企业人才培育计划（SME Talent Programme，STP），通过提供学生实习机会、奖学金及在职培训吸引工艺教育学院、理工学院和大学的本地人才加入；人才培训资助计划（Talent Assistance），是媒体发展管理局（IMDA）旨在资助从事媒体行业的员工拓展才能的计划，目的是持续培养核心媒体人才以促进媒体行业发展；劳动力培训和提升计划（Workfare Training & Upgrading，WTU），旨在帮助建筑行业员工提升技能和生产效率。

四、加薪补贴计划（WCS）

加薪补贴计划（Wage Credit Scheme，WCS）于2013年启动实施，计划总值达53亿元，在三年内资助新加坡员工40%的薪金增长，若雇主为月收入低于$4000的员工加薪，政府资助40%加薪额，旨在鼓励企业与员工分享生产力提高所取得的回报[①]，但其根本目的是"支持企业转型"，而非"支持勤奋人取得工资增长"，即促进企业转型、提高生产力，同时让员工能够分享到生产力增长成果。加薪补贴计划（WCS）是新加坡政府2013年实施"过渡时期三年援助配套"的一部分，帮助企业应付人手短缺造成的薪金成本增长，使企业可以腾出更多资源来提高生产力。加薪补贴计划（WCS）从2013年以来一直在延长执行期限，目前已经延长至2020年，但会逐步降低政府津贴比例，2018年资助20%的加薪额，2019年资助15%，2020年资助10%[②]。

---

① 新加坡留学联盟.新加坡留学：最新就业补贴加薪计划 [EB/OL].（2013-10-25）[2020-03-20] .http：//www.edusg.com.cn/news/20131025_00097177.html.
② 新加坡天宇商务.2018财政预算案发布 [EB/OL].（2018-02-28）[2020-03-20].http：//dy.163.com/v2/article/detail/DBOBA1VV0516DI2I.html.

第六节　新加坡产业工人技能形成特征

一、制度设计立足点：经济转型与未来技能

根据刘宏、王辉耀在《新加坡人才战略与实践》中的阐述[①]，为呼应"产业21计划"（Industry 21）和"科技企业21计划"（Technopreneurship 21），新加坡人力资源部于1998年6月4日启动了"人力21计划"（Manpower 21），并于1999年形成核心报告《人力21世纪：一个人才都市的远景》（Manpower 21: Vision of a Talent Capital），该报告描绘了新加坡21世纪的人力资源战略蓝图，旨在保持新加坡在21世纪全球化知识经济环境下的战略优势，确保新加坡人在知识、技能和能力等领域的人力资本竞争优势。

"人力21计划"建议打造校园式终身学习系统，加强劳动力再培训和吸引国际人才，提出了综合人力发展计划、终身学习和就业能力、扩大人才库、改善工作环境、发展蓬勃的人力资源产业、加强合作等六大发展战略。（1）综合人力发展计划。该计划面向21世纪新加坡经济社会转型可能引发的就业迭代、存量劳动力职业能力的持续提升及国内外劳动力平衡等问题，关注存量劳动力在职培训及建立国内外人力资源联盟体系，在国家人力资源信息库和国家人力理事会的主导下，促进政府灵活迅速地回应持续改变的市场需求。（2）终身学习和就业能力计划。该计划旨在打造综合性的校园式终身学习系统，主要涵盖如下五方面内容：其一，技能标准与认证系统，由国民技能认证系统以及国民技能理事会驱动，旨在通过建构终身学习的培训体系促使劳动者达到相应技能标准，并给予认证；其二，激励机制，主要指针对员工、雇主技能提升的激励机制，同时制订战略性劳动力发展计划（Strategic Workforce Development Programs）鼓励国民提升技能，如针对老年劳动力和低技能劳动力制订技能深造计划（Skill Re-development Programme）、针对新工业领域的人力资本需求制订新技能计划（Initiatives in New Technology Scheme）；其三，信息提供方面，通过电子传递系统以及一站式职业中心网络为获得就业信息和学习机会困难的存量劳动力提供信息；其四，学习

[①] 刘宏，王辉耀．新加坡人才战略与实践[M]．北京：党建读物出版社，2015.10.

设施方面，一方面，鼓励大学、理工学院以及工艺技术学院等公立部门采取"一校两制"（1-institute 2-systems）提供终身学习机会，鼓励把学历教育与注重技能、技巧的职业教育相结合，鼓励校企合作设计培训项目；另一方面，通过政府对企业技能培训投入鼓励其加强劳动力培训投资，鼓励大公司建立培训中心；其五，促进终身学习活动的实践，比如通过国民自我提升项目（National Promotion Programme）以及新加坡学习节（Singapore Learning Festival）提供多种形式的学习，激发存量劳动者终身学习的兴趣。（3）扩大人才库计划。该计划通过吸引高质量外籍人才应对新加坡本土人力资源总量较少、人才领域跨度窄的短板，以满足产业升级对高端人才规模和质量的诉求，同时在经济发展中减少依赖低端人才。（4）改善工作环境计划，针对知识经济对工作性质、工作环境、工作守则提出的新要求，为提高劳动生产率、产业竞争力、劳动力参与率和生活质量而在工作环境和工作安排上进行改善，比如，实行灵活的工作安排制度提高劳参率，重新设计低产量行业工作改善低技能岗位工作条件和福利，促进中小企业人力资源管理升级以提升员工福利和技能，提高工作场所安全性并提倡工作的职业化、生产率和工作尊严。（5）发展蓬勃的人力资源产业计划，该计划将人力资源管理分为三个集群：其一，新加坡人力招募和发展集群，负责招募外籍劳动力；其二，新加坡人力学习发展集群，由私立学校、职业学校、工业培训中心、合作培训中心以及网络学习供应商等组成，是校园式终身学习方式的供给主体；其三，新加坡人力管理集群，由人力资源咨询、管理咨询以及劳动力再设计等咨询公司组成，旨在优化工作环境和人力资源策略。上述三个集群围绕推进新加坡人力资源的合作发展，努力使新加坡发展成为全球人力资源行业的领军者，促进人力资源行业之间的信息分享，以及提高人力资源行业的专业性等方面展开工作。（6）加强合作计划，指政府倡导社会各层次加强合作，在人力资源管理中实现国家、政府、社团、雇主和雇员各个层级的普遍合作。

"人力21计划"明确提出了政府、行业、个人提升人力资本的方法和途径。其基本理念是无论企业还是个人，都要养成以发展的眼光看世界、终身学习的习惯，不断更新知识、提升职业技能以适应经济转型（特别是知识经济）的需要，特别是劳动者更要通过终身学习获得可持续的就业能力。该计划明确了不同参与主体的角色：政府为行业和个人发展提供政策和资金支持；

行业发展为企业和个人发展提供专业服务；个人提升能力促进经济社会发展，经济社会发展反哺个人能力提升。

本书以新加坡政府针对新加坡公民（SC）和新加坡永久居民（SPR）的政策为主要观察对象。新加坡政府促进劳动力队伍素质提升的工作主要围绕两方面展开：一是针对增量劳动力的职前培训（Pre-Employment Training），确定经济社会发展必需的劳动力技能需求，并通过与教育部及本地大专院校合作为新增劳动力做好就业技能准备；二是针对本地存量劳动力（SC & SPR）的继续教育与培训（Continuing Education & Training，CET）。职前培训主要是正规教育部分的内容，本书主要关注了新加坡针对存量劳动力的继续教育与培训的内容。

二、制度设计落脚点：终身学习社会与平滑就业迭代

存量劳动力继续教育与培训的各类计划覆盖面非常广，基本建构了涵盖劳动者一生各时段的职业培训计划，落脚在建构终身学习的社会，从根本上弱化经济转型中的结构性失业风险。比如，未来技能培训计划（SF）通过一系列的项目和计划组合将全体公民、在校学生、在职人员、雇主、培训机构几个主体全部覆盖，旨在调动全体国民的积极性，着眼于国家未来产业发展需求去提升技能，将劳动者配置到匹配的工作岗位上，通过营造终身学习的氛围，随着技术进步的步伐平稳实现劳动就业迭代，消除结构性失业，抵消职业转换和就业迁移带来的失业风险，最终提升产业发展竞争力。

未来技能培训计划（SF）既是为全体劳动者提升技能提供培训机会，更是助力全民养成终身学习的习惯，通过培训计划的项目牵引，帮助劳动者规划明晰的职业发展规划，并将职业培训引导到国家竞争力提升需求的领域，从而实现了将个人的职业生涯规划与产业转型升级无缝对接，既满足了企业当期的技能需求，更激发了劳动者潜在的技能提升需求，面向未来培育技能实现了雇佣双方的现实技能需求与潜在技能需求的完美统一，这是平滑技术升级和经济转型下劳动就业迭代引发的就业动荡的关键点。

三、制度覆盖群体：分类分层与强针对性

存量劳动力的继续教育与培训主要由新加坡劳动力局（WSG，以前的劳

动力发展局 WDA）统筹协调，以劳动力技能资格鉴定制度（WSQ）作为抓手，通过技能鉴定提升劳动力参与培训的积极性，引导其获得符合企业发展需求的技术技能，具体的继续教育与培训工作由 Caliberlink 职业中心针对 PMEs 展开。

新加坡存量劳动力的继续教育与培训在设计上是分类分层实施的，很有针对性。其一，针对低技能、低薪员工开展就业援助与激励，推出就业入息补助计划（WIS）、就业培训计划（WTS），旨在通过就业济贫帮助低薪员工获得体面工作，促进他们通过职业培训获得产业发展所需的必要技能，提升就业能力。其二，针对所有员工技能更新、推动技能广度和深度的卓越技术培训计划（STEP），以及提升劳动者的技能水平和就业能力，以规避失业风险。针对就业者、失业者、计划重返劳动力市场的劳动者提供了解新技术和熟悉新工作环境的培训，比如，数字化工作场所的未来（SFDWP）。其三，针对未来发展需求的未来技能培训计划（SF），以应对产业升级下的结构性失业风险，让劳动者获得新技能，一方面为产业发展提供匹配的劳动力，比如，针对在职人员职业中期技能提升的专业人员转业计划（PCP），帮助 PMEs 在职业中期转换中获得新技能；另一方面，为关键领域培养卓越劳动者，比如，未来技能进修奖（SFSA）为致力于深化关键领域技能的中早期劳动者以及具备深厚专业技能且愿意发展其他技能的劳动精英提供支持。其四，针对年长劳动者技能转换与提升的乐龄补贴计划（SS）、特别就业补贴（SEC）、见习计划等。

四、制度作用方向：技术升级与技能提升

新加坡的技能提升政策并非单向针对雇员，而是对企业和雇员双方进行激励，激发企业提升雇员技能的积极性，使接受了技能培训和认证的雇员能够找到匹配的岗位，从而促进各项技能提升政策达到预期效果。

从劳动力供给侧观察，新加坡大部分职业培训项目对参训者给予高额学费补贴/培训津贴/培训奖励等，参训者可享受非常低的培训成本，技能提升的可行性强，技能提升项目的可获得性强，帮助劳动者避开培训成本制约。新加坡政府特别关注低薪、低技能和年长劳动者群体，很多项目都明确规定了分年龄层的雇佣激励力度，一般对年长者的激励高于对年轻劳动力的激励。比如，在专业人员转业计划（PCP）中，薪金支持额度以参训者月薪 $4000 的 70% 为上限、学费支持额度以课程费用的 70% 为上限，但若参训者年龄在

40岁及以上的，薪金支持以月薪的90%为上限、学费支持以课程费用的90%为上限；为鼓励雇主雇佣50岁及以上的PMETs，P-Max计划为SMEs提供年长工人管理研讨会课程，培训结束后符合条件的SMEs还可以获得一次性$5000~$10000的培训补助金；在WIS对不同年龄组的补贴支出中，对年龄高者的补助额度高于年龄低者。

从企业需求侧观察，新加坡的各项技能提升计划并非仅仅针对劳动者单方展开，很多计划会同时兼顾对企业的激励，促进企业为员工提供职业培训，激励企业雇佣年长、低技能劳动力，以弥补人口老龄化下的劳动力紧缺危机。比如，就业培训计划（WTS）下的三个项目均针对企业和劳动者实施双向激励：雇主补贴（EG）为雇主提供高达95%的学费津贴和员工缺勤工资补助，以鼓励企业送年长低薪劳动者参加职业培训；坚持受训奖（TCA）中受训者个人获得WTS认可的技能培训课程证书，每个自然年度可获得不超过$400的补助；技能提升计划（WSP）用定制案例的结构化培训为低薪工人建构坚实的计算和读写等基本工作技能。同时，很多培训项目是专门针对企业开展的。比如，针对高龄员工的特别就业补贴（SEC）规定，雇佣50岁以上雇员的企业可获得上限为雇员月工资8%的补贴，企业雇佣老年员工时其年龄组别越高企业享受的SEC补贴百分比越高。

此外，新加坡政府激励企业提高生产率，注重从经济需求的角度促进企业升级，鼓励企业创新以及在海外创业、推动传统企业升级，倒逼企业参与员工提升技能以满足企业成长需求，同时配套激励政策，帮助企业推动员工技能提升。比如，政府出台重新改造职业计划（JRP），重在改造传统低技能岗位，激发企业为中低端劳动者提供体面职业。再比如，政府推出生产力解决方案津贴（PSG）鼓励中小企业采用政府制订的科技方案实现生产率提升，同时获得针对工人技能提升的津贴，该方案很好地兼顾了企业的技术升级与员工技能提升，可谓一举两得。

五、制度实施主体：劳资政三方协调与技能供需均衡

（一）劳资政三方协调的顶层架构

新加坡劳动力技能提升工作大部分是以政府为主导，吸纳资本方、劳动者以及社会组织共同推进的，建构了劳资政协调体系，比如由人力资源部

（MOM）、全国职工总会（NTUC）和新加坡雇主联合会（SNEF）组成的国家三方顾问小组负责推动企业责任、平衡员工在工作和生活之间的关系，该小组通过新加坡劳资政三方论坛（Singapore Tripartism Forum）、国家工资理事会（National Wages Council）、劳资政三方公平雇佣联盟（Tripartite Alliance for Fair Employment Practices）和劳资政三方工作与生活和谐发展策略委员会（Tripartite Committee on Work-Life Strategy）等全国性的机构实现对劳动力市场的管理和监督，该体系成为新加坡强大的经济竞争力、协调的劳资关系和国家进步的核心因素。

政府、雇主和工会的三方协调机制旨在推动国家、政府、社团、雇主和员工各个层级的协调与合作，其工作机制分三个层面：在国家层面，由政府、雇主和工会进行三方协调，推进国家层面的有效领导力提升；在行业层面，通过国家技能协会（National Skills Council）联系其他行业协会架构企业与政府沟通的桥梁；在社区层面，建立图书馆、社区中心、自救学习小组以及其他非营利性组织促进终身学习和提高终生就业能力。

实际上，新加坡劳动力技能提升工作大部分是以政府为主导，吸纳资本方、劳动者以及社会组织共同推进的，在保证了技能供需均衡的基础上，同时因为有政府的行政助力，特别是政府的财政资金支持，有效保证了技能培训计划的顺利实施。以未来技能培训计划为例，未来技能委员会由政府、企业雇主、工会、工人和教育培训机构等劳资政学各方代表组成，其所涵盖的计划和项目几乎均在政府主导下同时联合行业和企业开展，体现出强大的顶层设计和执行优势。其一，政府驱动保证了计划制订的战略高度和行政力度，与行业、企业、社会组织等的联合行动同时也确保了各项计划内容无限切近经济社会发展需求，促进了技能供需均衡。其二，政府驱动还表现在其对未来技能培训计划筹资力度大。2014年11月，新加坡政府设立"未来技能金禧基金"，鼓励雇主与工会捐款，政府以1∶1的方式注资，筹资3000万新元。2015年2月，未来技能培训计划（SF）获国会预算批准，财政投入由以往的6亿新元跃升至10亿新元，几乎翻了一番[①]。同时，政府还为"全国生产力基金"补充15亿新元，以配合计划的其他动议。其三，政府对未来技能培训的奖励

---

① 严晓蓉. 新加坡推人才新政[EB/OL].（2016-04-13）[2020-03-13]. https：//www.shobserver.com/news/detail?id=14082.

力度大。政府为25岁以上的新加坡公民建立未来技能培训补助账户，为参与专题研讨会的企业和员工报销高达90%的课程费用，对获得技能和资格的员工给予奖励金。这些奖励政策很好地调动了技能供需双方提升技能的积极性，保证了未来技能培训计划的实施效果。

（二）技能供需均衡

劳动力技能供需匹配很容易就做成两张皮，多数情况下表现为培训内容跟不上生产力进步提出的技能需求，为解决这个难题，新加坡政府成立了全国生产力与继续教育理事会（National Productivity & Continuing Education Council），在机构上将技能需求方和技能供给方结合在一起。该机构由劳资政三方代表组成，主要工作领域有两个：其一，在个人、企业和行业层面推动提高生产力，推出生产力及创新优惠计划（Productivity and Innovation Credit），设置全国生产力基金（National Productivity Fund）；其二，开发一套世界领先的国家继续教育与培训制度，帮助工人提升技能（详见前述的WIS和WTS等计划）。

（三）培训资源供给充足

以未来技能培训计划为例，该计划内的课程面向全体新加坡国民，涵盖各类职业、各年龄层人士，这样一个庞大的计划需要强大的培训资源供给，尤其是培训课程供给要到位。新加坡未来技能培训资源供给的充足性主要体现在如下几方面。其一，培训供给主体多。政府驱动下的未来技能培训计划（SF）并未走政府直接供给培训资源的道路，而是采用了市场化运作、政府购买服务的模式，通过激励制度吸引全社会的培训服务机构参与进来，比如各高校专业培训机构、政府认证的各类社会培训机构以及有资质的社会组织等，技能培训的供给主体多元且数量庞大。其二，培训课程储备充足。据统计，未来技能培训计划（SF）中涉及的培训课程种类已达57个，培训课程已超过1万门[1]。其三，培训课程形式多样。培训课程有在线授课、晚间和周末课程，在学习时间上和学习形式上满足了学习者的不同需求，极大地方便了学习者，从而提高了培训课程的使用效率。

---

[1] 严晓蓉. 新加坡推人才新政 [EB/OL].（2016-04-13）[2020-03-13].https://www.shobserver.com/news/detail?id=14082.

第三章　韩国产业工人技能形成

第一节　韩国产业工人技能提升的经济社会背景

一、韩国产业结构演变轨迹

（一）韩国经济发展简况

韩国经历8.15光复后一直到1961年基本建立了国民经济基础，1962年以后秉承政府主导的经济发展思路推出了第一个五年计划（1962-1966），此后韩国经济总量以惊人的速度增长：1994年经济总量居世界第11位，贸易总量居世界第12位，人均国民生产总值于1995年超过1万美元。受1997年亚洲金融危机影响，人均国民生产总值（GNP）降至6800美元。经过不断努力，人均国民收入（GNI）逐渐恢复增长，并于2007年达到2.1695万美元，首次超过2万美元。2008年受美国次贷危机引发的全球金融危机影响，人均国民收入（GNI）一度跌至1万美元，但迅速于2010年反弹并高达2.0759万美元[①]。

此间韩国产业结构不断变化，第一产业比重呈下降趋势，第三产业比重呈上升趋势，第二产业（含制造业）比重比较稳定（如图3-1所示）。（1）农业产值占比大幅下滑。1970年时农业在国内生产总值（GDP）中占比为

---

① 김도훈（산업연구원 원장）. 한국 산업발전과 향후 과제 [J]. 한국경제포럼 · 제6권제4호：1-35. http://www.kea.ne.kr/common/download?id=1792&section=pub.

27.7%，2018年占比降至2.0%。（2）第二产业产值占比稳定，但制造业内部结构发生了变化，从以轻工业为中心转向以重化学工业中心，二者在制造业总产值中的占比从1970年的60.1∶39.9逆转为1999年的21.1∶78.2。（3）第三产业产值占比最高，至2018年已高达60.7%。数据显示，2006年韩国三次产业的就业结构为7.7∶18.1∶74.2，第三产业就业独占鳌头。

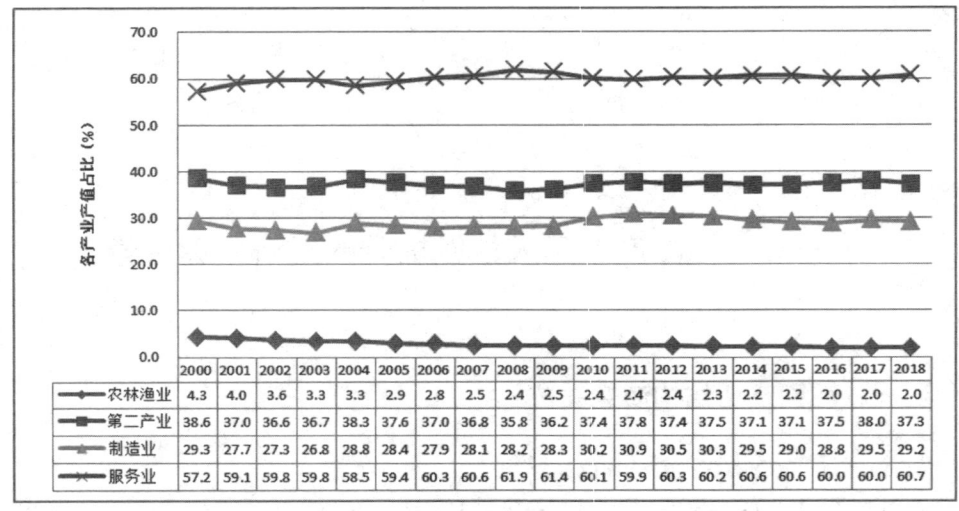

图3-1　2000-2018年间韩国产业结构变化趋势（%）

数据来源：KOSIS（韩国国家统计门户网站）.[2020-03-10].http：//kosis.kr/statHtml/statHtml.do?orgId=101&tblId=DT_2KAA906_G20&vw_cd=MT_RTITLE&list_id=UTIT_G20_UTIT_G20_I&seqNo=&lang_mode=ko&language=kor&obj_var_id=&itm_id=&conn_path=A4

（二）韩国产业结构的历史沿革

以下韩国产业结构历史沿革的资料和数据来自于韩国经济60年历史编纂委员会和韩国开发研究院编纂的《韩国经济60年史Ⅱ：产业》[①]。

1. 1960年之前农林渔业占主导

从1948年建国开始一直到20世纪60年代初，韩国产业结构一直是农林渔业占主导，尽管农林渔业在经济总量中的占比从1953年的47.3%下降至1960

---

① 韩国经济60年历史编纂委员会，韩国开发研究院.韩国经济60年史Ⅱ：产业[R].2010.9.

年的36.8%，但仍然远高于制造业和矿业（如图3-2所示）。

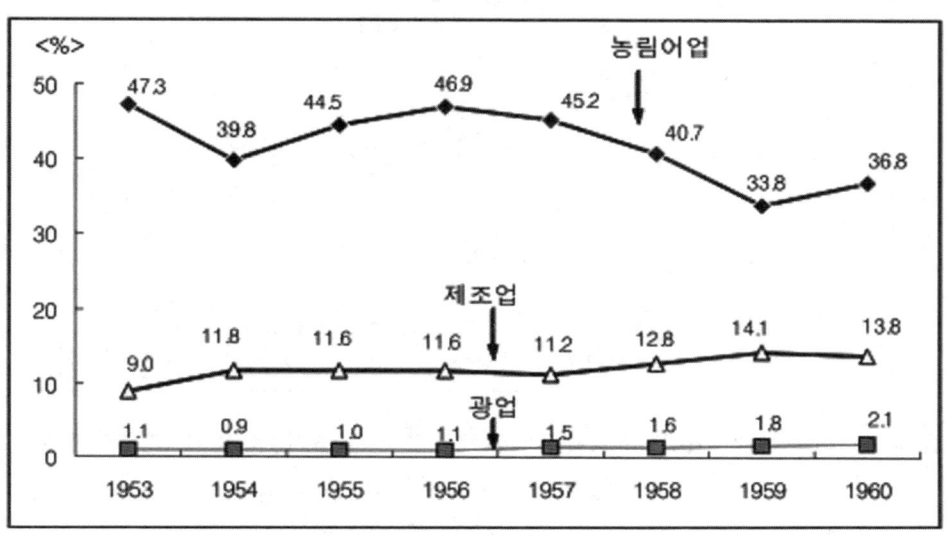

图 3-2　1953-1960农林渔业、制造业和矿业在经济总量中的占比

资料来源：농림통계연보.1970/ 농림부편 [EB/OL].（1995-08-20）[2020-03-10].https://dl.nanet.go.kr/SearchDetailView.do?cn=MONO1198014452

2. 20世纪60年代制造业划时代发展

20世纪60年代以后韩国经济的起飞主要靠制造业带动，主要发展以低技术为特征的劳动密集型产业，具有出口导向型特征。20世纪60年代初期制造业出口量仅占总出口的四分之一左右，到20世纪70年代初蹿升至接近90%，实现了划时代的发展。1960-1972年间，其他服务业占比稳定在45%~50%，农林渔业占比继续下降至25.2%，而制造业占比迅速上升至25.2%与农林渔业持平（如图3-3所示）。20世纪60年代以来韩国农业年均增长率不足2%，发展几近停滞，但制造业实现了20%左右的年均增长率，承担着引领韩国经济发展的作用。此间韩国非常落后，城镇化过程中析出大量低素质劳动力，他们迅速被低技术劳动密集型制造业吸纳，铸造了韩国制造业出口产品的低成本优势。这些制造业产业主要集中在城市附近的产业园区，促进了韩国城镇化的发展。

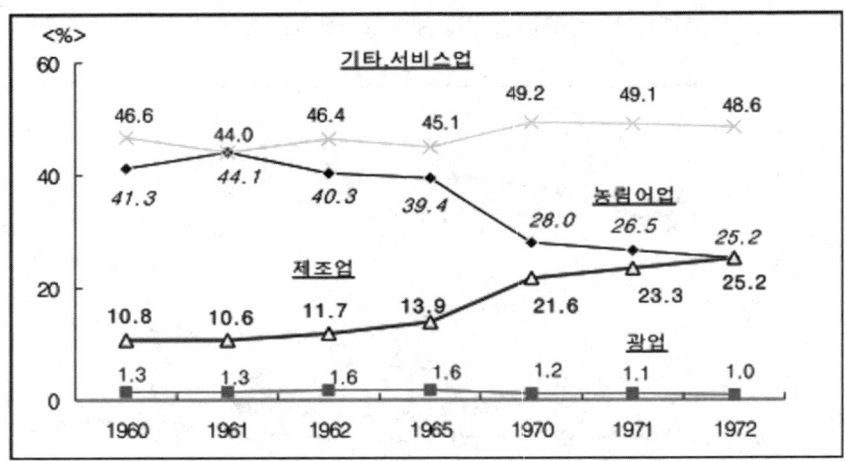

图 3-3　韩国 1960-1972 年间各产业在经济总量中的占比（以 1970 年为基期）

资料来源：한국은행．韓國의 國民所得（1974）．[EB/OL].[2020-04-02].
https：//lib.dankook.ac.kr/search/detail/CATTOT000000137794

韩国制造业的划时代发展得益于政府出口劳动密集型产品的工业化战略。20世纪60年代韩国推进了第一、二个经济开发五年计划，推动发电厂、高速公路、港口等基础设施建设，后重点发展化肥、水泥、炼油、制铁、基础设施建设，为外向型工业化发展奠定基础。为促进出口，政府出台外汇、税收、金融等方面的配套政策，韩国总统每月亲自主持"出口振兴大会"，以促进纤维、胶合板、假发、鞋、电子（组装）产业等出口型劳动密集型制造业发展，纺织、鞋类、电子产业得到迅速发展。此间韩国产业发展模式被其他国家竞相模仿（后来纺织、鞋类产业均转移到海外，国内只剩下技术开发、设计、新商品开发、服装等行业，电子产业逐渐发展成为代表韩国经济的IT产业）。

3. 20世纪70年代的重化工业转型

出口主导型工业发展战略带动了韩国经济的起飞，同时也逐渐显露出弊端，一方面，产业部门之间或同一领域内不可避免地出现不均衡增长，出口产业和内需产业之间也逐渐拉开差距。另外，由于韩国在资源和资本匮乏的背景下推动外向型增长战略，对外依存度逐渐加深[①]；另一方面，因为原料、

---

① 두산백과．대한민국의 산업 성장과 구조 [EB/OL].[2020-04-02].https：//terms.naver.com/entry.nhn?docId=1177305&cid=40942&categoryId=34708.

原材料、中间产品、机械设备深度依赖海外进口而催生了慢性贸易逆差问题，国际收支风险日益增大。故韩国经济转型迫在眉睫。

为了减少对外依存度，同时解决贸易逆差问题，韩国政府在20世纪70年代开始实施重化工业化发展转型。1973年，韩国总统发表《重化工业化宣言》，此间虽然经历了两次石油危机，但韩国政府坚持推进重化工业化发展计划，为韩国产业结构升级和可持续发展奠定了坚实的基础。韩国政府为直接培育、公布、选定具体重化工业产业领域发展提供了多种援助：其一，在全国各地建立公共产业园区，为重化工业创造最佳入驻条件；其二，考虑到发展重化工业在初期需要巨额设备投入资金和运营资金，政府以低于市场利率的政策金融形式促进重化工业投资；其三，引入综合商社制度为重化工业产品出口创造条件。政府的促进和引导取得了较好的效果，20世纪70年代初期韩国制造业出口的80%是劳动密集型轻工业产品，但到80年代初重化工业产品和轻工业产品所占比重已经非常相近。1979年，重化工业产值占工业总产值的比重为51.2%，首次超过轻工业（48.8%）；1980年，重化工业出口产值占出口产值的比重达到41.5%，逼近轻工业出口产值的49.4%（如表3-1所示）。此后钢铁、石油化工、汽车、造船、机械等产业成为韩国的主导产业。

表3-1　韩国重化工业化进程（%）（以1975年为基期）

年份	工业产值构成		出口产值构成		
	重化工业	轻工业	重化工业	轻工业	第一产业
1970年	37.8	62.2	12.8	69.7	17.5
1973年	40.5	59.5	23.7	63.4	12.9
1075年	46.4	53.6	25.0	57.4	17.6
1976年	46.8	53.2	29.1	58.8	11.8
1977年	48.5	51.5	32.2	53.6	14.2
1978年	48.8	51.2	34.6	45.5	10.9
1979年	51.2	48.8	38.4	51.4	10.1
1980年	52.6	47.4	41.5	49.4	9.1

资料来源：1. 한국은행. 韓國의 國民所得（1974）.[EB/OL].[2020-04-02]. https://lib.dankook.ac.kr/search/detail/CATTOT000000137794；2. 韩国贸易协会. 贸易动向（各年度）[R]. http://stat.kita.net/stat/world/major/KoreaStats01.screen

韩国重化工业发展需要能源支持，更需要技术支持，随着工业化的迅速推进，对技术的需求同步增长，技术引进／开发成为重化工业发展的关键。在发展初期韩国启动"Turn Key"（一站式方案）促进工厂建设，帮助工厂引进技术，后期则鼓励企业自有技术研发，大力培养技能／技术人才，此间政府为扩充国内研究力量出资成立了多个重要的研究机构。这些努力为韩国科技进步奠定了坚实的基础。韩国工业发展向重化工业转型形成了"特惠型偏重支援"形态，导致其他部门特别是部分轻工业部门的利润率恶化、资金不足，面临经营困难，而第一产业发展几乎停滞。好在此间韩国正经历农业划时代的生产革命，即"绿色革命"，农业生产率得到划时代提高，同时农业科技进步对劳动力素质提出了高需求。

4. 20世纪80年代的重化工业投资调整

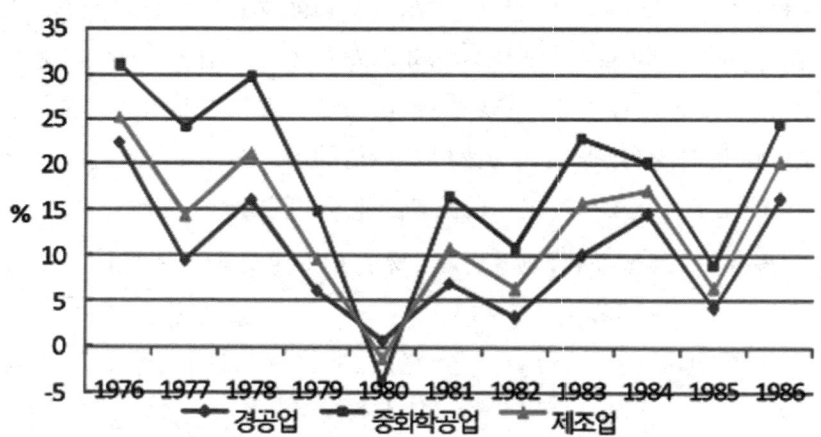

图3-4　1976—1986年间韩国重化工业投资调整前后制造业增长率走势（％）

资料来源：韓國銀行. http：//ecos.bok.or.kr

20世纪80年代韩国的产业政策旨在治愈70年代重化工业转型带来的后遗症。重化工业优先发展的后遗症主要表现为轻工业、农业等产业发展缓慢，政府资金支持导致大企业竞争政府资源而降低了资金使用效率等。因此，80年代韩国政府调整了产业发展政策，从以特定产业特别是重化工业为主强力推进的产业发展转向以重化工业投资调整为特征的产业调整和产业合理化发展。韩国通过制定《工业发展法》促使产业政策基调从特定产业的选择性干预转向功能性支持体制，减少政府的过度直接介入。产业合理化行业的指定是在"不景气·衰退产业合理化支援""有潜力的引进产业培育"和"产业技术提高"三个目标下，明确规定政府介入的界限、作用、时限、工业发展基金等具体支援手段，系统地确立了产业结构调整政策。同时政府支持提高产业技术和生产率，建立和完善投资主导型发展模式，为发展技术密集型有前景的产业和提高整个产业效率奠定了坚实的基础。此间全球正处在低美元、低油价、低利率的黄金发展期，这为韩国国内企业提高竞争力提供了绝佳契机。此后韩国重化工业出口额快速增加，除了1980年，其增长率一直高于制造业整体增长率和轻工业增长率（如图3-4所示）。

5. 20世纪90年代的高技术产业发展

20世纪90年代韩国产业发展的两个主流理念是技术开发和市场开放。由于韩国经济在世界上的影响越来越大，发达国家纷纷对韩国实施技术保护，再加上中国、东盟等后发工业国家迅速提高产业竞争力，1995年WTO成立对韩国制造业领域甚至是农林渔业、服务业均带来了史无前例的变化与压力。为此，韩国选择了现有主力产业通过技术开发进一步提升竞争力、以技术开发为基础发展新产业的发展道路。具体表现在三方面：一是以IT为中心的高新技术产业全面发展，二是信息通信产业飞速发展，三是技术开发领域的企业作用大幅提高。此间韩国的研发费用一路走高，R&D投入占GNP的比重从1990年的1.87%上升到2001年的2.96%（如图3-5所示）。其中，民间R&D投入在90年代占比高达70%-80%，充分展示了80年代韩国重化工业调整政策实施后政府逐渐退出一些产业领域而民间投资开始活跃的效果。此间韩国研究机构也非常活跃，韩国首都在1990年时共有1000个企业研究所，到2000年已达7100个，由政府及公共部门主导技术开发转向民间主导。此间韩国顺应全球化潮流积极推进"产业全球化"，随着出口、外商投资、海外投资等迅速增长大大提高了韩国制造业的国际地位，在汽车、电子、钢铁等大部分主力产业领域，确保了世界市场前五名的生产国地位，跃升为市场主导国家。不仅如此，韩国的高技术产业发展也取得了很大进步，在半导体领域积累了领先世界的技术力量，信息通信产业成为韩国具有代表性的新技术产业，IT产业发展尤为迅速，主力产业领域民间专利申请数量大幅增加。

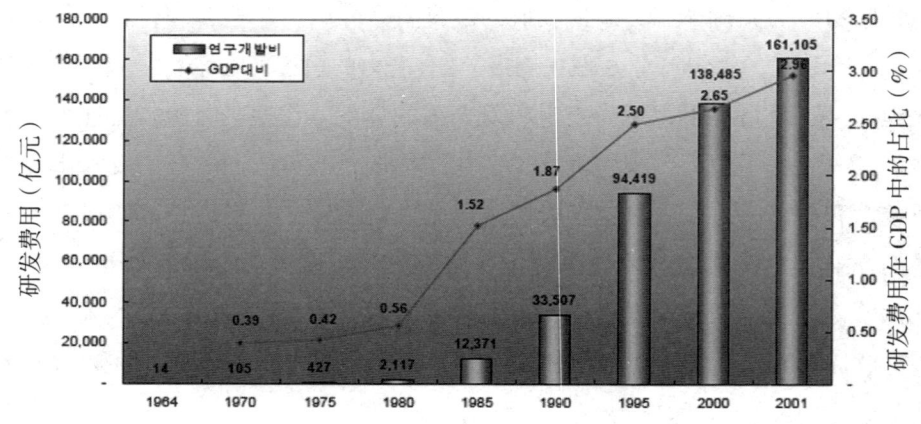

图 3-5　韩国 1964-2001 年间研发费用（亿元）及 GDP 占比（%）

资料来源：과학기술처. 과학기술연구개발활동조사보고 [R]. https://www.kistep.re.kr/c5/sub2.jsp?brdType=R&bbIdx=4344

6. 21 世纪寻求新增长动力

进入21世纪，韩国制造业结构以出口为主，汽车、电子、造船、石化、钢铁、石油产品、机械等7个领域的出口比重占总体的83%，经济总量严重依赖少数产业，亟待寻求发展新的产业以平衡产业结构。此间韩国的经济增长率开始放缓，从1970-1980年间的9.0%下降到2001-2010年间的4.2%，潜在经济增长率从9.9%下降至4.7%，全要素生产率增长率从4.6%下降至2.6%。从投入增长看，劳动投入和资本投入增长率均表现为下降趋势，其中资本投入增长率从2.2%下降至1.6%，韩国制造业引领经济发展的作用正在减弱；劳动投入增长率从3.1%下降至0.5%，下降了2.6个百分点，远远超过资本投入增长率下降的0.5个百分点，出现了无就业的增长（如表3-2所示）。

数据显示，20世纪90年代末至21世纪初，韩国经济增长率每增长1%可增加7万-8万个就业岗位，后跌至5万以下，这是生产率提升的表现，同时也说明韩国随着技术进步面临着严重的劳动力再开发问题。2011年韩国就业率为63.9%，明显低于美国、英国、日本等国家的66.6%、70.4%、70.3%。一方面韩国制造业大企业出口导向型发展对国内就业拉动作用较差，同时中小企业和服务业企业的生产状况较差影响了岗位增加，韩国出现了无就业的增长。同时，韩国人口老龄化问题日益凸显，韩国具有强大竞争力的家电、机械、化学、纤维、汽车、造船、钢铁等传统主力产业中均出现劳动者平均年龄升高的现象。为此，韩国政府加大了对中小企业的扶持力度以期提供更多岗位，并出台多项举措开发老年劳动力。

表3-2 韩国1971–2010年间经济增长情况（%）

	1971–1980年	1981–1990年	1991–2000年	2001–2010年
实际增长率	9.0	9.7	6.5	4.2
潜在增长率	9.9（100.0）	8.5（100.0）	6.6（100.0）	4.7（100.0）
劳动投入增长率	3.1（31.6）	2.4（28.4）	1.7（25.8）	0.5（10.4）
资本投入增长率	2.2（22.4）	3.3（38.8）	1.9（29.0）	1.6（34.0）
全要素生产率	4.6（45.9）	2.8（32.8）	3.0（45.3）	2.6（55.7）

资料来源：산업연구원（韩国产业研究院）.http://www.kiet.re.kr

以上数据来自于韩国产业研究院的资料库，具体分布在如下文献中：1. 김원규, 신현수, 김정홍, 황윤진, 이원빈. 한국산업의 생산성 분석（2000.10.31）（韩国产业的生产性分析）；2. 김원규. 한국경제의 생산성 분석과 정책시사점（2017.04.05）（对韩国经济生产率的分析和政策启示）；3. 윤우진. 한국 산업의 역동성과 생산성 구조변화（2015.04.09）（韩国产业的活力和生产性结构变化）；4. 박명호, 오완근, 김계환, 빙현지, 박찬열. 자원부국과 한국의 산업다각화 협력방안 – 지표체계를 이용한 연구（2014.06.2）（资源富裕国与韩国的产业多元化合作方案——利用指标体系的研究）.

此间，韩国产业发展面临的课题是促进弱势产业发展以平衡产业结构，发掘"未来增长动力"。政府将发掘新增长动力的重点放在培育新技术产业、发展零部件和材料领域、培育服务产业，并制定了新增长动力事业的推进结构（如表3-3所示）。推进结构中按新兴产业化发展的周期分为短期（3-5年）、中期（5-8年）和长期（10年以内）三类，明确列示了韩国新兴产业发展的具体领域和技术。特别需要指出的是，长期计划中特别提出了人力培养问题，旨在为新增长动力领域培训匹配的人才。

表 3-3　新增长动力事业（新兴产业）的推进结构

短期（단기） （3-5年新兴产业化）	中期（중기） （5-8年新兴产业化）	长期（장기） （10年以内新兴产业化）
- 新能源（潮汐能·废资源利用） - 广播通信融合产业 - IT融合系统 - 全球保健健康产业 - MICE·观光[1] - 尖端绿色城市	- 新能源（太阳·燃料电池） - 高度水处理 - 低碳能源（核电成套设备） - 高附加食品产业 - 发光二极管（LED）应用 - 国际教育服务 - 绿色金融 - 软件服务	- 新能源（海洋生物燃料） - 碳减排能源 - 绿色运输系统 - 机器人应用 - 新材料·纳米 - 生物制药、医疗器械
- 应用技术开发 - 改善制度，营造投资环境等	- 核心技术优先占领 - 创造市场等	- 确保基础技术 - 人力培养等

资料来源：기획재정부 외. 신성장동력 비전 및 발전전략[EB/OL]. （2009-01-13）[2020-04-03]. http://gumici.or.kr/gtb_download.php?gtid=gt_board_pds&fid=14637

二、韩国劳动力供给结构演变轨迹

（一）劳动力就业结构演变轨迹

2009-2019年间，韩国劳动力分三次产业的就业变化趋势如图3-6所示。农业劳动力占比呈下降趋势，从2009年的7.01%下降至2019年的4.68%；工业劳动力占比相对稳定在24%~25%之间，仅有2015年达到25.02%；服务业劳动力占比呈增长趋势，从2009年的68.5%上升至2019年的70.48%。从分产业的就业结构看，韩国劳动力的技能开发训练主要基于三次产业内部的技术升级需求以及农业析出劳动力产业转移的技能需求。如前所述，韩国农业在国民收入中的占比呈下降趋势，且发展缓慢，未来发展的趋势即通过技术升级提高劳动生产率，这一方面对存量劳动力提出了技能升级的需求，另一方面会使农业进一步析出剩余劳动力，基于劳动就业迭代需求而提出技能开发训练需求。第二产业内部的制造业逐渐失去引领产业发展的作用，但韩国制造仍然在世界上占有重要的地位，基于自主技术研发和产业全球化的制造业发展理念会激发制造业对劳动力技能提升的持续需求。服务业尤其是高附加值现代服务业发展也会产生对劳动力技能提升的需求。

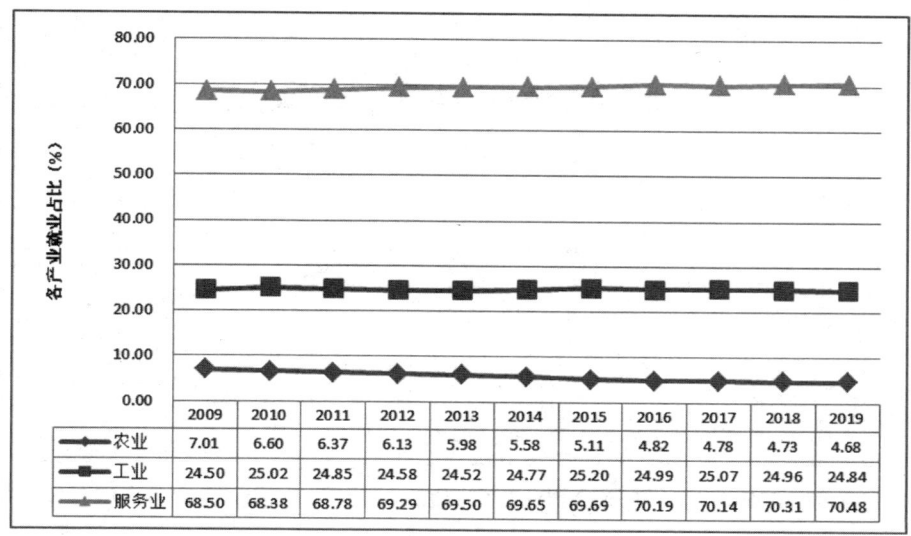

图 3-6 韩国 2009-2019 年各产业就业占比（％）

数据来源：H. Plecher. Employment by economic sector in South Korea 2019 [EB/OL].[2020-01-29].https：//www.statista.com/statistics/604702/employment-by-economic-sector-in-south-korea/

（二）劳动力最高学历分布演变轨迹

2007-2018年间（不含2013年），韩国按最高学历统计的人口占比分布如图3-7所示。受教育程度在中学以下的人口占比一直最低，且呈快速下降趋势，从2007年的22.0%下降至2018年度的12.0%，下降了10个百分点。受教育程度为高等学校（高中）的人口占比呈微下降趋势，从2007年的43.0%下降至2018年的39.0%，排位从第一降至第二。受教育程度为高等学校以上的人口占比呈快速上升趋势，从2007年的35.0%上升至2018年的49.0%，上升了14个百分点，排位从第二上升至第一。韩国教育部的数据显示，1997-2018年间，韩国高等教育普及率呈现增长趋势，从1997年的19.8%一路增至2018年的49.0%[①]。

---

① 교육부. 국민교육수준（학력별 인구분포）[EB/OL].[2019-12-12].http：//www.index.go.kr/potal/main/EachDtlPageDetail.do?idx_cd=1530.

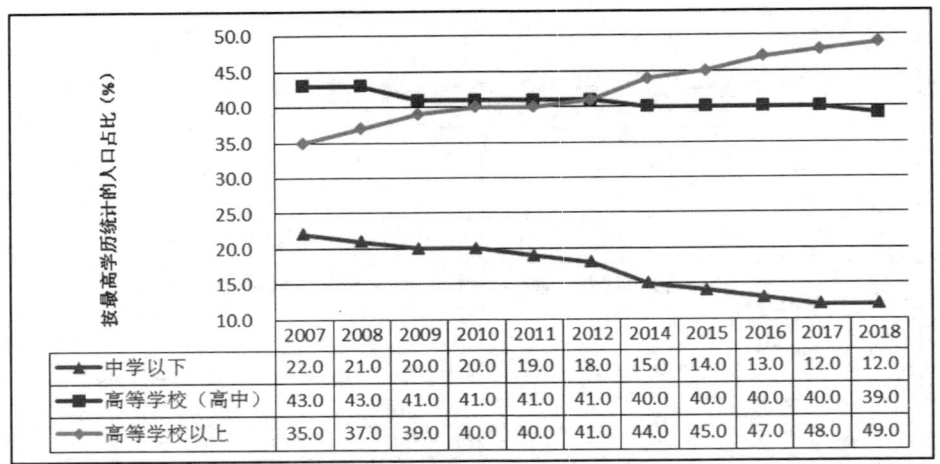

图3-7 2007-2018年间(不含2013)韩国按最高受教育程度统计的人口分布(%)

数据来源：교육부. 국민교육수준（학력별 인구분포）[EB/OL].[2019-12-12].http：//www.index.go.kr/potal/main/EachDtlPageDetail.do?idx_cd=1530

劳动者的受教育程度不同，就业率也呈现出差异，受教育程度越高，就业率越高（如图3-8所示）。2007-2018年间（不含2013年），受教育程度为高等学校以上的劳动者就业率在77%左右，排位高居第一；受教育程度为高等学校（高中）的劳动者就业率在70%-73%之间，位居第二；受教育程度为中学以上的劳动者就业率在66%左右，排在最后。

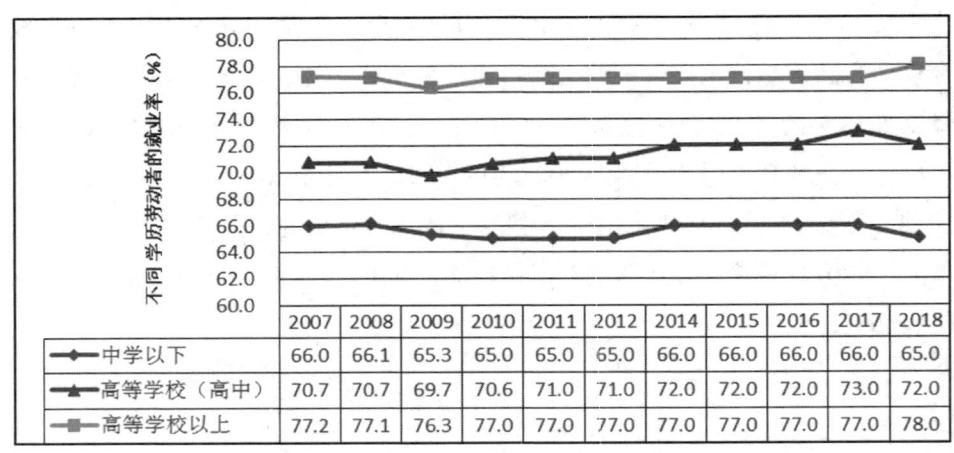

图3-8 2007-2018年（不包括2013年）韩国按受教育程度统计的就业率（%）

数据来源：교육부. 국민교육수준（학력별 인구분포）[EB/OL].[2019-

12-12].http：//www.index.go.kr/potal/main/EachDtlPageDetail.do?idx_cd=1530

OECD 的 Education at a Glance 提供了韩国2005年和2015年25-64岁年龄组人口按受教育程度统计的就业率（如表3-4所示）。25-64岁年龄组劳动者受教育程度为中学以下的就业率占比稳定在66%，高于 OECD 国家平均水平、高于 EU22 平均水平；受教育程度为高等学校（高中）的劳动者就业率由62%下降至52%，分别低于 OECD 国家平均水平、低于 EU22 平均水平；受教育程度为高等学校以上的劳动者就业率由58%上升至64%，但仍然分别低于 OECD 国家平均水平、低于 EU22 平均水平。

表 3-4 韩国 2005 和 2015 年分年龄组、受教育程度的就业率（%）

韩国	中学以下		高等学校（高中）		高等学校以上	
	2005年	2015年	2005年	2015年	2005年	2015年
25-64岁组	66	66	62	52	58	64
25-34岁组	70	72	64	65	59	66
55-64岁组	77	77	74	76	61	70
OECD 平均	中学以下		高等学校（高中）		高等学校（高中）	
	2005年	2015年	2005年	2015年	2005年	2015年
25-64岁组	56	56	75	74	84	84
25-34岁组	61	58	77	76	84	83
55-64岁组	38	34	50	57	65	71
EU22平均	中学以下		高等学校（高中）		高等学校以上	
	2005年	2015年	2005年	2015年	2005年	2015年
25-64岁组	54	53	74	74	85	84
25-34岁组	61	56	78	77	85	82
55-64岁组	33	38	45	54	63	69

数据来源：교육수준별，연령별 고용률 추이（2005，2015）[Trends in employment rates, by educational attainment and age group（2005 and 2015）]. http：//www.index.go.kr/com/cmm/fms/FileDown.do?apnd_file_id=1530&apnd_file_seq=8

（三）劳动力职业能力开发训练演变轨迹

来自雇佣劳动部的职业能力开发训练实施数据显示，2008-2018年间韩国职业能力开发培训预算投入受经济景气的影响比较大，2018年职业能力开发训练预算增长喜人，其中：总量预算增长21.5%，恢复到2008年的增长水平，比2017年多了12.1个百分点；业主和在职者职业训练预算增长3.0%，虽然尚低于前几年的增长率，但也摆脱了多年的负增长；人力不足领域职业能力开发训练预算增长12.4%，比2016和2017年有所增长，且摆脱了前些年的负增长；失业者和弱势阶层的职业能力开发训练预算增长27.0%，摆脱了负增长。在预算总量占比中，业主和在职者占比最高，呈下降趋势，从2008年的61.3%下降至2018年的51.4%；失业者和弱势阶层职业能力开发训练预算占比呈下降趋势，从2008年的20.7%下降至2018年的17.3%；人力不足领域职业能力开发训练预算呈增长趋势，从2008年的17.9%增至2018年度额31.3%。不同类型职业能力开发训练预算的变化趋势表明，韩国重视业主和在职者职业能力开发训练，同时随着产业转型人力不足领域的职业能力开发训练变得更为迫切（如表3-5所示）。

表3-5　2008-2018年韩国职业能力开发培训预算投入（单位：亿元）

		2008年	2009年	2010年	2011年	2012年	2013年	2014年	2015年	2016年	2017年	2018年
总计	总量	10453	12702	11350	10601	10150	11803	11466	13049	15918	16336	17877
	增幅（%）	21.5	-10.6	-6.6	-4.3	16.3	-2.9	13.8	22.0	2.6	9.4	21.5
业主和在职者	数量	6411	7456	6397	5808	5484	6371	6365	6610	8633	8926	9193
	占比（%）	61.3	58.7	56.4	54.8	54.0	54.0	55.5	50.7	54.2	54.6	51.4
	增幅（%）	-	16.3	-14.2	-9.2	-5.6	16.2	-0.1	3.8	30.6	3.4	3.0
失业者和弱势阶层	数量	2166	3556	3376	2690	2341	3168	2419	2242	2619	2438	3097
	占比（%）	20.7	28.0	29.7	25.4	23.1	26.8	21.1	17.2	16.5	14.9	17.3
	增幅（%）	-	64.2	-5.1	-20.3	-13.0	35.3	-23.6	-7.3	16.8	-6.9	27.0
人力不足领域	数量	1876	1690	1577	2103	2325	2264	2682	4197	4666	4972	5587
	占比（%）	17.9	13.3	13.9	19.8	22.9	19.2	23.4	32.2	29.3	30.4	31.3
	增幅（%）	-	-9.9	-6.7	33.4	10.6	-2.6	18.5	56.5	11.2	6.6	12.4

数据来源：고용노동부. 직업능력개발훈련실시현황[EB/OL].（2019-07-26）[2020-04-10].http：//www.index.go.kr/potal/main/EachDtlPageDetail.do?idx_cd=1500

来自雇佣劳动部的职业能力开发训练实施数据显示，韩国2008-2018年间职业能力开发培训参训人员总体呈增长趋势，2018年比2008年增长了17.1%，其中业主和在职者培训增长14.0%、人力不足领域增长75.4%、失业者和弱势阶层增长124.5%，表明韩国政府关注人力资源不足领域的职业开发训练，同时在包容性发展理念下充分关注失业者和弱势群体的职业开发训练。在参训人数总量上看，业主和在职者职业能力开发训练占比最高，保持在90%以上，呈现先下降后增长的趋势；其次是人力不足领域职业能力开发训练，呈现先增长后下降的趋势，占比由2008年的1.3%上升至2015年的3.5%，2018年回落至1.9%；失业者和弱势阶层职业开发能力训练占比最低，呈现先增长后下降的态势，从2008年的2.1%增至2013年的10.1%，2018年回落至4.0%（如表3-6所示）。

表3-6 2008-2018年韩国职业能力开发培训参训人员情况（单位：千名，%）

		2008年	2009年	2010年	2011年	2012年	2013年	2014年	2015年	2016年	2017年	2018年	2018年比2008年增幅（%）
总计		4464	5399	4598	3789	3848	4102	3774	3205	3539	4044	5227	17.1
业主和在职者	数量	4313	5210	4269	3362	3477	3616	3453	2895	3228	3720	4916	14.0
	占比（%）	96.6	96.5	92.8	88.7	90.4	88.2	91.5	90.3	91.2	92.0	94.1	—
失业者和弱势阶层	数量	94	133	286	369	309	413	243	198	213	220	211	124.5
	占比（%）	2.1	2.5	6.2	9.7	8.0	10.1	6.4	6.2	6.0	5.4	4.0	—
人力不足领域	数量	57	56	43	58	62	73	78	112	98	104	100	75.4
	占比（%）	1.3	1.0	0.9	1.5	1.6	1.8	2.1	3.5	2.8	2.6	1.9	—

数据来源：고용노동부．직업능력개발훈련실시현황[EB/OL]．（2019-07-26）[2020-04-10].http：//www.index.go.kr/potal/main/EachDtlPageDetail.do?idx_cd=1500

（四）劳动力参与率演变轨迹

2009-2019年间，韩国15岁以上人口的劳动力参与率变化趋势如下：（1）整体劳动力参与率呈现微增长趋势，从2009年的61%上升至2019年的

63.3%，与世界各国劳动力参与率的平均水平差不多；（2）男性的劳动力参与率比较稳定，在73.2%~74.4%；（3）女性的劳动力参与率呈现微增长趋势，从2009年的49.3%增长到2019年的53.5%，但总体上低于男性（如图3-9所示）。可见，韩国的劳动年龄人口参与就业的积极性比较高。

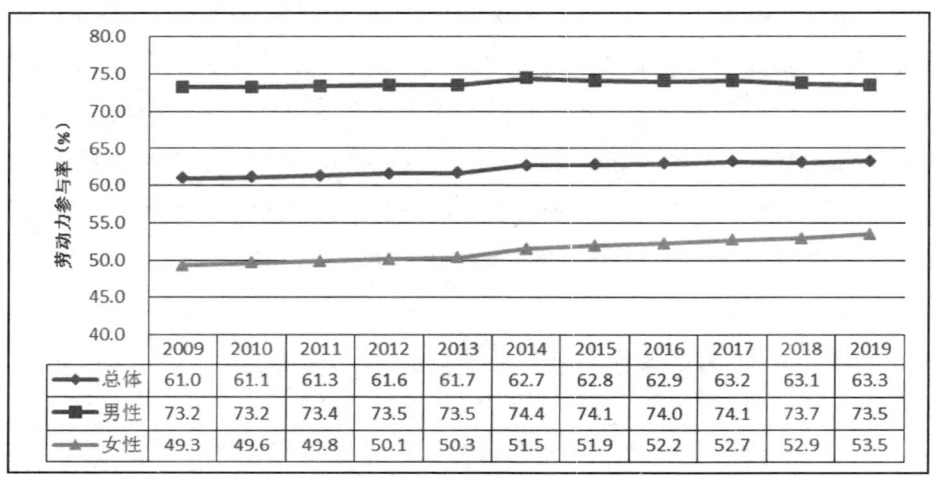

图3-9　2009-2019年韩国分性别的劳动力参与率（%）

数据来源：H. Plecher. Employment by economic sector in South Korea 2019[EB/OL].[2020-01-29].https：//www.statista.com/statistics/604702/employment-by-economic-sector-in-south-korea/

（五）人口老龄化演变轨迹

2005-2020年间，韩国人口性别结构中男性占比略高，且近年来人口老龄化趋势明显，2005-2020年间，总人口中位年龄从2005年的35.5岁上升至2020年的42.8岁（如表3-7所示），2035年将达到49.6岁，2050年将达到54.4岁，2067年将达到57岁[①]。

表3-7　2005-2020年韩国人口性别比例及中位年龄

年份	2005年	2006年	2007年	2008年	2009年	2010年	2011年	2012年
男女比例（女性=100名）	101.3	101.2	101.2	101.2	101	100.8	100.8	100.7

---

① SGISplus. 인구피라미드 [EB/OL].[2020-04-05].https：//sgis.kostat.go.kr/jsp/pyramid/pyramid1.jsp.

总人口中位年龄	35.5	36	36.5	37	37.4	37.9	38.4	38.8
年份	2013年	2014年	2015年	2016年	2017年	2018年	2019年	2020年
男女比例（女性=100名）	100.6	100.6	100.6	100.5	100.4	100.5	100.5	100.4
总人口中位年龄	39.3	39.7	40.2	40.7	41.2	41.7	42.2	42.8

资料来源：SGISplus. 인구피라미드 [EB/OL].[2020-04-05].https：//sgis.kostat.go.kr/jsp/pyramid/pyramid1.jsp

1990-2015年间，韩国生产年龄人口呈现老龄化趋势，其中30-44岁年龄组占总人口的比重呈现下降趋势，而45-54岁年龄组的占比呈现上升趋势（如图3-10所示）。仅以2015年与1990年对比，30-44岁年龄组占比下降了4.93%，而45-54岁年龄组占比上升了6.85%。《韩国生产年龄人口》的预测数据显示，2017-2067年间，韩国生产年龄人口占比将呈现下降趋势，从2017年的73.2%下降至2067年的45.4%，将下降27.8个百分点，其中：15-24岁年龄组在生产年龄人口中的占比下降2.8个百分点，25-49岁年龄组占比下降5.8个百分点，50-64岁年龄组占比上升8.6个百分点（如图3-11所示）①。

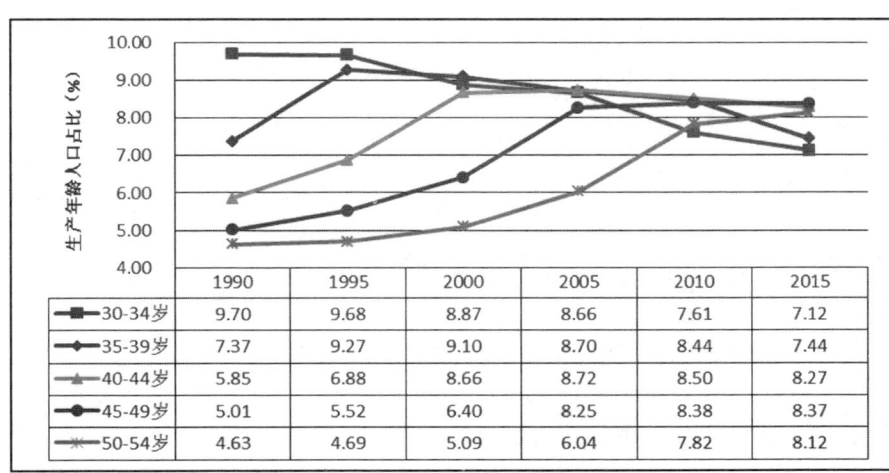

图3-10　1990-2015年韩国生产年龄人口在总人口中的占比（%）

数据来源：조영태. 고령화 대책만 외치다가는 답못차아 인구구조가 어

---

① 조영태. 고령화 대책만 외치다가는 답못차아 인구구조가 어떻게 변할지 예측해야 [EB/OL].[2020-04-05]. https：//dbr.donga.com/article/view/1203/article_no/8142.

떻게 변할지 예측해야 [J]. DBR（doing a business review），2017（6）.https：//dbr.donga.com/article/view/1203/article_no/8142

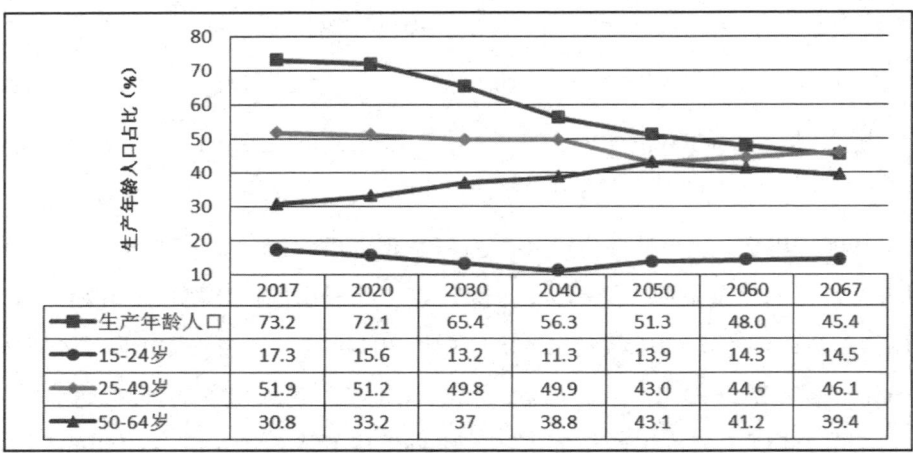

图 3-11　2017-2067 年韩国生产年龄人口变化趋势（%）

数据来源：MOT Consultant. 우리나라 생산연령인구 추이 및 전망（韩国的生产年龄人口）[EB/OL].（2019-11-28）[2020-04-10]. https：//blog.naver.com/drryuhk/221720646472

（六）劳动力就业情况演变轨迹

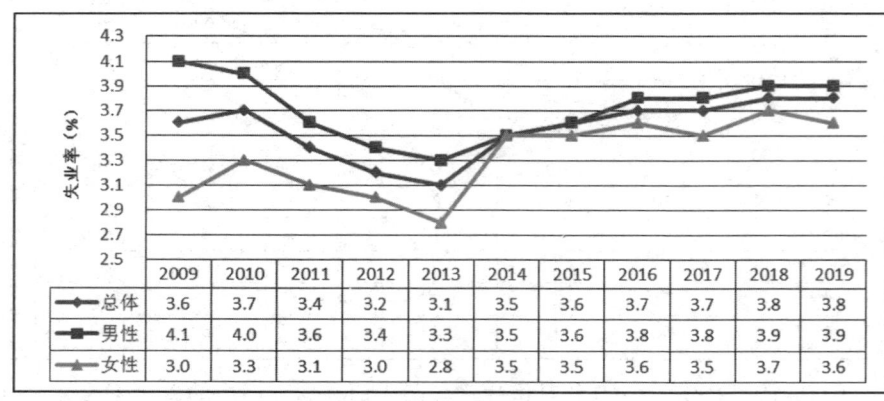

图 3-12　2009-2019 年韩国分性别的失业率（%）

数据来源：H. Plecher. Employment by economic sector in South Korea 2019 [EB/OL]. [2020-01-29].https：//www.statista.com/statistics/604702/employment-by-economic-sector-in-south-korea/

2009-2019年间，韩国15岁以上劳动力的失业率演变趋势如图3-12所示。韩国劳动力总体上的失业率、分性别的失业率均呈现倒V型，2009-2013年总体呈现下降趋势，2013-2019年总体呈现上升趋势。其中，男性劳动力失业率高于劳动力总体失业率和女性失业率，女性劳动力的失业率低于劳动力总体和男性。

三、韩国劳动者职业训练政策的历史沿革

早前韩国社会重视小学、初中、高中等正规教育，对成人的教育训练并不重视。但几个因素叠加促进韩国社会开始重视劳动者的教育训练以提升国民的就业能力：一是20世纪末以来的亚洲金融危机使得政府不得不面对严重的失业问题；二是全球竞争不断深化，提升国家竞争力和企业竞争力必须同步改善劳动力技能状况；三是随着技术升级新的就业形态不断涌现，急需培训存量劳动力以促进其适应新的工作转变。此间，韩国配套了不同的劳动力职业训练政策来提升劳动者就业技能以满足产业发展的技能需求[1]。

韩国为产业需求变革配套了教育训练计划：20世纪70-90年代初，韩国正处于高速经济增长期，但当时大学升学率仅为30%左右，人才供给状况堪忧，政府高度重视产业工人职业能力培养以应对经济增长引发的人才需求，在此间完善了正规教育课程和职业高中教育；20世纪90年代初至2010年初，韩国对劳动者的支持重点放在对新增、转职失业者提供社会安全网[2]，将开展公共劳动事业、就业培训等工作制度化。来自韩国雇佣劳动部的资料给出了韩国劳动者就业训练政策的历史沿革轨迹[3]。

韩国于1967年出台《职业训练法》（직업훈련법），将职业培训的领域从第二产业拓展到包括工作岗位需求的职业素养等在内的劳动力开发培训，其

---

[1] 박완순.대한민국 노동자 교육훈련 [EB/OL].（2019-06-07）[2020-04-10].http：//www.laborplus.co.kr/news/articleView.html?idxno=21868）.

[2] 从广义上讲，社会安全网（Social Safety Nets）是旨在保护所有国民免受失业、贫困、灾害、老龄、疾病等社会危险的制度机制，在社会保险和公共扶助等现有社会保障制度中包括公共劳动事业、就业培训等。

[3] 직업능력개발기자단.대한민국과 함께 해온 직업능력개발 훈련의 역사 파헤치기 [EB/OL].（2010-10-18）[2020-04-10].https：//upgrade-u.tistory.com/3565.

重要作用还体现在对各种技能训练和技能资格授予体制进行一元化（即规范化）。《职业训练法》实施8年后，1975年韩国开始实行"职业培训义务制（직업훈련의무제）"，政府加强技术培训政策的力度，以有效推进经济发展。韩国的职业培训可由公共职业培训院、政府认可的职业培训所实施，也可由企业内设置的职业培训所实施。其中，中央职业培训院等机构成立于1968年，在各地广泛分布，是韩国非常重要的公共职业培训机构。这些职业培训均由雇佣劳动部管理，是产业领域的社会教育形式。

此后，韩国经济得到了飞速发展，政府将对职业的全面支援转变为发达国家型支援模式，于1995年建立了雇佣保险制度。雇佣保险制度是为失业工人提供失业救济金和技能开发成本，以及为雇主提供就业维持与教育和培训成本的社会保障制度，旨在向在一定时期内支持失业工人的公司和工人提供补贴，同时培养失业者以促进其进行工作调整，这也是针对产业结构调整的人力供给匹配政策[1]。雇佣保险制度最多可提供2年的职业培训补贴。

在1997年的亚洲金融危机中韩国大量企业面临倒闭，失业人数剧增。对此，政府展开了大规模的失业者训练，到2001年为止接受失业者训练的人数接近16.8万名。亚洲金融危机结束后，很多大企业倒闭，中小企业纷纷涌现，面对新的职业培训需求，政府废除了职业培训义务制度，发布了将职业能力开发工作一元化的新方案，将侧重大企业的职业培训范围扩大到中小企业，中小企业职业培训财团开始出现，旨在培养劳动者更多职业能力以实现就业。

2008年，韩国实施"明日学习卡制度"，这是韩国历史上一个划时代的职业培训政策。根据该政策，韩国15岁以上处于失业状态的人，有就业或创业意向，但面临各种启动困难，若需要必要的训练，国家将发放补贴账户。明日学习卡与求职者的经济水平无关，旨在促进失业者能够有选择性地提升自己意向中的职业能力。

2013年，韩国正式实施"工作学习并行制"（일학습병행제로），这是一种将工作和学习相结合的制度，受训者不仅在工作现场学习职业能力，还进行理论学习。工作学习并行制是企业将希望就业的青年聘用为学习劳动者，

---

[1] 한정현. 새 노동법（고시원, 1997년）.p.634.https://terms.naver.com/entry.nhn?docId=659433&cid=42152&categoryId=42152.

在实施工作现场训练的同时,还将他们送到特性化高中、专科大学等接受理论教育的教育训练制度。

2014年,韩国制定了国家职业能力标准(NCS),真正实现了以职业能力为中心,把青年人的能力推向最具活力的领域,同时也为更多劳动者提供了就业机会,缓解了就业结构性不匹配的矛盾。

第二节 韩国促进产业工人技能形成的相关机构

韩国负责劳动力职业能力开发训练的相关行政机构有韩国雇佣劳动部(고용노동부,Ministry of Employment and Labor,MOEL)、工作岗位委员会(일자리위원회,The Presidential Committee on Jobs)和国务调整室及相关下属机构。(1)雇佣劳动部是负责总管劳动力雇佣制度的部级中央行政机构。雇佣劳动部下属的韩国产业人力工团是委托执行型准政府机构,负责具体执行劳动者终身学习、职业能力开发训练、技术资格鉴定、技能奖励及促进雇佣等政策。(2)工作岗位委员会,是韩国总统的直属咨询机构,由总统直接领导,负责工作岗位相关政策的设计、审议、调整及评估。(3)国务调整室下属的韩国职业能力开发院(한국직업능력개발원,Korea Research Institute for Vocational Education and Training,KRIVET)和韩国劳动研究院(한국노동연구원,Korea Labor Institute,KLI)两个公共机构与劳动力职业训练有关,其中,韩国职业能力开发院负责劳动力职业培训的评价审查等业务,出具针对职业教育的专门研究报告;韩国劳动研究院负责系统地分析和研究劳动关系。

一、韩国雇佣劳动部

(一)主要业务

韩国雇佣劳动部(MOEL)简称雇佣部,于2010年7月5日通过重组韩国劳动部成立,是负责总管雇佣政策、雇佣保险、职业能力开发训练、雇佣平等和家政两立①支援、劳动条件标准、劳动者福祉厚生、劳资关系调整、劳资合作、产业安全保健、工伤补偿保险,以及其他雇佣和劳动相关事务的中央行政机关。韩国雇佣劳动部为各个领域制定了任务和使命②。

(二)机构组成

1. 组织框架

雇佣劳动部有1个部长和1个副部长,机构组成如下:①3个办公室:计划和协调办公室、就业政策办公室、劳动管理政策办公室;②2个局:人力资源和需求政策局、工业事故赔偿和补偿政策局;③12官:检察官、发言人、政策辅佐官(顾问)、政策规划官、国际合作官、劳动力市场政策官、职业能力政策官、就业服务政策官、劳动改善政策官、劳动管理政策官、公共劳动管理政策官、高龄社会劳动力审议官;④36个课·5组负责官:宣传企划组、客户幸福小组、信息化计划小组、开发合作支持组、资产管理组。

2. 下属行政机构

雇佣劳动部下属行政机构有:①顾客咨询中心,就雇佣劳动行政业务提供电话及网络咨询,管辖首尔、中部、釜山、大邱、光州、大田地区的6个地方雇佣劳动厅及其下属的40个分厅和1个办事处;②劳动委员会,包括中央劳动委员会和11个地方劳动委员会;③最低工资委员会;④工伤补偿保险再审查委员会;⑤雇佣保险审查委员会等。

3. 下属专门业务机构

雇佣劳动部下属专门业务机构有:韩国产业人力公团(한국산업인력공단,Human Resources Development Service of Korea)、劳动福利公团(근로복지공단)、韩国产业安全保健公团(한국산업안전보건공단)、韩国残疾人雇

---

① 家政两立(일-가정 양립,Work and Life Balance),指个人的工作和生活处于和谐平衡的状态。这个概念原局限于劳动女性的工作和家庭两立,但随着劳动观的变化和生活方式的多样化,现指代以劳动者为对象的工作生活平衡。工作和生活的协调可以提高职员对业务的满足感、对企业的忠诚和士气,因此,即使是为了留用优秀人才,企业也有必要制定保证照顾职员生活的制度和计划。企业的"工作时间均衡支援"包括弹性工作时间制度,对保育、护理的支援,健康促进,教育支援,长期休假制度等。

② 比如,劳资关系:美丽共赢劳资,让我们的工作幸福;劳动标准:劳动者和业主应该一起遵守约定;产业安全保障:无事故,提供舒适的工作;雇佣政策:工作岗位的希望,创造明天的希望;雇佣服务:帮助劳动者稳定就业,帮助企业家尽快录用;职业能力政策:职业能力,培养明天的自信心;雇佣平等:创造快乐的工作岗位;国际合作:世界劳动信息一览无遗。

佣公团（한국장애인고용공단）、韩国社会企业振兴院（한국사회적기업진흥원）、韩国科技专科大学（Korea Polytechnics）、韩国技术教育大学（한국기술교육대학교）、韩国工作世界（Job World）、劳工共济会（Construction Workers Mutual Aid Association）、韩国雇佣信息院（한국고용정보원）、劳资发展财团（노사발전재단）等组织。

（1）韩国产业人力公团。韩国人力资源开发工作以终生职业能力发展理念为指导培养人才、评估人才价值、促进技术资格认定、鼓励外国人工作，从而为经济发展奠定坚实的人才基础，努力将熟练工人配置到匹配的工作岗位。

（2）劳动福利公团。这是根据工伤补偿保险法，为快速公正地补偿劳动者因工伤事故发生的损失而设置和运营的必要的保险机构，专门负责劳动者福利事业、中小企业劳动者福利振兴法相关的福利事业等，是一个劳动福利专门机构。

（3）韩国产业安全保健公团。韩国产业安全保健公团有效地开展工伤预防相关工作，维护和增进劳动者的安全和保健，促进工伤风险预防活动。

（4）韩国残疾人雇佣公团。韩国残疾人雇佣公团提供残疾人就业支持、残疾人雇佣促进及职业康复工作。

（5）韩国社会企业振兴院。韩国社会企业振兴院是为支援社会企业的设立和运营并促进与此相关的民间活动、扩充社会服务、创造新的工作岗位、为社会团结和提高国民生活质量而设立的社会支援专门机构。

（6）韩国科技专科大学。韩国科技专科大学是根据《勤劳者（劳工）职业能力开发法》（근로자직업능력개발법）设立的国立特殊大学，其职业培训中心以弱势群体为重点对象，为绿色产业和未来新增长领域培养人才，特别是培养未来社会关键领域需求的新工程师，目前韩国共有8所类似的大学（34个校区）。

（7）韩国技术教育大学。韩国技术教育大学是由雇佣劳动部成立的工程系附属的人力资源开发专业大学，以差异化的工程学教育模式为基础，培养具有创造力和融合能力的人才，因每年的高就业率赢得了全国顶尖大学的声誉。在2011年庆祝成立20周年时，该校公布了英语品牌"KOREATECH"，并确立了其"韩国领先工程大学"的定位。

（8）韩国工作世界。韩国工作世界为儿童和青少年提供职业探索和职业体验的机会，促进养成健全的职业观、支持未来职业选择。目前它是韩国国内规模最大的职业综合展示、体验馆。

（9）劳工共济会①。劳工共济会促进工作条件相对较差、收入水平较低且就业不稳定的建筑工人之间的互助，通过提供贷款、增进福利等措施促进获得稳定生计、提高建筑业劳动者的生活质量。

（10）韩国雇佣信息院。韩国雇佣信息院是面向国民提供招聘、求职信息的专门就业信息机构，通过收集、分析雇佣动态以促进劳动市场供求均衡，通过雇佣结构调查、职业调查扮演职业生涯规划和就业指导的孵化器。

（11）劳资发展财团。劳资发展财团（基金会）是由劳工管理协会设立的私营自治机构，旨在将劳资关系协调从以分配为中心转变为着力开展就业和人力资源开发，通过共同的劳资管理项目加强相互了解以形成切实的伙伴关系，通过工作支援、良好的工作创造和国际交流合作等为劳动者建立平衡的未来而建构劳资关系做出贡献。

（三）韩国产业人力公团

韩国产业人力公团是依据《国家技术资格法》，支援劳动者终身学习、职业能力开发训练、技术资格鉴定、技能奖励及促进雇佣等工作创设的雇佣劳动部的委托执行型准政府机关，下属6个地区本部，18个分公司。韩国依据《韩国产业人力公团法》于1982年3月18日成立韩国职业培训管理公团，旨在提高人力资源开发及供求效率，促进国民经济的健康发展和增进国民福利；后于1987年4月15日改称为韩国产业人力管理公团（한국산업인력관리공단②），并于1998年1月改称为韩国产业人力公团。

韩国产业人力公团主要承担国家技术资格管理工作，同时负责推进企业的学习组织化并支援开发劳动者终身职业能力、雇佣许可制相关业务和管理外国劳动者、优秀技能人才奖励和技能优秀团体选定、支援举办国内技能竞

---

① 劳工共济会的主要服务内容分退休共济服务（퇴직공제서비스）、就业·训练支援服务（취업·훈련 지원서비스）、福祉服务（복지서비스）三个板块。其中就业·训练支援服务包括免费就业援助工作、完善技能训练、就业支持与培训中心。

② 한국산업인력공단. https://namu.wiki/w/%ED%95%9C%EA%B5%AD%EC%82%B0%EC%97%85EC%9D%B8%EB%A0%A5%EA%B3%B5%EB%8B%A8.

赛、举办世界技能大赛、运营海外就业和研修课程等。

韩国产业人力公团下设理事长下的秘书室、监察室，并有终身能力开发、技术资格管理、国际人力、经营战略4个本部和2008年成立的技术资格考试院。另外，在首尔、仁川、大邱、釜山、光州、大田分设6个地区总部，在京畿、忠北、忠南、全北、全南、江原、庆北、庆南、济州有18个分公司。

（四）韩国科技专科大学

韩国科技专科大学是韩国的国家级大学，也是韩国技术人才培养的主干力量，旨在通过提升劳动者的工作现场职业素质以培养创新人才、全球化的顶级技术人才（Global Multi Technician）。韩国科技专科大学一方面提供适应未来需求的技术培训服务，另一方面也关注弱势群体就业能力提升，目前推出的主要课程类型有两年制学位课程、学位专业审核课程（夜）、技能培训课程、专业技术课程、高科技课程、普通高中职业教育委托课程和新中年特化课程等。

1. 两年制学位课程

①课程目标：劳动者掌握两个以上工种的技能和知识，熟悉从产品开发到制造的整个过程，是具有提高生产效率和解决技术问题能力的复合型技术人才。②入学资格：具有高中毕业（预定）同等以上学历；高中毕业生的外语水平以考试合格为准。③选拔办法：教学（学生部、鉴定考试、高考）成绩和面试选拔，具体选拔比率及方法因学校而异。④学生待遇：授予产业学士学位；成绩优秀生及模范学生获得校内外奖学金；国家资助学费，每学期130万韩元左右；为全部就学者提供宿舍（首尔江西除外）；享受毕业后就业介绍与事后指导；学期中延迟入伍。

2. 学位专业审核课程（夜）

①课程目标：提高业务能力、深化专业技能，具有工学结合（Work-To-School）的特征。②招生对象：毕业于专科大学或有企业工作经历者，工作经历符合甲、乙一项条件即可（如表3-8所示）。③选拔条件：毕业院校学习成绩、企业经历、面试等。④学生待遇：毕业后获得工程学学位；成绩优秀生及模范学生获得校内外奖学金；国家资助后学费每学期120万韩元左右；享受毕业后就业介绍与事后指导。

表 3-8　学位专业审核课程（夜）入学资格条件

内容	条件
学历	相关专业大学毕业（预定）者及具有同等学力者
工作经历	甲：相关专业大学毕业后在相关行业任职满一年以上 乙：有相关行业1年以上工作经验，且具有大学毕业同等学力的同系列技能（专业）认证

3. 技能培训课程

①课程对象：专业领域的熟练技能者。②课程目标：通过新技术及生产管理方法的教育和培训，培养工作现场管理及技能指导监督的能力。③选拔办法：资料审核及面试。④选拔条件：如表3-9所示。⑤学生待遇：国家全额资助教育培训费用；获得技能长资格证考试资格（需要在入学前取得相同或者类似职务领域的产业工程师或者技师资格）。

表 3-9　技能培训课程授课对象的选拔条件

课程	1年课程	2年课程
技师以上资格	参加同一类或类似岗位的应试者；	取得技术员以上等级资格，具有三年以上从业经验
产业工程师以上资格	参加同一类或类似岗位的应试者；	取得产业工程师等级以上资格；具有一年以上从业经验
有经验但无国家技能资格者	在同一类或类似岗位上有九年从业经历；	在同一类或类似岗位上有八年从业经历

4. 专业技术课程

①课程对象：有就业意愿的15岁以上未就业者。②入学资格：15周岁以上有就业意愿的韩国公民（无学历限制）；一般高中的委托生，即无升学计划的高中3年级应届生；高科技课程，2年制以上大学毕业（应届）或4年制大学毕业（应届）。入学资格条件各校有差异。③选拔办法：面试。④学生待遇：职业培训全额公费，含教育费、实习材料费、住宿费和餐费等；获得津贴和交通费；完成每周70%培训课程的享受国家技术资格鉴定笔试免试；享受结业后就业介绍及事后指导；延迟入伍和预备军训练。

5. 高科技课程

①课程目标：第四次产业革命及新增长领域人才培养，是高级培训课程。②课程对象：大学毕业未就业者，旨在提高就业能力。③入学资格：有就业意愿的2年制以上大学毕业生（应届毕业）或4年制大学毕业（应届毕业）生，含同等资格以上资格证持有者（具体因学校而异）。④选拔办法：面试等。⑤学生待遇：国家全额支付教育费、实习材料费、住宿费、餐费等；获得津贴和交通费；完成每周70%培训课程的享受国家技术资格鉴定笔试免试；享受结业后就业介绍及事后指导。

6. 普通高中职业教育委托课程

①课程对象：有就业意愿的人文系高中（普通高中）在校生进入韩国科技专科大学（Politech）接受技术教育。②入学资格：有就业意愿的普通高中2年级学生；③选拔办法：面试等。④学生待遇：国家全额资助学费、实习费、住宿费、餐费等教育费；获得培训津贴及交通费；完成每周70%培训课程的享受国家技术资格鉴定笔试免试；享受结业后就业介绍及事后指导。

7. 新中年特化课程

①课程对象：五六十岁的劳动者追求通过定制技术教育实施持续的职业能力开发者。②入学资格：有就业意愿的50岁以上未就业者。③选拔办法：面试。④学生待遇：国家全额资助学费、实习材料费、住宿费、餐费等教育费；获得培训津贴及交通费；完成每周70%培训课程的享受国家技术资格鉴定笔试免试；享受结业后就业介绍及事后指导。

（五）韩国技术教育大学

雇佣劳动部于1991年全额出资成立韩国技术教育大学，这是一所与职业能力开发相关的特殊大学，主要培养实践工程技术人员、人力资源开发专家、职业能力开发培训教师、在职者技术教育、公共部门雇员劳动教育及雇佣劳动部的职务教育、职业培训机构评价等，在国家职业能力开发方面起到中枢作用，扮演着国家职业能力开发中心的角色。

韩国技术教育大学的育人理念是实事求是地研究学问、传授技术，培养创新思维和能动性实践能力。其人才培养目标是培养实践工程技术人员和职业能力开发专家，该校的教学研究关注产业技术发展所必需的专业理论和应用方法，培养学生的多元技能，旨在开展全民教育，培养同时具有创造性和实践技术的复合型人才。人才培养的核心能力和意识如下：①多学制融合·解决问题·议事沟通的意识，培养创意融合型解决问题的能力，即通过持续地学习多个领域的知识，掌握领域间的关联性，以适应实际问题状况，并找出最佳解决方案；②挑战性实践·学习指导·全球化的意识，培养挑战志向型学习领导力，以挑战精神为基础，对多种文化的开放态度，用自己、他人以及学习共同体的蓝图和目标引导前进的能力；③活用专业基础·活用专业·活用业务的意识，培养现场实务型专业能力，对该专业领域的专业知识和技术进行综合研究和系统化，并将其有效运用于工作现场的能力；④积极自我·待人关系·市民意识，培养你、我、我们的团队合作能力，以自我肯定（我）、人际关系能力（你）、世界公民意识（我们）为基础，对社会发展做贡献的能力。

KOREATECH 的教学特色如下。①课程内容方面，为培养兼备创造性和实践技术的职业能力开发培训教师、人力资源开发管理负责人和发展知识经济需求的实践工程技术人员，根据产业界和社会需求编制教育课程，并开展以工作现场为中心的实验和实习。②课程体系方面，课程分为基础素养、HRD、MSC（数学 Mathematics，科学 Science，电子计算机 Computing）和专业，根据每类课程的特点细分学科领域。工程系实行150学分制，经管系实行140学分制。③课程动态调整方面，为应对急剧变化的产业技术环境，实施以深化专业理论、实践技能和实验为中心的工程教育，包括实验、实习在内的专业课达50%以上。④职业素质教育课程方面，以对人类和社会以及自然的深刻理解为基础，培养思考能力和探索能力，作为工程和经管领域的专业人员，培养核心技术所需的基础数理信息能力。⑤提升人力资源管理能力的课程方面，学校认为实践工程技术人员、职业能力开发培训教师和人力资源开发管理负责人还需要修学 HRD 培训课程，并将 HRD 辅修专业义务化，学生毕业时可获得职业能力开发培训教师资格证。

（六）劳资发展财团

劳资发展财团目前实施的劳资合作项目有劳资合作教育、中壮年工作转移支援（帮助中壮年重新设计职业生涯规划）、工作创造①。目前在首尔、釜山、光州等地运营多个中心，免费提供针对企业的人才推荐、针对中壮年的职业生涯设计服务、针对即将退休的中壮年的转职学习项目（School Program）、支援退休者再就业的再跳跃计划等综合服务。其中，针对在职者和求职者的职业生涯设计服务是针对劳动者前半生的专业和从业经历为其规划和设计后半生的职业发展和职业能力开发的一项服务；中壮年转职学习项目主要为企业内即将退休且有再就业和再创业意愿的劳动者提供相关未来准备的教育培训服务；退休者再跳跃项目是针对退休者自身经历来进行再创业和再就业的服务。劳资发展财团关注应对技能需求变化的职业生涯再设计，特别是关注中壮年和退休人员的人力资源开发，防范他们演化为弱势群体，同时也为经济发展做好人力转型。

二、工作岗位委员会

工作岗位委员会成立于2017年5月16日，是韩国总统直属咨询机构，目前委员长是文在寅总统。工作岗位委员会旨在通过创造工作岗位和改善工作岗位质量来提高国民生活质量并促进国民经济发展。该委员会主要的功能是审议、调整及评估就业政策，特别是创造工作岗位和改善工作岗位质量的政策，扮演3C角色：控制塔（Control Tower），规划并审议就业政策；协调员（Coordinator），协调各部门间政策；确认员（Confirmor），现场评估政策落实情况②。工作岗位委员会的设置与运行参照2017年7月26日第28211号总统令。

（一）工作岗位委员会审议和调整的具体事项

工作岗位委员会审议和调整的具体事项有：①工作岗位政策基本方向的设定及中长期基本计划的制订；②政策的发掘、调整以及评估工作岗位质量的影响和改善；③创造公共部门工作岗位；④缩短工作时间等改进工作方式的方案；⑤消除劳动市场就业和劳动条件差距的相关法律、制度改善和方案

---

① Howtowork Mentor. 중장년 일자리희망센터 [EB/OL].（2019-09-23）[2020-04-10].https://blog.naver.com/howwhy21/221656629638.

② 일자리 위원회. 목적과 기능 [EB/OL].[2020-04-10].https://www.jobs.go.kr/ko/cms/CM_CN01_CON/index.do?MENU_SN=1910.

完善；⑥职业培训与终身职业能力开发体系的改善方案；⑦管理就业状况和评估就业政策落实情况；⑧推行就业政策所需的财源筹措和人力确保方案；⑨其他因委员会委员长认为必要而提交委员会会议的事项。

（二）工作岗位委员会的组成

工作岗位委员会的组成如下。①委员会由30名以内的委员组成，其中委员长1人，副委员长1人。②委员长为总统，副委员长由总统在规定人选中提名。③委员会委员由以下人员构成（2017.7.26修订）：企划财政部长官、教育部长官、科学信息通信部长官、行政安全部长官、产业通商资源部长官、保健福祉部长官、雇佣劳动部长官、女性家属部长官、中小风险企业部长官、国务调整室长与公平交易委员会委员长；辅助总统秘书室工作岗位政策的首席秘书官；《关于设立、运营和培养政府资助研究机构》等的法律附录中的韩国劳动研究院和韩国职业能力开发院长；有性别要求的委员由总统委任，包括：劳动者代表、用人单位代表、有就业政策相关经验和学识的人。④委员会设干事委员1人。

此外，根据工作需要，工作岗位委员会可邀请公务员参与工作：①委员会在运营委员会或者企划团工作需要时，可邀请中央行政机关和地方自治团体所属的公务员以及公共机关和有关机构、团体、研究所的工作人员兼职；②委员会为开展工作或企划团业务，在必要时可在预算范围内聘请有关方面专家为任期制公务员。

（三）工作岗位委员会下设的工作委员会

工作岗位委员会下设不同的委员会以开展工作。①专门委员会和特别委员会。为专门执行委员会工作，必要时可设立专门委员会；为讨论与就业政策相关的特定方案，可设立特别委员会。②地区委员会。为收集各地区各单位关于就业情况和就业政策的意见，在特别市、直辖市、特别自治市、道、特别自治道可设立地区委员会。地区委员会包括1名委员长、30名以内的委员，需要考虑性别的委员由总统委任。

（四）工作岗位委员会的工作方向

工作岗位委员会的相关就业政策有明确的就业促进方向，负责确定就业政策的未来使命，倡导发展以人为中心的就业经济。

1. 就业政策的未来与使命

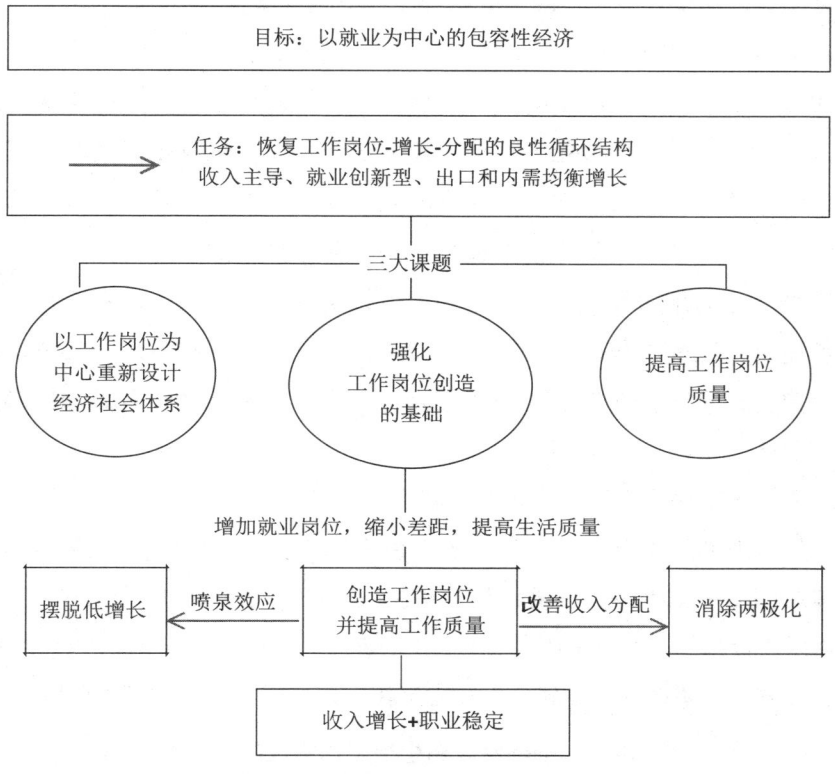

图 3-13　工作岗位委员会就业政策思路

工作岗位委员会认为增加工作岗位是一项消除两极分化的福祉政策，韩国要恢复"工作岗位 – 增长 – 分配"的良性循环，发展以就业为中心的包容性经济（如图 3-13 所示）[①]。发展以未来就业为中心的包容性经济的主要任务是通过创造工作岗位实现就业来促进经济增长，从而使劳动者增加收入以分享经济发展成果，在此基础上促进出口、拉动内需，形成良性的经济发展循环，打造就业创新型经济。要实现上述目标需要完成3个任务：整个经济社会以工作岗位为中心重新设计相关政策，强化工作岗位创造的基础，提高工作岗位的质量。这三个任务都围绕增加就业岗位、提高就业质量、缩小收入差距、提高生活质量展开，最终形成一个良性循环体系：创造工作岗位＋提高

---

① 일자리 위원회. 일자리 정책의 비전과 미션 [EB/OL]. [2020-04-10]. https://www.jobs.go.kr/ko/cms/CM_CN01_CON/index.do?MENU_SN=1988.

就业质量的措施带来收入增长＋职业稳定，在此基础上改善收入分配消除两极分化、通过喷泉效应（Fountain Effect）①摆脱低增长。

2. 发展以人为中心的就业经济

2017年5月16日，工作岗位委员会针对韩国由青年失业、第四次产业革命、低生育率、人口老龄化等扰动因素引发的就业危机发布了就业政策五年发展蓝图，这是一项实现"以人为本的就业经济"的实践计划，也是韩国就业政策的指针，其主要工作方向如下：基于第四次产业革命、低生育、老龄化等未来变化的预防性政策；构建多主体相生性生态系统和创新成长的基础从而创造可持续的工作岗位；改善劳动条件、提高工作质量以改善劳动市场二元结构引发的收入两极分化；针对青年、女性、新中老年②等就业困难群体实施针对性援助。

3. 劳资民政相生型工作岗位创造机制

相生型地区工作岗位是指以地方自治团体、企业、劳动者、居民等多种经济主体之间的劳动条件、投资计划、福利或生产力提高等方面的协议为基础，促进地区投资和创造地区工作岗位的政策（如表3-10所示）③。政府和有关部门、机构、地方自治团体等多主体合作，支持相生型地区工作岗位模式扩散。

表3-10 劳资民政相生型工作岗位创造机制

	合理工资等劳资相生主导		共享投资和利益·技术
劳动者	－关于适当工作条件的协议 －合理的劳资关系建设 －关于生产率提高	企业	扩大雇佣和投资 需求·转包相结合 雇佣安全保证
企业	参与地区社会发展 为地区经济发展绘制蓝图 参与劳资民政协调	地方自治团体	促进企业投资和改善劳动生活环境 支持企业投资 提供职工福利

---

① 喷泉效应是百货商店促进销量的战略方法之一。百货商店的美食街或者食品卖场具有较好的吸引消费者的效果，一般设在地下。喷泉效应指在低层安排能够吸引消费者的商品来达到吸引顾客上楼消费的方法。这里引申为提高社会底层人群的收入水平、引导他们消费，从而带动经济发展。

② 新中年或者新老年指劳动者到了中年、老年，为充实自己、幸福地过好人生而重新规划生活，年轻重新生活的中年和老年。

③ 일자리 정책．노·사·민·정이 함께 일자리를 만들어 갑니다 [EB/OL].[2020-04-10].https://www.jobs.go.kr/ko/cms/CM_CN01_CON/index.do?MENU_SN=2023.

工作岗位委员会对建立劳资民政相生型工作岗位创造机制提供补贴和支持。在韩国首都圈以外的地区，劳资民政应签订相生协议，并考虑到各地区、产业、企业的特点，确定最低雇佣规模和投资规模（如图3-14所示）。

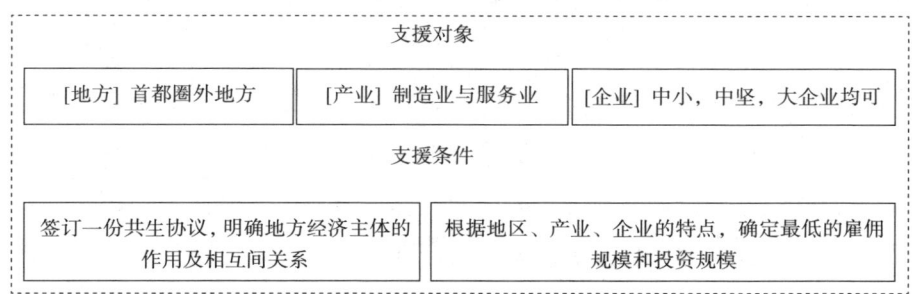

图3-14 劳资民政相生型工作岗位创造机制

三、国务调整室下属相关机构

（一）韩国职业能力开发院（KRIVT）

1. 职能定位

《韩国职业能力开发院法》由总统咨询机构教育改革委员会提议（1996年），于1997年3月27日颁布，是旨在促进职业教育改革的法案之一。1997年，为推动韩国社会建立终身职业教育体制，教育部和雇佣劳动部根据该法案共同出资成立了一个特殊法人机构——韩国职业能力开发院（한국직업능력개발원，Kora Research Institute for Vocational Education & Training，KRIVT）。韩国职业能力开发院是隶属于国务调整室的政策研究机构，其发展愿景是"主导教育培训-雇佣联系的全球职业能力开发政策研究机构"，专门负责职业培训政策开发、职业技术资格制度设计、教育与培训项目开发、职业培训机构及培训过程评估、职业技术资格管理与运营、职业生涯规划与咨询服务等的研究与实践。韩国职业能力开发院负责开展劳动力职业培训的评价审查等业务，同时出具针对职业教育的专门研究报告，旨在有效实施职业教育培训政策及职业技术资格制度的研究和职业教育培训项目的开发，普及与职业能力开发相关的研究工作，从而激活职业教育与培训并提高国民的职业能力。比如，他负责实施韩国教育雇佣委员会调查和企业人力资本委员会调查。

2. 机构成长

1999年，韩国职业能力开发院设立"综合进路a信息中心"，2000年，与联合国教科文组织（UNESCO）签订了合作协约，成立了"职业技术教育与培训地区中心"。2002年，韩国职业能力开发院应雇佣劳动部的邀请设立并运营 e-Learning 专门审议机构，被教育人力资源部指定为"未来职业世界"的专门研究机构，并开发了"国家人力资源开发信息系统（NHRD-NET）"。同年，人文社会研究会的相关职能调整方案确定后，韩国职业能力开发院被指定为人力资源开发与职业能力开发的政策体系及相关领域的专门研究开发机构，在终身教育方面，将开展与就业、职业、职业技术资格认证等与职业能力开发相关的"终身职业能力"方面的相关业务。2003年，韩国职业能力开发院成立人力资源开发支援中心，与经济合作与发展组织（OECD）和亚太经合组织（APEC）的发达国家交换职业教育训练信息，与发展中国家合作开展职业教育训练工作。2010年，韩国职业能力开发院与 ebs 等14个机构和大型国际财团签订教育信息共享业务协议。

韩国职业能力开发院经营着一本学术杂志《职业能力开发研究》，每年发行3期，专门刊登人力资源开发及职业能力开发研究成果；同时每年发行4期 The HRD Review 杂志，提供与人力资源开发及终身职业教育训练相关的国内外信息动态。

3. 劳动力技能提升的实践战略

2018年9月30日，时任韩国职业能力开发院院长的罗英仙撰文《未来人才培养与实践战略》论述了韩国劳动力技能提升的重要性和必要性[②]。其一，人力资源是韩国唯一拥有无限扩张价值的资源，但近年来低生育率和人口高龄化引发人口断层，这不仅仅是单纯的劳动力减少问题，更会对整个经济造成负面影响。故保障全体国民（不论年龄和职业）在其各自的生命阶段都能学到维持收入所必需的技术变得尤为重要。其二，随着信息技术（IT）与现有产业的融合，新产业呈现爆发性增长态势，全社会对拥有融合技术能力、

---

① 진로，进路，此处指职业生涯。
② 나영선. 미래인재 육성과 한국직업능력개발원의 실천전략[EB/OL].(2018-09-30)[2020-04-10]. https://www.krivet.re.kr/ku/ga/kuEADVw.jsp?pgn=1&gk=&gv=&gn=G3-G300000172&target=list_5.

协作能力的未来人才需求日益强烈。此外，随着第四次产业革命的到来，按需经济（On-Demand Economy）、平台劳动（Platform Labor）[①]、云工作（Cloud work）等创新劳动方式创造出了新工作岗位，如劳动者不能从容应对，雇佣稳定性和工作岗位质量都会急剧恶化。基于此，必须保证可能被新技术淘汰的群体能够有充分的终身职业能力开发机会以规避在技术进步和创新中被淘汰的风险。

为此，韩国职业能力开发院针对数字经济可能带来的就业风险，在未来人才开发、终身职业教育、就业能力开发、职业生涯教育等领域提出了提高人力资源价值和效用的实践战略，具体如下。

（1）支持不同阶段灵活稳定的终身学习

职业能力开发是一个人在教育、劳动力市场、退休（再就业）这一生中不同的阶段都必需的，它是一个人从教育到劳动力市场，再到更好的工作岗位，从主要工作岗位退休后再返聘到新工作岗位的根本支撑因素。因此，在社会保障制度之外必须提供职业能力开发政策，二者共同构成提高劳动者终身就业能力的社会福利政策的双轨战略，旨在使劳动者在维持收入的同时能够提升终身就业能力，从而改变以往的消极传统福利。职业能力开发政策涵盖教育政策、雇佣政策、尊重劳动政策、消除歧视政策、防范危险的安全政策等在内，旨在助力劳动者提升就业能力。

（2）提升融合技术人才培养的职业能力开发

应对第四次产业革命中融合技术需求的人才应该是拥有融合能力的人才，融合人才的培养要贯穿正规教育全程。在中小学阶段，应重点培养学生的创造性、社会性、协作性等基础能力。在高等教育——非正规教育[②]——终身职业能力开发阶段，应重点开发培养融合技术人才的技术资格认证制度和职业培训体制。例如，在职业高中（마이스터고，Meister 高）实行特性化高中学分制，并实施技术资格认证制度。

[①] 平台劳动，指以信息通信技术为基础诞生的平台交易媒介改变了交易形态，比如各种 App。

[②] 非正规教育即社会教育，是指在农村指导方面，通过农场、家庭等现场讨论、对话、年报、分发印刷品等多种方式进行教育。

(3)持续推进保护社会弱势群体的包容性职业能力开发

在技术进步加速的背景下,掌握新的熟练技术成为劳动力市场准入的条件,也是拉开收入差距的重要因素。随着雇佣形态多样化,青年求职者、平台劳动者、非正规就业者及特殊雇佣形态劳动者等弱势群体的就业风险日益增高,故建构包容性的职业能力开发政策体系是未来的目标,这需要摆脱传统的以企业内熟练技术为中心的人才培养框架,去构建全民终身职业能力开发体系。

(4)必须改变企业培训模式

以往针对中小企业的职业训练支援政策重点放在企业对弱势群体的雇佣政策上,但研究表明,韩国在正规教育阶段一直保持着较高的人力资本水平,但30岁以上年龄组劳动者的职业技能正面临急剧衰退,甚至远达不到OECD国家的平均水平。这主要是由于韩国对基础人力资本投资不够重视,具体归因有:企业层级组织文化、企业领导认为职业培训是非必要投资、人才招募与选拔掺杂太多人际关系、培训和人力资源开发能力弱、补偿管理[1]。故中小企业需要更为具有针对性的培训,同时满足劳动者和企业工作现场的职业技术需求,建构一个基于劳动者职业能力开发的定制型人力培养体系。

(5)主导职业能力开发治理、传播体系和基础设施创新

在第四次产业革命时代,生产方式的颠覆性革新、公共经济的扩散等必然引发对新型人才的需求,故必须尽快构建面向未来核心人才的技能型人才需求和技能需求监测体系,推进建构以雇主、工会、地方自治团体等利益相关者为中心的职业能力开发政策,在各地区推动形成"产业设置-教育-就业"的整合中心,制定职业能力开发政策。

(二)韩国劳动研究院(KLI)

韩国劳动研究院(한국노동연구원,Korea Labor Institute,KLI)于1988年8月成立,它是国务调整室[2](국무조정실,Office for Government Policy Coordination,OPC)下属的由政府出资的政策研究机构,旨在系统地研究和

---

[1] 补偿管理:指为了实现管理目标而合理规划应支付给工人的薪酬,并提供相应补偿来控制和改善组织绩效的管理行动。

[2] 国务调整室,简称国调室,主要职责是辅佐国务总理,负责各中央行政机关的指挥、监督、政策调整、社会风险和矛盾管理、政府工作评价制度改革及国务总理特别指示事项的国家中央行政机关。它与国务总理秘书室是平级机构。

分析劳动关系问题，探索合理的劳动政策和提高国民对劳动问题的认识。该机构以成为"提高劳动者生活质量和凭借工作体现国民幸福的全球政策研究机构"为目标，正在推进劳动力市场研究、雇佣政策研究、劳资关系研究、人力资源管理研究、劳动法研究、劳动福利及劳动保险研究、劳资关系高位指导者研修事业等多个领域的研究工作。

第三节　韩国职业能力开发训练政策

一、韩国雇佣劳动部的职业能力开发政策

本书中劳动者职业能力提升的政策内容来自韩国雇佣劳动部下属的功能性网站 HRD-NET（www.hrd.go.kr），雇佣劳动部的政策细节均在该网站列示。在下列政策中有些通用词汇：训练＝培训，机关＝机构，支援＝补贴，事业者＝企业主，共同＝联合。

（一）针对失业者的技能提升激励政策

针对失业者的技能提升激励政策如下：国民明日学习卡（국민내일배움카드，Tomorrow`s learning card）、国家基础及战略产业训练（국가기간·전략산업직종 훈련，Training in National Key Strategic Industries）、普通高中特化职业能力开发培训（일반고 특화 직업능력개발훈련，High School Specialized Job Capacity Development Training）、工业4.0先导人才培训（차 산업혁명 선도 인력 양성훈련，Leader Education and Training in 4th Industrial Revolution）、职业培训贷款（직업훈련 생계비 대부，Job Training Living Expenses Loan）。

1.国民明日学习卡

国民明日学习卡政策针对失业者和在职人员分别实施，但从2020年1月1日起，两类政策合并为统一的国民明日学习卡政策。国民明日学习卡基于适应急剧的技术进步和应对相应的劳动市场变化以构建社会安全网，旨在促进劳动者在一生中不断积累人力资本，拥有持续的就业能力，使之能够自发实施职业能力开发。国民明日学习卡账户有效期为自账户签发之日起5年，具体执行程序如图3-15所示。

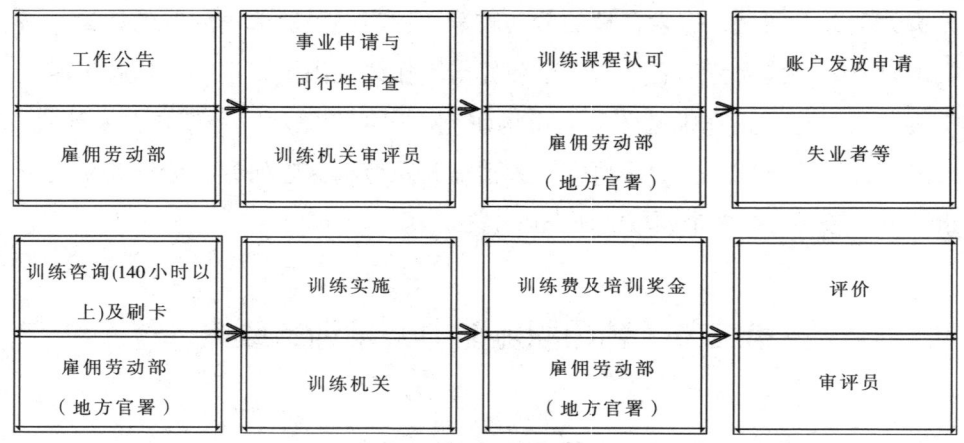

图3-15 国民明日学习卡政策执行程序

国民明日学习卡政策的支援对象为韩国公民，现有的支援对象以失业者、在职者为基础，且以一定收入以下的特殊形态劳动者和自营业者等为支援对象。国民明日学习卡分设失业者卡和在业者卡，具体资格条件和支持力度如下。(1)失业者卡的支持对象为15岁以上的失业者，含小型自营业者（영세자영자）和特化高中者（特性化高中，类似职高）。其中，小型自营业者的支持条件为：事业一年以上、年销售额不足1.5亿韩元（约86万人民币）；或事业不满一年，销售额不足4800万韩元（约27万人民币）。特化高中者需要满足的条件为：月收入不足250万韩元（约合14000人民币）。(2)在职者卡的支持对象及支持条件为：韩国优先支持企业的从业人员、非正规职业者、未成立企业者、无工作保险的非工作场所成员；大企业内45岁以上员工，或未满45岁但月收入不满250万韩元者。但是，在职公务员、私学年金者（因私立学校教职工退休或失职而建立的旨在稳定教职工及其家属生活和提高福利的年金制度，指私立学校教职员工）、预定毕业生之外的在学者（应届毕业生以外的在校生）、年销售额在1.5亿韩元以上的特事/自营者（个体工商户）、月薪在一定数额以上的大型企业职员（未满45岁）(以前是300万韩元，2020年调整为250万韩元)、特殊形态劳动者等除外。

国民明日学习卡政策对劳动者参与相关培训项目给予培训费用补贴和奖金支持。培训费用的补贴额度为：每人300-500万韩元，是培训费用的

45%~85%；培训后成功就业的按培训费用的一定百分比给予就业成功奖励金：1类参加者按培训费用的80%-100%进行奖励，2类参加者按50%-85%进行奖励，领取劳动奖金（EITC）者按72.5%-92.5%进行奖励。培训费用的补贴额度为300万–500万韩元，是指提供300万韩元的优先援助，符合一定条件、经本人申请还可追加最高200万韩元的补贴：国民就业援助制度1类型（中位收入50%以下）、国家基础及战略产业训练中特定工种可追加200万韩元；优先扶持企业的从业人员、中位收入50%-60%、受困地区和特殊援助行业对象等可追加100万韩元。劳动者可通过HRD-NET网站实时查询剩余费用及有效期等。

延伸资料：关于类型1和类型2

在国民就业援助制度中将符合福利政策的劳动者分为类型1和2[①]。（1）类型1分为条件审查型和选拔型。条件审查型：中位收入50%以下，财产价值6亿元以内，两年内有6个月以上工作经历。选拔型：不考虑工作经历，18-64岁求职者在中位收入50%以下（青年劳动者为中位收入120%以下）、财产价值6亿韩元以内的。制度向符合类型1条件的劳动者支付为期6个月、每月50万韩元的求职促进津贴。（2）类型2指未被类型1覆盖的青年劳动者（中位收入120%）和停业小商贩等，制度为其提供就业援助服务。就业援助服务以一对一商谈为基础，制订针对个人的就业计划，并提供匹配的工作经验计划和职业培训、福利服务、求职能力提升计划等，根据劳动者的就业意愿和能力提供分类支持与指导（如表3-11所示）。国民就业援助制度与国民明日学习卡制度不冲突。

表3-11 国民就业援助制度中的类型1和类型2

分类		年龄	收入	财产	就业经验
类型1	审查型	18-64岁	中位收入的50%以下	6亿元以内	两年以上
	选拔型	18-64岁	中位收入50%以下；青年劳动者为不到中位收入120%	6亿元以内	–
类型2		18-64岁	中位收入100%；青年为中位收入120%	–	–

---

① 사전백과. 국민취업지원제도 [EB/OL].[2020-04-12].https://terms.naver.com/entry.nhn?docId=5778475&cid=43667&categoryId=43667.

国民明日学习卡制度规定了领取培训费用补贴和就业成功奖励金的条件。（1）培训费用补贴。参训者在培训期间的出勤率在80%以上的视为达到结业标准，可部分或全额领取训练费用补贴。剩余训练天数（时间）的部分培训费用会补贴给培训机构，以国家基础及战略行业职业培训为例，集体教育形式的，剩余补贴的计算方法为：剩余天数 * NCS各工种的补贴标准单价 *50%；远程教育的，剩余补贴的计算方法为：另行公告标准的补贴单价 * 整个远程训练时间。（2）就业成功奖励金。出勤率在80%以上，且培训课程学时达140小时以上的可获得培训奖金，奖励金额度上限为11.6万韩元/月。但是，若参加培训时间少于140小时，即使参训者是失业人员，也不能获得补贴（如表3-12所示）。

表 3-12 就业成功奖励金支付条件及支付标准

分类		未满140小时	140小时以上	备注
失业者		-	上限：11.6万韩元/月	
	就业成功计划1类*	上限：11.6万韩元/月	上限：11.6万韩元/月	6个月内额外支付28.4万韩元
	就业成功计划2类	-	上限：11.6万韩元/月	6个月内额外支付28.4万韩元
在职者		-	-	
	劳动奖金领取者	-	上限：11.6万韩元/月	
	有劳动保险的自营业者	上限：1.8万韩元/天	上限：1.8万韩元/天	

延伸资料：就业成功计划

就业成功计划是雇佣劳动部的政策，是针对韩国18-69周岁劳动者中的低收入及待业青年等就业弱势群体的一项就业援助政策，特别关注低收入和失业青年的定制化就业促进方案，主要分"诊断·动机增强——职业能力发展——就业安排"三个步骤实施。就业成功计划1类指基础生活费领取者、低收入及中位收入60%以下的特定弱势群体（脱北者、女性家属、15-24岁的危机青少年、信用恢复志愿者、无家可归者、婚姻移民者等）。就业成功计划2类指18-34岁无收入青年、35-69岁低于中位数收入100%的中年人。就业成功计划涵盖的具体支持计划和促进求职津贴如表3-13所示。

表3-13 就业成功计划与促进求职津贴

类别	步骤1 （商谈·审核）	步骤2 （职业能力提高）	步骤3 （就业指导）
计划1	·3周–1个月； ·参与津贴最多25万韩元	·最长8个月； ·训练费最多500万韩元（有明日学习卡，只需自理最多20%）； ·参与津贴上限：40万（6个月）	·最长3个月； ·就业成功奖励金上限：150万韩元
计划2	·1周~1个月； ·参与津贴最多20万韩元	·最长8个月； ·训练费上限：300万（有明日学习卡，只需自理15%–50%）； ·参与津贴上限：40万韩元（6个月）。	·最长3个月

2. 国家基础及战略产业训练

国家基础及战略产业训练指在国家基础产业及战略产业等相关产业领域，遴选出劳动力供给不足或劳动力需求增加的职业，通过有针对性地对劳动者实施职业能力开发培训，供给企业所需的技术和技能。国家基础及战略产业训练政策的执行程序如图3-16所示。

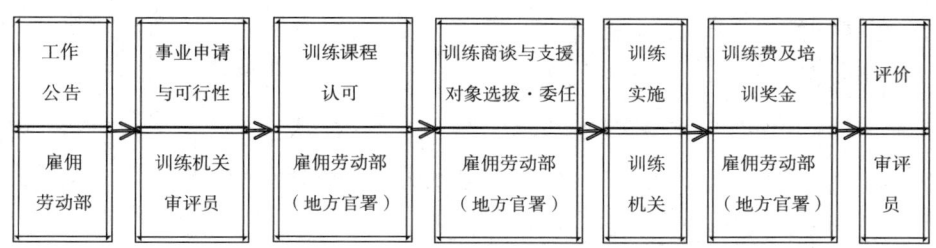

图 3-16 国家基础及战略产业训练政策的执行程序

国家基础及战略产业训练政策支援对象为失业者、非升学预定高中3年级在校生（非升学预定者：不打算继续升学的人）、大学毕业预定者（大学将要毕业的人）、成立1年以上但年销售额不足1.5亿韩元的企业主、特殊形态劳动者、中小企业员工、期间制（指临时工，临时聘用/固定期限聘用制）及短时间劳动者（打零工者）等。参与者需办理国民明日学习卡。

国家基础及战略产业训练政策为培训机构提供全额培训费用补贴，并为参训者提供每月不超过11.6万韩元的培训奖金。对个人参训者而言，单位期间（1个月）出勤率在80%以上才符合奖励资格，无论是领取失业津贴还是有收入者，均可领取部分或者全额培训奖励金。

3.普通高中特化职业能力开发培训

普通高中特化职业能力开发培训面向非升学的普通高三学生提供有针对性的职业能力开发培训机会，促进其尽快进入劳动力市场。普通高中特化职业能力开发培训政策提供补贴的培训课程是经职业能力考核评价院通过普通高中特化考核后确定为"普通高中特化职业能力开发培训"资助对象的课程（详见职业培训网站 HRD-NET）。在确定课程目录及培训内容之前，一般由教育厅针对学生需求展开调查，并将调查结果反映在选定的培训课程上。在培训期间，单位期间（1个月）出勤率在80%以上的给予补贴和奖励，额度为：培训费用全额补贴及每月不超过11.6万韩元的培训奖金。普通高中特化职业能力开发培训政策的执行程序如图3-17所示。

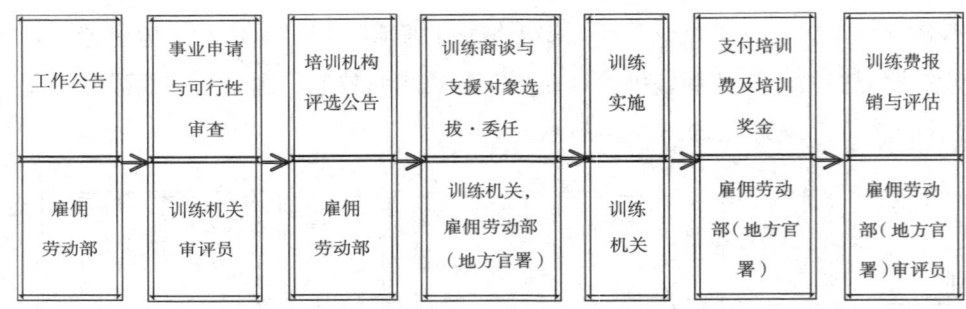

图 3-17　普通高中特化职业能力开发培训的执行程序

4.工业4.0先导人才培训

工业4.0先导人才培训政策围绕第四次工业革命带来的急剧产业变革以及新产业领域专业技术人才需求增长，面向未来产业的先导性需求培养新技术领域的融合型高技能人才。融合指制造业和信息通信技术（ICT）融合，旨在通过提高工作竞争力以普及工厂和产品智能化从而提升产业竞争力。工业4.0先导人才培训政策覆盖对象为持有国民明日学习卡的失业者和在职人员，具体参训人员由培训机构自主选拔。工业4.0先导人才培训政策的执行程序如图3-18所示。

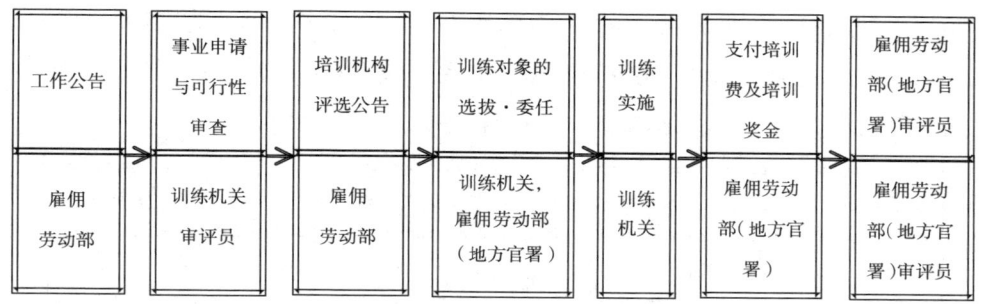

图 3-18　工业 4.0 先导人才培训政策的执行程序

工业 4.0 先导人才培训政策是面向未来的高端人才培养与训练政策，对培训机构的资质要求较高，一般招募国际财团来完成培训任务，职业能力开发培训机构、《高等教育法》第二条涵盖的学校①、继续教育机构等作为参与机构。培训课程一般是国家职业能力标准（NCS）Level 5 以上的高级课程，旨在培训劳动者解决复合问题的能力，注重培养实践能力，培训总时长的 30%~50% 以上均为项目实习。

工业 4.0 先导人才培训政策提供两类补贴：（1）培训费用补贴：培训费用不超过 NCS 单价 300% 的，为培训机构提供全额培训费用补贴；（2）培训奖金：为参训者提供每月不超过 11.6 万韩元的培训奖金，领取资格为单位期间（1 个月）出勤率在 80% 以上的失业津贴领取者或有收入者。

5. 职业培训贷款

职业培训贷款旨在通过贷款减轻失业人员及临时工参与较长期职业培训期间的生活负担，促使其专心培训以获得更好就业。职业培训贷款政策覆盖对象为临时工、失业者等弱势群体，资助形式为向其提供长期低息生活费贷款。职业培训贷款的资助条件为：参加雇佣劳动部提供补贴的 3 周以上的职业培训的临时工及转职失业者（因职业转换失业的劳动者），家庭年收入低于中等收入家庭 80%。领取失业救济金者不符合贷款条件。贷款支持情况：特殊支工（指特别雇佣支持工种，即用工短缺行业）和贫困地区家庭年收入低于

---

① 韩国《高等教育法》第二条（学校的种类）涉及的高等教育学校有：(1) 大学，(2) 产业大学（大专），(3) 教育大学（师范），(4) 专门大学（专科），(5) 远程大学，(6) 技术大学（指企业员工在公司工作并同时接受正规大学教育的教育机构，培养的人才兼具理论和业务能力），(7) 其他相关类别学校。

8000万韩元的，每月提供贷款200万韩元（每人以1000万韩元为限额），年息1%（信用保证金另计），免还款期限最长不超过3年，最长5年内按月平均分期偿还完毕。职业培训贷款政策的执行程序如图3-19所示。

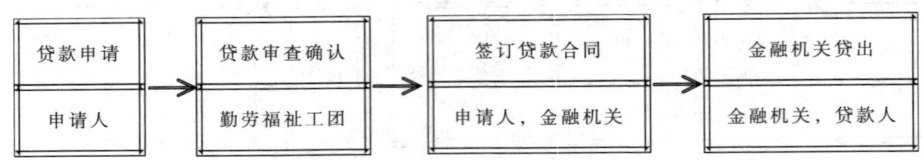

图 3-19　职业培训贷款政策的执行程序

（二）针对企业的激励政策

针对企业的激励政策如下：国家人力资源开发财团（국가인적자원개발컨소시엄，Consortium for HRD Ability Magmigied Program，CHAMP）、企业主职业能力开发（사업주 직업능력개발 지원）、中小企业训练补贴（중소기업 훈련 지원）、工作学习并行制（일학습병행제로）。

1. 国家人力资源开发财团

国家人力资源开发财团是联合体性质的企业联盟，旨在让中小企业在职员工享受职业培训的便利，通过职业培训为经济发展中战略性的新增长力领域奠定人才基础，按产业类别培养优秀人才，打造职场需求匹配型职业培训体系。国家人力资源开发财团的培训对象是中小企业在岗职工及应聘者，主要工作方式是组建多个中小企业联盟，利用各自的优秀培训设施为中小企业劳动者提供有针对性的共同培训，具体支持内容和条件如表3-14和表3-15所示[①]。国家人力资源开发财团每年预算近20亿韩元用于发放补贴，具体补贴水平因工作实绩和工作运行时间而异。财团的运行程序如图3-20所示。

---

① 공동훈련센터. 지원내용[EB/OL].[2020-04-05].http://www.c-hrd.net/contents/business/3/1/.

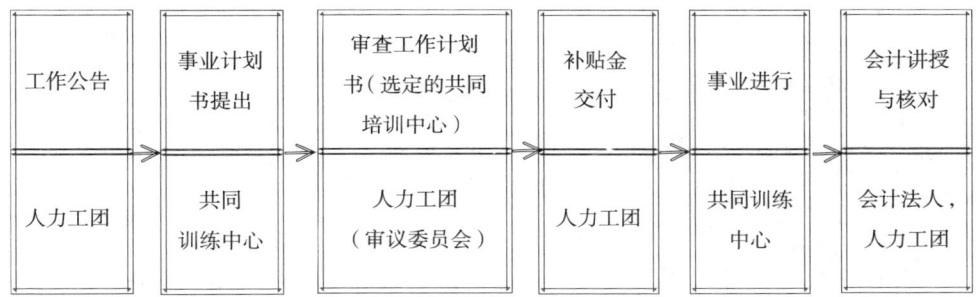

图 3-20 国家人力资源开发财团运行程序

表 3-14 国家人力资源开发财团的支持内容和条件（1）

内容	覆盖内容	申请上限 （20亿韩元/年）	补贴标准
设施、装备费	培训所需设备的租金、增·改建费、购买和租赁费等	每年15亿	对应投资20%
项目开发费	职务分析、教材和课程开发·购买费用等	每年1亿元	无
运营费：人工成本	培训需求调查、协约企业管理及人力劳务费补贴	每年4亿元	对应投资20%
运营费：一般运营费	培训需求调查成本、公共关系支出、财团指导委员会运营支出等	每年4亿元	无
培训费和培训补贴	- 业主培训退税； - 联合培训费补贴； - 战略领域培训课程运营费	据学生人数付费	仅对计划雇佣超过1个月（120小时）的候选人提供培训津贴

表 3-15 国家人力资源开发财团的支持内容和条件（2）

	补贴项目		补贴比率	每年补贴额度
基础设计建设费	运营费与人工费	职业训练负责人	80%	4亿
		一般运营费	100%	
	训练设施与装备费		80%	15亿
	项目开发费等		100%	1亿
训练费	业主培训退税（依据《职业能力发展培训支持条例》）		行业标准单价（100%）	由合作伙伴公司支付；就业保障和职业能力发展保费240%
	联合培训费补贴（依据联合培训中心与合作伙伴公司之间协议）		行业标准单价的300%以内	协议企业全年资助限额中约定额度

补贴项目		补贴比率	每年补贴额度
训练费	战略领域培训课程运营费（财团联合培训中心的业务或组织类型不同，支持率和支持范围会有差异）	成本在标准单价200%以内	—
		成本在标准单价300%以内（以培训名额25人为准）	—

根据2020年1月公布的数据，目前韩国共同训练中心类型的机构共有206个。（1）大中小各种共同训练中心65家，负责组织开展国家人力资源开发财团的培训项目，与中小企业达成协议以支持他们开展系统和持续的员工职业能力发展。比如，浦项制铁公司（POSCO）是世界第一的钢铁企业，也是CHAMP企业联盟里的当家之一。（2）战略领域共同训练中心73所，与特定行业和职业的相关企业签订协议为特定行业或职业培养系统的人力资源、开发工人的职业能力。比如，韩国保健福利人力开发院。（3）区域联合培训中心68所，这是由区域人力资源开发委员会选择的培训组织，在对区域内企业开展教育和培训需求调查的基础上与企业达成教育和培训协议。比如，韩国海洋大学。（4）产业型联合培训中心（拟选定），这是由人力资源开发审议委员会按行业选择的机构，据行业对教育和培训的需求与企业签订教育和培训协议。

2. 企业主职业能力开发

根据企业主职业能力开发政策，企业对劳动者实施职业能力开发培训的，可获得补贴，旨在促进企业开发人力资源，不断提升企业竞争力。企业主职业能力开发政策主要补贴对象是企业，补贴内容涉及训练费、带薪休假训练人工费、训练津贴和食宿费，具体补贴条件和补贴标准如表3-16所示，具体执行程序如图3-21所示。

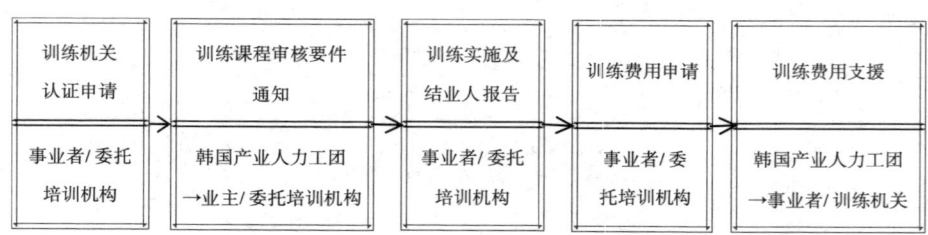

图3-21 企业主职业能力开发政策运行程序

表 3-16　企业主职业能力开发补贴

补贴内容	补贴条件	补贴标准
训练费	1天8小时（大企业2天16小时）以上的培训（以集体培训为准）	- 优先扶持企业：90%-100%； - 不超过1000名固定劳动者（不含优先扶持企业）的企业：60%； - 开展远程培训的企业：80%； - 1000人以上的企业：40%； - 外语课程：50%的报名费
带薪休假训练人工费	中小企业职工参训，在5天（大企业60天）以上带薪休假内实施20小时（大企业180小时）以上的培训	向企业支付培训生劳务费：规定培训时间 * 小时工资的百分比（最低150%，大企业最低100%）
训练津贴	中小企业员工参训，在30天以上带薪休假内实施120小时以上的培训，企业因而雇佣替代人力的	向企业支付：规定工作时间 * 小时最低工资额
	应聘者开展为期1个月时长达120小时以上的培训	向培训生支付（1月份）：上限为20万韩元
食宿费	每天训练时间5小时以上，在训练过程中为训练生提供食宿的。	- 食物补贴每天上限为3300韩元； - 食宿费补贴每日14000韩元限额（每月上限为33万元韩元）

3. 中小企业训练补贴

中小企业训练补贴政策旨在促进人力资源开发投资能力不足的中小企业的劳动者参与职业能力开发，支持中小企业在车间系统地积累和推广业务知识和经验，从而提高中小企业竞争力。中小企业训练补贴主要有如下两类：一是支持中小企业建设学习组织，促进他们在工作场所系统地积累和学习与工作相关的经验和专门知识；二是韩国产业现场教学制度，支持中小型企业聘请韩国优秀技术人员到工业现场授课并传授技能（如表3-17所示）。

表 3-17　中小企业训练补贴情况

项目	补贴对象	补贴条件	补贴内容
学习组织化补贴	- 优先支持企业； - 参加过在职学习、企业主培训或正在进行岗位创新咨询的企业	经公开征集学习组织化志愿工作评选出的企业。	- 补贴类型：学习组织运营、优秀生活动、外部专家、学习基础设施支持； - 费用支付：先支付60%，评价后合格的再支付40%

续表

项目	补贴对象	补贴条件	补贴内容
韩国产业现场教学制度	参加就业保险的优先支持对象企业主（中小企业）	参加就业保险的优先支持对象企业（中小企业）	利用工业现场教学制度，经技术判断后帮助企业学习熟练技术

表 3-18 优先支持企业的界定标准[①]

产业分类	常驻劳动力	分类标号
1. 制造业	500人以下	C
2. 采矿；3. 建筑；4. 运输； 5. 出版、录像、广播通新信和信息服务； 6. 商业设施管理和业务支持服务； 7. 专业、科学和技术服务； 8. 卫生与社会福利服务	300人以下	B/F/H/J/N/M/Q
9. 批发和零售业务； 10. 住宿和餐饮业； 11. 金融与保险； 12. 艺术、体育和休闲服务	200人以下	G/I/K/R
13. 其他行业	100人以下	

学习组织化补贴的具体运行程序如图 3-22 所示。

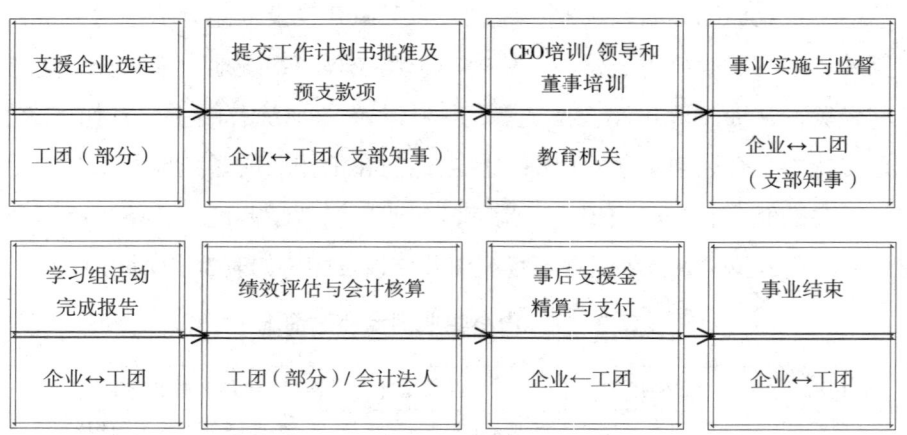

图 3-22 学习组织化补贴政策运行程序

---

① 우선지원 대상기업의. 구분국제공인자격증전문 교육기관 [EB/OL].[2020-04-05].https：//www.lyzeum.com/%EC%9A%B0%EC%84%A0%20%EC%A7%80%EC%9B%90%20%EB%8C%80%EC%83%81%EA%B8%B0%EC%97%85%EC%9D%98%20%EA%B5%AC%EB%B6%84.pdf.

韩国产业现场教学制度的具体运行程序如图3-23所示。

图3-23 韩国产业现场教学制度补贴政策运行程序

4. 工作学习并行制

2013年，韩国正式实施"工作学习并行制"，这是一种将工作和学习相结合的制度，受训者不仅在工作现场学习职业能力，还进行理论学习。工作学习并行制是企业将希望就业的青年聘用为学习劳动者，在实施工作现场训练的同时，还将他们送到特性化高中、专科大学等接受理论教育的教育训练制度。根据工作学习并行制，企业聘用青年劳动者时，应为其提供定制化和系统化的现场培训，企业可以获得培训费用和培训师资费用的补偿。

二、韩国国家职业技术资格认定制度

（一）韩国国家职业能力标准（NCS）

1. NCS职能

韩国国家职业能力标准（National Competency Standards，NCS）将在工作现场执行职务所需要的知识、技术等按产业类别、技能水平进行系统化分类与整合。自2013年起，国家职业能力标准（NCS）由雇佣劳动部总管具体职业能力标准，产业界主导开发。韩国每年针对新产业领域开发10多个NCS新项目，截止到2019年6月1日，已在24个领域合计开发了1001个NCS项目（如表3-19所示），仅2019年聚焦智能工厂系统安装、人工智能模块、区块链服务等战略新兴产业就开发了20个NCS项目。

表 3-19 韩国国家职业能力标准（NCS）分类

1. 事业管理	2. 经营、会计、事务	3. 金融保险	4. 教育、自然、社会科学
5. 法律、警察、消防、教徒、国防	6. 保健医疗	7. 社会福利、宗教	8. 文化艺术设计与广播
9. 驾驶、运输	10. 营业销售	11. 保安、打扫	12. 公用事业、住宿、旅游、娱乐、体育
13. 饮食服务	14. 建设	15. 机器	16. 材料
17. 化学	18. 纤维与服装	19. 电气电子	20. 信息通信
21. 食品加工	22. 印刷、木材、家具、工艺	23. 环境、能源、安全	24. 农林渔业

每个 NCS 对工作岗位提出明确的工作能力要求以及执行岗位职责所必需的知识、技术以及态度等。表 3-20 列示了家电硬件开发 NCS 的内容。

表 3-20 家电硬件开发 NCS 的内容

职位（NCS）	能力（能力单元）	详细能力（能力单元要素）	能力标准（部分内容节选）
家电硬件开发	选配件	配件特性分析	- 可在基础电路中分析适用零件的特性； - 可在基础电路中确认配件所需工作条件。 【知识需求】： ·电子元件基本知识； ·配件说明书。 【技术】 ·仪器设备使用能力； ·配件可用与否的判断能力。 【态度】 ·学习有关配件材料和材质知识； ·对配件进行精确估价
		配件的项目检查与决定	
		配件的选择	
	电路设计	——	

2. NCS 制度建设推进情况

目前韩国 NCS 的工作内容涉及以下三方面。（1）NCS 现场性能提升，针对已开发的 1001 个 NCS 项目开展验证、完善并公告；以未来有前景的领域为中心进一步开发 NCS，以动态反映工作现场技术变化带来的技能需求实况。2019 年重点关注并开发了智能工厂系统安装、人工智能模块、区块链服务等领域近 20 个 NCS 项目。（2）工作现场型人才培养，将教育、职业培训和国

家技术资格均按照 NCS 的要求进行改革，培养具有现场工作技能、业务能力（실무역량）的人才。教育改革方面，2018 年在全部特色高中和职业高中 1 年级实施全面改革；培训方面，2015 年在全部社会公共训练中实施改革，2016 年在全社会民间训练中实施改革，共改编了 3.62 万多门课程。（3）在国家技术资格方面，为了提升各类技术资格的现场实用性及加强与 NCS 的联系性，要根据 NCS 标准与各类资格进行对标，范围不一致的以 NCS 为基础，进行资格的改善、分割与整合等一系列的改组工作，表 3-21 列示了相关对标重组工作案例，主要特点是开发具有资格 – 教育、训练 – 经历相适应的能力体系（Sectoral Qualifications Framework，SQF），不断发掘优秀案例。

表 3-21　NCS 基础资格重组案例

改善	服装设计产业技师资格：通过时装趋势分析及制作样品模式、开发试制品等将考试科目变更为实务中应用的内容，改善评价内容
分割	化工师资格：培训内容反映在工业现场职务需求，根据石油化学中心工作需求拆分为化工师资格和新增精密化学工程师资格
统合	机械设计产业工程师和治工区设计产业工程师整合为机械设计产业工程师，因为按 NCS 能力单元评估二者内容相似，且治工区设计产业工程师的资格使用率低。（治工：模具产业设计师）

（二）课程评价型国家技术资格认定（과정평가형 국가기술자격）

《国家技术资格法》第 10 条规定，认真完成教育、培训课程，通过内部、外部评估，达到国家职业能力标准（NCS）的人可获得国家技术资格。一般要求参加培训课程的出勤率在 75% 以上，训练机构开展的内部评价及韩国产业人力工团开展的外部评价结果平均分数在 80 分以上的，可获得相应的国家技术资格。国家技术资格的工作流程如图 3-24 所示。因为注重在过程中开展内部评价与外部评价，故被称为课程评价型国家技术资格。目前，针对特殊焊接技师、会展企划公司等运营了 159 个课程评价型国家技术资格项目。

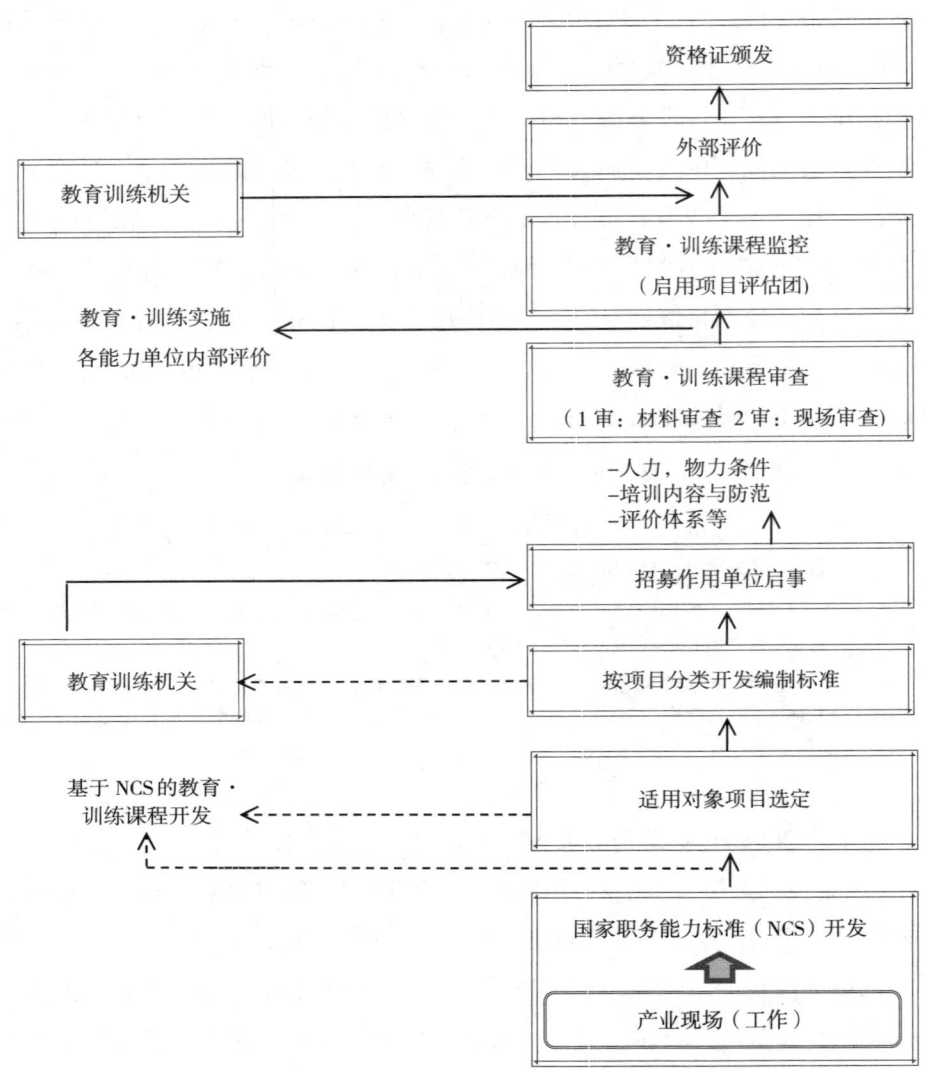

图 3-24 韩国国家技术资格工作流程

课程评价型国家技术资格的具体实施程序如表3-22所示。

表 3-22　课程评价型国家技术资格的实施程序

主要程序	工作内容	实施部门
（1）选择项目	选择下一年度拟追加执行的项目	国家技术政策审议会
（2）制定项目培训课程编制标准	根据被选定的资格，以NCS能力单元为基础，确定教育和培训课程内容、评价方法、试题原型开发等	主要负责长官（韩国产业人力工团）
（3）课程评价型资格志愿团的组成、运行	负责评价不同资格项目的专家库：NCS开发专家、测试委员、ISC推荐专家等	韩国产业人力工团
（4）制定实施规划	制订下一年度计划：教育和培训课程数目、评估难度、评估日程等公告	韩国雇佣劳动部
（5）编制以NCS为基础的教学和培训课程	以NCS为基础编制教学和培训课程。	教育·训练机构
（6）教育·训练机构（课程）评选审查及课程评定	通过1审（文件审查）和2审（现场审查）选出必备标准3个，细节标准6个领域共16个项目；国家技术资格政策审议委员会审议后确定哪些机构符合标准	主要负责长官（韩国产业人力工团）
（7）外部评价命题	产业界主导的以NCS能力单元为中心的外部评价命题	主要负责长官（韩国产业人力工团）
（8）培训实施与内部评价	以NCS能力单元为中心实施教育、培训和内部评价。合格标准：出勤率75%以上，全员参加内部评估	教育·训练机构
（9）对教育、培训课程的运营监测	-NCS基础教育、训练细节确认（每季度1次以上）；- 监管规定内容是否涵盖在内；- 给出内部评价结果	主要负责长官（韩国产业人力工团）
（10）外部评价	实施对象：通过内部评价的进修者；评价方式：围绕必备能力命题评估	主要负责长官（韩国产业人力工团）
（11）确定合格者且颁发资格证书	内部评价和外部评价结果按1：1计分，80分以上为合格，颁发资格证书，资格证中注明所接受的NCS能力单元的教育和培训情况	主要负责长官（韩国产业人力工团）

（三）职业能力开发培训机构认证评估

针对职业能力开发培训机构的认证评估旨在限制无力偿债培训机构的进入，同时提高职业技能开发培训的质量。一般会向社会公开评估结果，以支持参训者合理选择职业能力开发培训机构和培训课程。针对职业能力开发培训机构的认证评估内容有：（1）机构的健全性，评价机构的合规性、财政稳健等；（2）机构的训练能力，主要评价机构实施培训的能力和培训成果等，评价内容包括培训绩效（就业率、开放率等）、培训基础设施、培训课程的开发和运营、消费者满意度、培训结果等。

  培训机构认证评估的职业能力开发训练有两种：（1）集体训练，包括国民明日学习卡培训（国家基础及战略产业集中培训、普通账户个人培训等）、企业委托培训、普通高中专业培训等；（2）远程培训，包括邮件远程、Internet远程、智能培训、混合培训等。

  培训机构认证评价后可获得对应的评价等级，集体训练、远程训练机构可获得3年认证或延期认证，在3年认证的基础上，新机构还可获得额外1年的追加认证，优秀培训机构（通过优秀案例比赛评选出来）可获得最多2年的追加认证[1]。延期认证是认证等级中的最低等级，延期认证的培训机构没有资格申请训练课程的审查，基本处于停摆状态。认证评价结束后，在HRD-NET[2] 按项目类别公开认证评估等级和详细分数。

  2020年的培训机构认证评价时间安排如表3-23所示。

表3-23　职业能力开发培训机构认证评价时间进度举例

分期	主要内容	详细日程
1/4	2020年训练机构认证评价计划制订	2019.11.11
	2020年训练机构认证评价计划公布	2019.12.12
	训练机构认证评价说明	2019.12.16–20
	认证评价申请与材料接收	2020.1.28–2.11
	机构健全性评价结果通报	2020.3月中旬
2/4	现场审查	2020.4–8
3/4	现场审查结果通报	2020.9月中旬
	异议申请受理及处理	2020.9月中旬–10月中旬
4/4	评价结果确认与发布	2020.10月末

---

[1] KSQR. 심사평가안내 [EB/OL].[2020–04–11].https://www.ksqa.or.kr/guide/cert/assess/search.do.

[2] HRD–NET.www.hrd.go.kr.

三、熟练技术奖励

熟练技术奖励是基于促进技能提升而给予补贴,旨在促进技术进步并提高技术工人的经济和社会地位,在全社会营造尊重高级技能人才的社会氛围。韩国每年举行选拔"韩国名将"活动及其他评选活动,评选出优秀技术人员,以此向全国公民宣传高技能的重要性,激发高技能人员的自豪感,详见表3-24。具体的评选程序如图3-11所示。此外,为了提高韩国社会对熟练技术的认识,还对民间熟练技术团体、熟练技术人员创业和就业等提供补贴支持。雇佣劳动部和韩国产业人力公团举办的2019年度第三届"招聘熟练技术宣传家长记者团"活动,目标即通过社会对熟练技术重要性的认识与支持以促进劳动者提高熟练技术[①]。

表 3-24 评选优秀技术人员活动一览表

类别	人数/年	申请对象	补贴内容
韩国名将	35人以内	- 总统令规定的工龄15年及以上者; - 作为最优秀的人才为技能发展做出贡献的人	- 日奖奖金(一次性奖金)2000万元; - 继续从事奖金(鼓励技师继续从事本行业的奖金); - 证书及授牌等; - 1名以上中小企业免于定期劳动监督[2](3年)
优秀熟练技术者	100人以内	- 从事生产业务7年以上者; - 拥有熟练技术	- 日奖奖金200万元; - 授予证书
熟练技术传授者	10人以内	在总统令规定的领域工作15年以上的熟练技术人员,想要传授熟练技术的人	- 全数支援金(全额奖金); - 授予证书
熟练技术奖励模范企业	5个企业以内	为鼓励熟练技术而实施薪酬体系改革、职务重新设计、改革人事制度、建立学习组织等的企业	- 授予铭牌; - 免除定期劳动监督(3年); - 媒体宣传
每月一个技能韩国人	12人以内	从事与熟练技术相关的职业超过10年的高技能人员	- 奖章和纪念牌; - 媒体宣传; - 出版手记集(宣传册)

---

① 숙련기술인 [EB/OL].[2020-07-19].https://blog.naver.com/skilledkorea/221589038223.

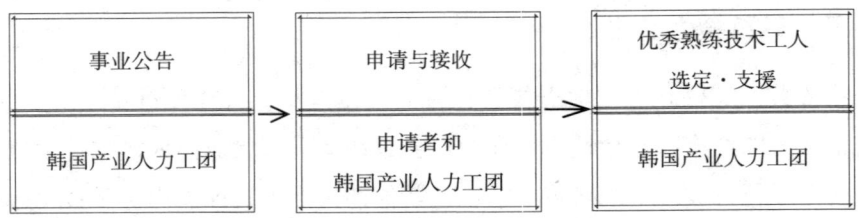

图 3-25 优秀熟练技术工人评选的执行程序

四、技能竞赛

技能竞赛的目的是发现和培养优秀熟练技术人员以消除人力短缺和青年失业,从而增强韩国国家竞争力。韩国影响力比较大的技能竞赛有国内技能比赛和世界技能大赛,详情如表 3-25 所示。各类技能竞赛的工作程序如图 3-26 所示。

表 3-25 韩国各类技能竞赛一览表

类别	参赛资格	补贴内容		奖励情况
地方技能运动会 (1966 年起施行)	全国大赛/国际大赛未获奖者(无年龄限制)	1 位	金牌,奖金 30 万	– 授予当年全国技能运动会参赛资格; – 免试获得相关行业国家技术资格
		2 位	银牌,奖金 20 万	
		3 位	铜牌,奖金 10 万	
全国技能大赛 (1966 年起施行)	地方比赛获奖者(前三位);运动员委员会推荐人选	1 位	奖状,奖金 1200 万	– 获得世界技能大赛参赛资格; – 免试获得国家技术资格产业工程师资格
		2 位	奖状,奖金 800 万	
		3 位	奖状,奖金 400 万	
世界技能大赛 (1967 年起参赛)	全国大赛获奖者中得分最高的人,每两年选拔一次;年龄限制:22 岁(机电一体化项目为 25 岁)	1 位	铜塔产业勋章,奖金 6720 万	– 可替代服兵役; – 纳入产业技能要员编制; – 免试获得国家技术资格产业工程师资格; – 补贴继续工作奖金(5050~12000 千元)
		2 位	铁塔产业勋章,奖金 5600 万	
		3 位	石塔产业勋章,奖金 3920 万	
		优秀奖	产业勋章,奖金 1000 万	获得参赛选手平均分数以上但未获奖牌者

说明:位指名,位指"第名",前三位指"前三名"。

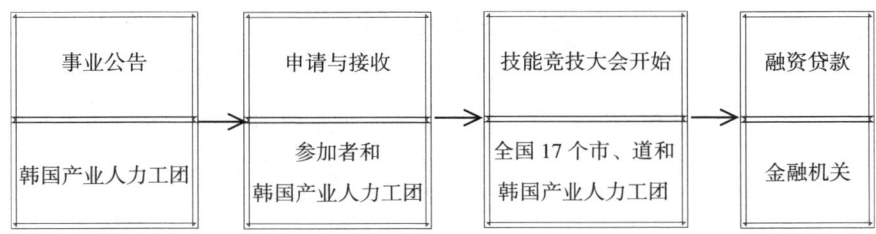

图 3-26 韩国各类技能竞赛工作程序

第四节 韩国产业工人技能形成特征

2019年4月10日,工作岗位委员会和相关部门联合发布《应对劳动市场变化的职业能力开发革新方案》(노동시장 변화에 대응한 직업능력개발 혁신방안),该方案展示了韩国当前劳动者教育训练的现状。(1)参训者的特点。在职参与者的特点有:从参与主体看,300人以上的大规模企业较为常见;从性别看,50%以上的男性会参加职业培训;从年龄看,80%以上的参训者为20-40岁年龄组;从培训领域看,国民明日学习卡关注办公室工作、会计和烹饪等培训。失业者的教育训练特点有:从性别看,超过60%的参训者是女性;从年龄看,20+ 和30+ 的较为常见;从教育背景看,约有70%的高中毕业生和四年制大学毕业生参加;从培训领域看,普通缴税个体中有40%以上涉及办公室工作、烹饪和护理,国家基础及战略产业集中训练中将近40%为软件、设计及广播电信。(2)教育训练的实施主体集中在政府委托的私营部门。截至2018年,共有7313个培训机构在开展政府资助的职业培训,其中有85个公共培训机构和7228个私人培训机构。有60%的私人培训机构为在职者和失业人员提供实习计划。公共培训由政府成立的韩国科技专科大学和韩国技术教育学院实施。(3)从劳动者教育训练方向看,政府正在针对第四次工业革命扩大对新技术领域的培训。一是资助高新技能培训,比如,高科技课程(폴리텍 하이테크 과정)、第四次工业革命领导人力培训课程(4차 산업혁명 선도인력 양성과정)。二是支持中小企业发展,自2018年以来,为促进员工到

中小企业就业,政府支持成立中小企业职业培训支援中心,给中小企业发放补贴帮他们开展员工职业培训(중소기업훈련지원센터)、系统现场培训(체계적 현장훈련);三是根据第四次工业革命重组职业培训体系。下面从产业工人技能形成机制的视角出发,对韩国的职业能力开发训练制度的特征进行分析。

一、制度设计理念:全民终身职业能力开发与就业经济

工作岗位委员会的职能之一即职业培训与终身职业能力开发体系方案改善,它认为增加工作岗位是消除两极分化的福祉政策,韩国应该从创造工作岗位和提升就业质量两个方面促进劳动者提升就业技能,通过提升就业能力改变收入分配,形成"工作岗位+分配+增长"的良性循环。2019发布的《应对劳动市场变化的职业能力开发革新方案》提倡促进工人终身稳定就业,鼓励所有人都能就业创业,以获得经济增长的喷泉效应,刺激韩国国内消费,故政府非常支持建构全民终身职业技能开发体系。《应对劳动市场变化的职业能力开发革新方案》出台的背景是,第四次工业革命中,随着技术进步,掌握新的熟练技术成为劳动力市场准入的条件,技术进步速度越快,经济发展对劳动力技能需求的变迁越频繁,从而劳动者面临的就业风险越多。为了促进劳动者持续提升职业能力以应对未来频发的职业技能升级需求和可能的就业迁移,在失业保险等社会保障制度之外,政府还通过支持终身职业能力发展来降低劳动者就业风险、应对就业变迁,以劳动者职业能力提升实现韩国就业经济的目标,对抗传统的消极福利保障。

二、制度设计起点:法律高度与政府支持

韩国关于劳动者教育训练的工作均是在国家专门法律、政策的支持下进行的,制度顶层设计起点高,主要表现在:一是将劳动者教育训练问题上升到法律层面,《职业能力开发法》对劳动者职业开发训练做了具体规定;二是劳动者教育训练的整体实施框架由雇佣劳动部专管;三是总统和国调室下属研究机构直接在高位协调韩国职业能力开发研究与设计工作;四是政府资金强势资助职业能力开发活动,即便民间领域开展的劳动者教育训练计划也大部分带有政府委托性质。

（一）将劳动者职业开发训练上升到法律高度

1997年12月24日，韩国出台《职业能力开发法》，并于2005年改称为《劳动者职业能力开发法》，2019年4月30日改称为《勤劳者（劳工）职业能力开发法》(근로자직업능력개발법；简称《职业能力开发法》，직업능력개발법)。《劳动者职业能力开发法》旨在促进和支援劳动者一生中的职业能力开发，以稳定劳动者雇佣、提高社会经济地位及企业生产率。该法的主要内容有：职业能力开发培训的基本原则，职业能力开发培训信息网络建设，职业能力开发培训标准的基本原则，对各种职业能力开发培训事项的规定，职业能力开发培训机构及培训法人的规定，职业能力开发培训教师及培训标准，职业能力开发工作评估等。

韩国的劳动者教育训练被称为职业能力开发训练。《职业能力开发法》第二条指出："职业能力开发训练是指为劳动者学习和提高职业所必需的履职能力而实施的培训。""劳动者"是受雇者和有就业意向但未就业者。韩国劳动者的教育训练上升到法律层面充分体现了职业能力开发训练的重要性并非仅仅针对企业和个人，更是关系到国家经济活动持续性的重要问题。故《职业能力开发法》第一条就指出，该法旨在促进和支持劳动者一生中的职业能力开发，以培养产业现场所需的技术技能型人力资本，并通过开展产学合作促进劳动者就业、雇佣关系稳定并提高企业劳动生产率，从而在韩国实现以能力中心的社会。《职业能力开发法》规定，雇佣劳动部长官应与相关中央行政机构进行协商，根据《雇佣政策基本法》第10条第1款，劳动者职业能力开发政策由雇佣政策审议会审议，每隔5年进行修订。

（二）由雇佣劳动部专管职业能力开发实施框架

在行政机构设置上，与韩国劳动力职业能力开发训练相关的行政机构有雇佣劳动部、国务调整室、工作岗位委员会。其中，雇佣劳动部是负责总管劳动力雇佣制度的部级中央行政机构，总管雇佣政策、雇佣保险、职业能力开发训练、雇佣平等和家政两立支援、劳动条件标准、劳动者福祉厚生、劳资关系协调、劳资合作、产业安全保健、工伤补偿保险，以及其他雇佣和劳动相关事务。在雇佣劳动部的诸多工作内容中，劳动者的职业能力开发训练是其一项重要内容，具体事宜由其下属的韩国产业人力工团负责，除了职业能力开发训练项目的实施与维护，韩国产业人力工团的工作内容还包括劳动者终身学习、技术资格鉴定、技能奖励及雇佣促进等政策。此外，雇佣劳动部下属的韩国科技专科大学和韩国技术教育大学也提供不同的职业能力开发课程。

（三）由总统和国调室直接高位协调职业能力开发研究与设计

工作岗位委员会是韩国总统直属咨询机构，由总统直接领导，负责工作岗位相关政策的设计、审议、调整及评估。工作岗位委员会主要负责工作岗位创造和工作岗位质量改善，倡导以人为中心的就业经济，打造一个创造工作岗位+提升就业质量以促进收入增长+职业稳定的良性循环体系，它的主要职能是通过改善技能需求牵动技能供给变革。工作岗位委员会与职业能力开发训练相关的工作内容是职业培训与终身职业能力开发体系的改善方案，研制顶层设计。

国调室下属的韩国职业能力开发院（KRIVT）和韩国劳动研究院（KLI）分别负责职业能力开发训练相关研究与设计工作。韩国职业能力开发院（KRIVT）是负责职业能力开发的政策研究机构，专门负责职业培训政策开发、职业技术资格制度设计、教育与培训项目开发、职业培训机构及培训过程评估、职业技术资格管理与运营、职业生涯规划与咨询服务等的研究与实践。韩国劳动研究院（KLI）是一个政府出资的政策研究机构，旨在系统地研究和分析劳资关系问题，以提高劳动者生活质量和凭借工作体现国民幸福为愿景，推进劳动力市场良性发展所需的配套政策研究，比如劳动力市场机制研究、雇佣政策研究、劳资关系研究、人力资源管理研究、劳动法研究、劳动福利及劳动保险研究、劳资关系高位指导者研究事业等。

（四）由政府资金强势资助职业能力开发活动

韩国政府对职业能力开发训练给予强势资金支持。其一，从教育训练实施机构看，公共培训由政府成立的韩国科技专科大学（한국폴리텍대학）和韩国技术教育大学实施；其他培训则由政府委托的私人培训机构实施。从培训机构的数量占比看，2018年，私人培训机构占比高达98.8%，且有60%的私人培训机构为在职者和失业人员提供实习计划。其二，韩国雇佣劳动部设计的职业能力开发训练政策均有政府资金资助。其中，韩国科技专科大学面

向未来培养技术人才，政府对其提供的各种职业训练课程均提供部分或全额学费资助，有些训练课程还为学习者提供交通补助和津贴。国民民日学习卡制度为参训者提供相当于培训费用45%-85%的补贴和相当于培训费用50%-100%的就业成功奖励金。国家基础及战略产业训练政策、普通高中特化职业能力开发培训均为参训者提供全额培训费用补贴和每月不超过11.6万韩元的培训奖金。工业4.0先导人才培训政策规定，培训费用不超过NCS单价300%的，为培训机构提供全额培训费用补贴；为参训者提供每月不超过11.6万韩元的培训奖金。职业培训贷款政策为符合条件的劳动者提供每月200万韩元的贷款，年息1%，另设置3年的免还款期限。政府为国家人力资源开发团每年预算20亿韩元以内的补贴，用于补偿培训发生的设施、装备费，项目开发费，人工成本和一般运营费，培训费用和培训补贴等。企业主职业能力开发政策针对实施劳动者职业能力开发的企业提供训练费、带薪休假训练人工费、训练津贴、食宿费补贴。中小企业训练补贴政策对建立学习型组织、采用韩国工业现场教学制度的中小企业提供补贴，促进人力资源开发能力不足的企业的劳动者也能够参与职业能力开发，促进企业在工作现场积累技术，不断提高生产率。熟练技术奖励对评选出的优秀技术人员给予奖励，以提高技术工人的经济和社会地位，营造全社会尊重高级技能人才的社会氛围。韩国政府也高度重视技能竞赛，对各个级别的技能竞赛中的优秀选手直接提供额度不等的奖金。韩国雇佣劳动部2019年对失业者和在职者职业能力开发训练项目的预算资金支持如表3-26所示。

三、制度设计目标：融合技术人才培养与未来技能提升

（一）未来技能发展需求融合型技术人才

韩国认为应对第四次产业革命中融合技术发展的需求，应将劳动者培养为掌握融合技术的人才。为此，韩国通过技术资格认证制度和完善的职业开发培训体制引导劳动者认识融合技术技能并引导他们参与提升融合技术能力的职业培训。韩国国家职业能力标准（NCS）每年均专门针对新产业领域开发10多个NCS新项目，2019年新产业领域项目开发速度大幅提升，前五个月已经在智能工厂系统安装、人工智能模块、区块链服务等领域开发了20个NCS

项目。国家职业能力标准关注劳动者现场工作技能和业务能力提升，旨在开发具有资格－教育、训练－经历相适应的能力体系。

《应对劳动市场变化的职业能力开发革新方案》的创新性主要体现在增加新技术领域的培训机会以培养与新技术相关的新工作所需求的现场工程师和融合型人才，认为职业能力开发主要应聚焦如下领域：扩大对新技术部门的人力培训；支持智能工厂扩张以促进人力资源开发与工作转型；根据行业的数字化增加工人的适应性培训；对现有职业培训进行ICT嫁接等质量改进；建立新技术现场培训的管理结构等。

（二）融合型技术开发训练举措

针对劳动者的融合技术开发训练主要从两方面着手。一方面，针对新增劳动力培养的正规教育全程贯通融合技术能力培养。在中小学阶段，融合技术能力体现为创造性、社会性、团队合作等基础能力和素养。在职业高中实行特性化高中学分制，并与技术资格认证制度相衔接。韩国工作世界（Job World）为儿童和青少年提供职业探索和职业体验机会，促进他们了解、认识未来职业。另一方面，在高等教育阶段及以后，融合技术能力体现为跨领域就业迁移的能力、职业软技能匹配硬技能以及终身学习的能力。韩国科技专科大学的职业培训中心的主要任务之一是为绿色产业和未来新增长领域培养人才，特别是培养未来社会关键领域需求的新工程师，它提供的两年制学位课程的目标即促进劳动者掌握两个以上工种的技能和知识，熟悉从产品开发至产品制造的整个周期，能够提高生产率且能解决复杂技术问题。韩国技术教育大学主要培养兼具创造性和实践技术的复合型工程技术人员、职业能力开发专家等。工业4.0先导人才培训政策是专门为应对第四次工业革命带来的急剧产业变革以及新产业领域专业技术人才需求增长训练复合型高技能人才的政策，该政策明确指出要培养制造业和信息通信技术融合型技术人才。国家基础及战略产业训练针对韩国国家基础产业及战略新兴产业人才短缺而有针对性地为企业培养适销对路的人才。韩国劳动者职业能力开发训练的根本目标在于促进劳动者形成终身学习的能力，能够具备融合型技术技能从而坦然应对因技术升级带来的就业风险。韩国技术教育大学是一所与职业能力开发相关的特殊大学，旨在培养实践工程技术人员、人力资源开发专家、职业技能开发培训教师等，这三类人员应该具有高级管理能力，故均要修读 HRD 课程，毕业时可获得职业能力开发培训教师资格证。

四、制度覆盖对象：包容性职业能力开发与可持续就业

技术进步加速一方面对劳动者技能升级提出了要求，使得全面技能升级成为必然趋势；另一方面，技能基础较差的弱势群体在技术进步中被淘汰的风险最高，支援弱势群体的未来技能开发也成为必然趋势。故韩国要建立一个涵盖全体劳动者在内的技能开发体系——包容性职业能力开发训练体系，该体系倡导全民终身职业能力开发，通过职业培训获得可持续的就业能力。

（一）包容性职业能力开发理念

工作岗位委员会的工作方向之一即发展以人为中心的就业经济，2017 年公布的就业政策五年发展蓝图专门应对第四次产业革命、青年就业、低生育率、人口老龄化等引发的就业危机，这份发展蓝图充分体现了包容性职业能力开发的理念，其中特别关注了改善劳动条件、提高工作质量以改善劳动力市场收入两极分化，针对青年、女性、新中老年等就业困难群体实施有针对性的就业援助。需要特别指出的是，韩国的新中老年或新中年的概念是指中老年劳动者重新规划余生生活以年轻得幸福生活的群体，该群体仍有就业意愿，然而却面临着职业转换困难，亟待就业援助。

韩国职业能力开发院则倡导必须改变企业培训模式，以往对中小企业的职业训练支援重点放在企业对弱势群体的雇佣政策上，未来还应关注 30+ 年龄组劳动力的职业技能更新与提升，政策重点放在支持劳动者和企业在工作现场的技能供需均衡，建构一个定制型职业能力开发体系。

（二）韩国科技专科大学的包容性职业培训课程

韩国科技专科大学职业培训中心的主要目标是面向未来提升劳动者的工作现场职业素质以培养创新人才、全球化的顶级人才，其所提供的职业培训课程按劳动者的职业技能基础提供不同层次的未来技能培训，特别关注高中应届毕业生和大学应届毕业生的技能提升，关注中老年劳动力转职所需的技能培训，充分体现了包容性职业能力开发的理念。（1）高技能培训。①两年制学位课程旨在促进劳动者掌握两个以上工种的技能和知识，培养融合技人才。②学位专业审核课程为专科大学毕业者或企业在职者提供机会以提高业务能力、深化专业技能。③技能培训课程针对专业领域的熟练技术人员提供技术及生产管理方法培训，培养工作现场管理及技能指导监督的能力。④专业技术课程针对15岁以上未就业者提供培训课程。⑤高科技课程为大学应届毕业生提供培训。⑥普通高中职业教育委托课程为普通高中在校生提供进入科技专科领域接受技术教育的课程。（2）新中年特化课程为50岁以上有就业意愿的劳动者提供定制的技术教育实施持续的职业能力开发。韩国科技专科大学提供的职业培训课程除了在上述类别划分中体现出对中年转职人员的关注，在高技能培训中还体现出了对存量和增量劳动力的分类关注，除了技能培训课程和新中年特化课程，所有的培训课程均对高中应届毕业生和大学应届毕业生开放，以解决新增劳动力（青年劳动力）毕业即失业问题。

（三）雇佣劳动部针对存量劳动力的包容性技能提升政策

韩国政府高度重视面向失业者习得未来技能的职业开发训练，预算资金支持失业者明日学习卡、国家基础及战略产业集中训练、技术技能人员培训（Polytech）、职业培训贷款等政策（如表3-26所示）。其中，失业者明日学习卡政策旨在为失业者提供职业开发训练所需的资金，特别关注45+及低收入劳动者；国家基础及战略产业集中训练政策将失业者定位于重要产业短缺人才，技术技能人员培训将失业者定位于未来融合型技术技能人才；职业培训贷款旨在通过贷款减轻劳动者参与较长时期职业培训期间的生活负担，制度覆盖对象主要是临时工、失业者等弱势群体，资助形式是为其提供长期低息生活贷款。韩国通过上述政策确保失业者能够融入未来的新兴产业中，能够分享经济发展的成果。

韩国政府更重视在职者的职业开发训练以促进其不断适应技术进步引发的技能升级需求，通过提升持续的就业能力来适应频发的就业变迁。针对在职人员的职业能力开发训练政策中，除了国民明日学习卡政策，其他政策的支持对象均为企业，为鼓励企业参与员工的职业能力开发训练而提供培训费用补贴、教师津贴等费用。

表 3-26　韩国劳动者职业开发训练政策（2019）

政策		主要内容	预算
失业者	失业者明日学习卡	向需要培训的失业者发放培训账户（部分负担），支持掌握技术技能	2905亿韩元（约17亿人民币）
	国家基础及战略产业集中训练	对重要产业领域短缺工种实施培训，供给技术技能人才缓解人力短缺（发放培训账户）	3760亿韩元（约22亿人民币）
	技术技能人员培训（Polytech）	新兴产业及国家基础战略产业等下一代高附加值产业所需的融合型技术人才培养（全国34个校区）	1264亿韩元（约7亿人民币）
在职人员	企业主职业能力开发	雇主对企业在职员工、拟聘用劳动者实施职业培训时支援一定的费用	4147亿韩元（约24亿人民币）
	国家人力资源开发财团	针对中小企业组成企业联盟联合培训在职人员的，支援部分培训费用	1930亿韩元（约11亿人民币）
	工作学习并行制	现场培训费，企业聘用青年等学习劳动者时，提供定制化[3]和系统化的现场培训。对企业的培训费用和教师津贴等进行支援	846亿韩元（约5亿人民币）
	在职者明日学习卡	为中小企业在职员工、临时工提供培训机会，发放培训账户（中小企业、非正式员工免费）	1139亿韩元（约6亿人民币）

雇佣劳动部下属的劳资发展财团实施中壮年工作转移支援，免费提供针对中壮年的职业生涯设计服务、针对即将退休的中壮年转职学习项目、支援退休者再就业的再跳跃计划等。这些政策和服务充分体现了对年长员工转职的支持，也体现了在老龄化背景下对老年人力资源的再开发。雇佣劳动部下属的劳工共济会专门针对低收入、就业不稳定的建筑工人提供贷款、增进福利等措施促进其通过稳定就业提高生活质量。

（四）弱势群体分类与定制化个人就业促进方案

韩国的国民就业援助制度和就业成功计划分别将弱势群体分为两个类别，并提供有差异的政策。

国民就业援助制度充分关注低收入人群和青年劳动者，将符合福利政策的劳动者分为类型1和类型2，其中类型1指18-64周岁收入在中位收入50%以下者，其中青年劳动者为中位收入120%以下者；类型2是类型1以外的青年劳动者（中位收入120%）和停业小商贩。就业援助制度为这些劳动者提供分类就业指导，制订针对个人的就业计划，提供匹配的工作经验计划和职业培训、求职能力提升计划、福利服务等。在国民明日学习卡制度中，对类型

1参加者的就业成功奖励金的补贴比例为80%~100%，类型2参加者为50%-85%，可见制度更为关照弱势者。

就业成功计划针对韩国18-69周岁劳动者中的低收入及待业青年等弱势群体提供就业援助，制订定制化就业促进方案。其中就业成功计划1类指基础生活费领取者、低收入及中位数收入60%以下的特定弱势群体，具体指脱北者、女性家属、15-24岁危机青少年、信用恢复志愿者、无家可归者、婚姻移民等。就业成功计划2类指18-34岁无收入青年、35-69岁低于中位数收入100%的中年人。就业成功计划为两类人员提供就业问题诊断、职业能力发展计划以及就业指导。

五、制度激励方向：企业主激励与劳动者支援

韩国的职业能力开发制度是针对劳动者和企业主双向激励的，根本目的是激发供需双方提升技能的积极性，在促进技能供需均衡的基础上实现国家技术升级与竞争力提升。

（一）技能需求：企业主职业能力开发支援

从技能需求的角度看，企业作为技能需求主体在理论上均应有参与劳动者职业能力开发的积极性，但现实中可能并非如此。一方面，由于企业自身经济实力和实际生产条件的制约，很多企业尤其是中小企业并不具备独立完成员工在职培训的能力，因而需要韩国政府的助力，将企业主的潜在技能提升需求转为现实的需求。另一方面，弱势群体有就业意愿，但因为技能水平较低，企业主缺乏雇佣的积极性，导致该群体就业困难，也需要政府助力企业增加对弱势群体的雇佣以体现包容性发展。

韩国雇佣劳动部针对企业的激励政策有国家人力资源开发财团、企业主职业能力开发、中小企业训练补贴、工作学习并行制。韩国政府每年为国家人力资源开发财团预算20亿韩元的资金支持。国家人力资源开发财团是众多中小企业组成的联盟，共享各自的优势培训资源，为中小企业员工和应聘者提供职业能力开发培训。韩国的共同训练中心是分类分层实施中小企业培训的，有针对系统性持续培训的普通共同训练中心、战略领域共同训练中心、区域联合培训中心、产业型联合培训中心等几个类型。企业主职业能力开发

旨在激励企业主针对员工实施职业能力开发训练。中小企业训练补贴旨在促进能力不足的中小企业参与职业能力开发。工作学习并行制则支持企业为青年劳动者提供工作现场的定制化和系统化培训。

（二）技能供给：劳动者职业能力开发支援

韩国针对劳动者的职业能力开发支援是分类分层展开的，针对性强，且体现了充分的包容性。一是从弱势群体的支持角度出发，非常重视激励失业者提升技能以实现就业，比如明日学习卡、国家基础及战略产业训练、普通高中特化职业能力开发培训、工业4.0先导人才培训、职业培训贷款等。二是针对新增劳动力的培训课程支援，比如韩国科技专科大学提供的两年制学位课程、学位专业审核课程、专业技术课程、高科技课程、普通高中职业教育委托课程。三是针对存量劳动力的培训课程支援，有为熟练技术人员提供技能深化和业务能力提升的高技能课程，比如学位专业审核课程、技能培训课程；还有为中年转职人员提供的新中年特化课程。

六、制度作用机制：劳资民政相生与工作岗位创造

建构劳资民政相生型工作岗位创造机制是工作岗位委员会的工作方向之一。劳资民政相生型工作岗位创造机制指以地方自治团体、企业、劳动者、居民等多种经济主体之间的劳动条件、投资计划、福利或生产力提高等方面的协议为基础，促进地区投资和创造地区工作岗位的政策。工作岗位委员会为建构这样的工作机制提供补贴和支持。该机制的主要出发点有二：其一，促进劳动者就业与促进区域经济发展紧密结合，吸引区域内的企业、劳动者、居民、地方自治团体等利益相关者在各自发展的基础上达成一致，共同发展，建构和谐的发展氛围、和谐的劳资关系；其二，针对劳动条件、投资计划、生产力提升协议等现实的和潜在的发展条件协商匹配于区域经济发展与企业发展需求的劳动力开发计划，实现技能供需均衡。

为配合工作委员会的劳资民政相生工作机制运行，工作岗位委员会的部门和人员组成也是多元主体的，因工作需要，委员会可邀请中央行政机关、地方自治团体所属公务员以及公共机关和有关机构、团体、研究所的工作人员兼职，必要时也可聘任有关专家为任期制公务员。

第四章 印度产业工人技能形成

第一节 印度产业工人技能提升的经济社会背景

一、印度产业发展情况

（一）印度 GDP 增长速度

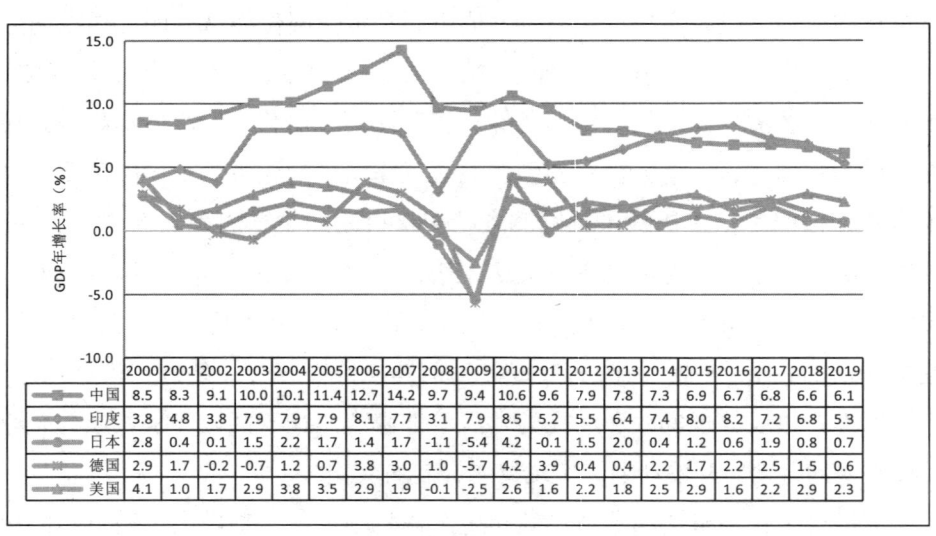

图 4-1 2000—2018 年世界主要国家 GDP 年增长率（%）

数据来源：World Bank.https://data.worldbank.org.cn/indicator/NY.GDP.MKTP.KD.ZG?contextual=default&end=2018&locations=IN-CN-US-DE-

JP&name_desc=false&start=2000&view=charta

印度于20世纪80年代开启改革开放进程，经济开始起飞。自2003年GDP年增长率首次突破7%后，2008年前后受亚洲金融危机影响短暂回落，后一直维持在7%左右，2016年以来稍有降低但仍然高于5%，2014-2018年甚至超过了中国，2001-2019年间的GDP年增长率均高于日本、德国和美国（如图4-1所示），成功跻身为世界第六大经济体。

（二）印度产业结构

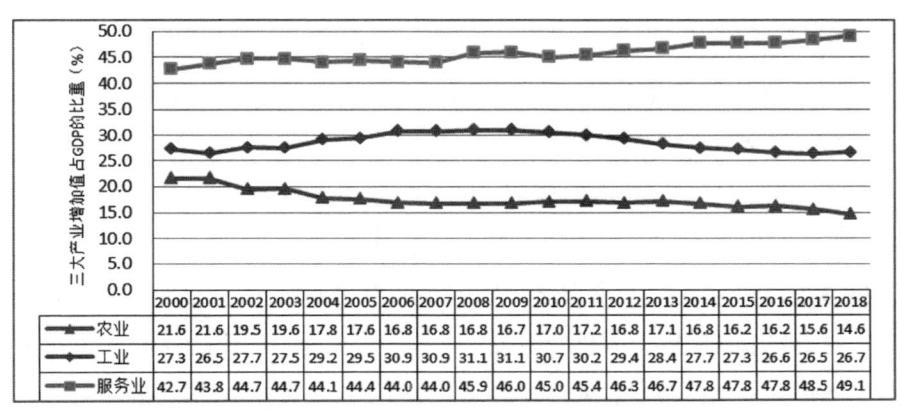

图4-2 印度2000-2018年农业、工业、服务业增加值占GDP的比重

数据来源：World Bank.https://data.worldbank.org.cn/

印度曾经是传统意义上的农业国家，随着改革开放的推进，其产业结构逐渐发生了变化，农业的贡献率越来越低，工业和服务业在三次产业增加值中的占比逐年提高。2000-2018年间，农业增加值占GDP的比重从21.61%下降至2018年的14.6%；工业增加值占GDP的比重从27.33%下降至2018年的26.75%；服务业增加值占GDP的比重从42.73%增至2018年的49.13%，接近50%（如图4-2所示）。产业结构的变动必然引发对劳动力需求的变动，通常服务业吸纳的劳动力最多，且服务业快速发展会催生许多新行业从而提供更多工作岗位。但是，与此同时，在印度出现了严重的结构性失业，一方面迅猛发展的现代服务业对金融、信息业从业人员提出了较高素质和能力要求；另一方面印度劳动力的识字率很低，人民日益增长的就业需求与高新技术服

务业创造的就业机会严重不协调①，提升印度劳动力的技能水平成为经济发展的重中之重。

印度总理莫迪在2014年9月25日启动"印度制造"（Make In India，MII），试图通过各项经济改革，完善投资环境，吸引国际制造业巨头投资印度，将印度转型为制造业中枢国家。该战略对本国的劳动力素质提出了高要求，基于劳动力现状，莫迪于2015年7月15日在首个"世界青年技能日"上发起了"技能印度（Skill India）"计划，试图将印度打造成为"高技能劳动力"的港湾，并于16日推出配套的求职者技能培训计划。

求职者技能培训计划的主要内容有如下几方面：其一，在培训人数上，计划于2022年之前为4亿印度人提供技能培训；其二，在资金援助方面，政府贷款计划为接受技能培训的贫穷学生提供5万–15万卢比不等的资金支持；其三，在培训人员构成方面，政府关注劳动力技能提升，将退役军人定位为技术学院培训员；其四，在参与机构方面，激励私营部门成立更多的技能培训中心。

2019年莫迪连任印度总理后，制定了印度未来的发展蓝图，即在未来科技政策的影响下，印度工业化和城市化进程均会加速，印度的目标是在21世纪上半叶崛起。为此，印度的未来发展设计如下：其一，选择"以低端制造业为主、中高端制造业为辅"的科技创新发展道路；其二，迅速培养一支上亿人的产业工人队伍；其三，力促形成以印度为潜在核心国的区域产业分工链②。毋庸置疑的是，未来印度的这些经济发展政策均需要匹配的劳动力。

二、印度劳动力供给结构

（一）印度人口结构

印度是世界上年轻人最多的国家之一，拥有极为丰厚的潜在人口红利，下面从15–29岁劳动力占比、分性别人口分布、劳动年龄人口分布三个指标进行分析。（1）15–29岁劳动力占比。2018年就业交流手册的统计数据显示

---

① 胡山.一带一路沿线国家——印度产业结构与产业政策分析[EB/OL].（2019-03-08）[2020-02-10]. https://www.sohu.com/a/300049733_804346.

② 封颖.莫迪连任影响下的印度科技创新政策[EB/OL].（2019-06-20）[2020-02-10].http：//epaper.gmw.cn/gmrb/html/2019-06/20/nw.D110000gmrb_20190620_2-14.htm.

（如表4-1所示），2006-2016年间，印度15-29岁劳动力占总就业人口的比例在64%~71%之间，虽呈下降趋势，但印度劳动力人口中青年人口占比非常高也是事实。（2）分性别人口分布。世界银行的统计数据显示，2008-2018年间，印度男性人口占比呈现微降趋势，但仍然超过50%，男性占比超过女性（如表4-2所示）。（3）劳动年龄人口分布。2018年就业交流手册的统计数据显示（如图4-3所示），2010-2016年间，20-29岁组别位列第一，呈现先微降后上升的趋势，在总就业人口中的占比保持在45%-47%之间；30-39岁组别位列第二，呈现出先上升后微降的趋势，保持在25%左右；15-19岁组别位列第三，呈下降趋势，从2010年的21%下降至2016年的17.5%，下降了3.5个百分点；40-49岁组别位列第四，呈现出微升趋势；50-59岁组别位列第五，稳定在1%-1.5%之间；60岁以上组别排在最后，占比在0.1%-0.3%。综合印度劳动年龄人口分布情况，发现39岁以下的中青年占比接近90%，劳动力资源非常丰富。

表4-1 2006-2016年间印度15-29岁劳动力占总就业人口的比例（%）

	2006年	2007年	2008年	2009年	2010年	2011年	2012年	2013年	2014年	2015年	2016年
15-29岁占比（%）	70.06	69.82	68.94	67.86	67.78	66.94	63.95	64.64	64.2	64.2	64.2

数据来源：The Ministry of Labour & Employment[IN].Employment Exchange Statistics 2018[EB/OL].[2020-02-10].https：//labour.gov.in/sites/default/files/Employment_Exchanges_Statistics_2018.pdf

表4-2 2000-2018年间印度分性别人口占比（%）

性别	2008年	2009年	2010年	2011年	2012年	2013年	2014年	2015年	2016年	2017年	2018年
男性	52.03	52.03	52.02	52.02	52.01	52.00	52.00	51.99	51.98	51.98	51.97
女性	47.96	47.96	47.97	47.97	47.98	47.99	47.99	48.00	48.01	48.01	48.02
男女差距	4.07	4.07	4.05	4.05	4.03	4.01	4.01	3.99	3.97	3.97	3.95

数据来源：World Bank.https：//data.worldbank.org.cn/

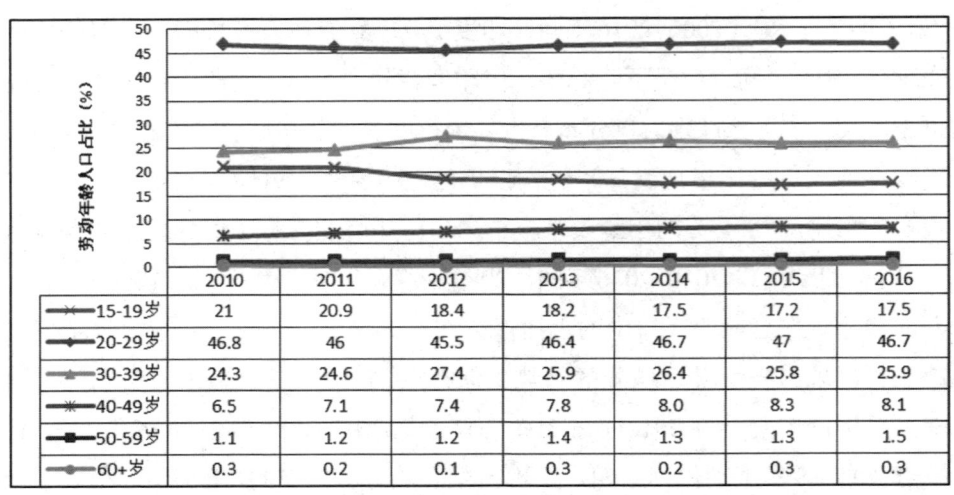

图 4-3　2010-2016 年间印度劳动力年龄人口分布（%）

数据来源：The Ministry of Labour & Employment[IN].Employment Exchange Statistics 2018[EB/OL].[2020-02-10].https：//labour.gov.in/sites/default/files/Employment_Exchanges_Statistics_2018.pdf

（二）印度劳动力就业结构

1. 印度的劳动力参与率

（1）印度总体的劳动力参与率

世界银行的统计数据显示，印度 2009-2019 年间劳动力参与率呈整体下降趋势，由 2009 年 54.813% 降至 2019 年的 49.293%，下降了 5.52 个百分点（如图 4-4 所示）。该数据同时表明印度劳动年龄人口中有近 50% 未能进入劳动力市场。相比于世界平均水平，印度的劳动力参与率低了近 10 个百分点。与同为人口大国的中国相比，印度劳动力参与率低了将近 20 多个百分点。综上，虽然印度劳动年龄人口规模庞大，但劳动力参与率尚未达到世界平均水平，表明其人力资源存在极大闲置和浪费，若要获得人口红利，必须先提升劳动力参与率。

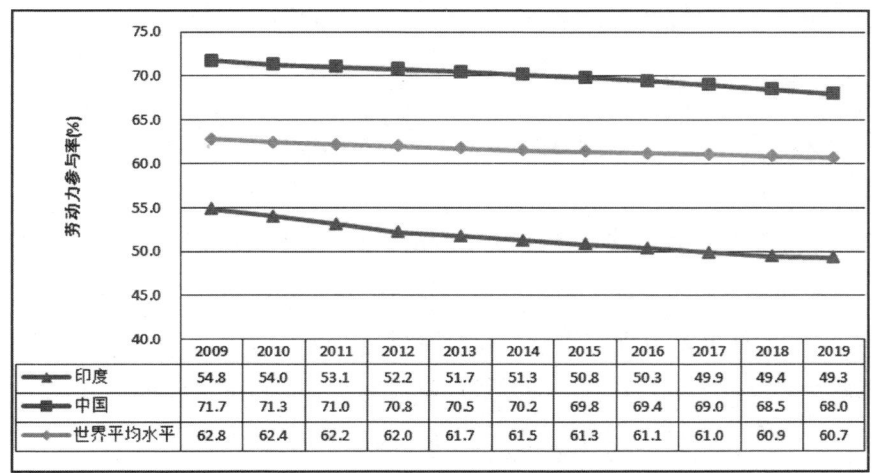

图 4-4　2009-2019 年间印度、中国、世界平均水平的劳动力参与率（%）

数据来源：World Bank.https://data.worldbank.org/indicator/SL.TLF.CACT.ZS?locations=1W

（2）分性别的劳动力参与率

世界银行的统计数据显示，印度 2009-2019 年间男性的劳动力参与率明显高于女性，男性为 70% 以上，女性仅为 20% 多一点，两者相差 53-57 个百分点（如表 4-3 所示）。但男女两性在劳动年龄人口占比上的差距男性仅比女性高出 4 个百分点左右（如表 4-2 所示）。可见，印度女性人口的劳参率过低，存在极大人力资源浪费。另外，从男女两性劳动力参与率的变动趋势看，2019 年男女两性的劳动力参与率分别比 2009 年下降了 4.9 和 6.3 个百分点，女性劳参率降幅更大，表明印度女性就业意愿变动较大或者印度女性就业不稳定性较高。

表 4-3　2009-2019 年印度男性和女性劳动力参与率（%）

性别	2009年	2010年	2011年	2012年	2013年	2014年	2015年	2016年	2017年	2018年	2019年	2019年比2009年增减
男性	80.98	80.51	80.03	79.55	79.02	78.48	77.93	77.35	76.76	76.16	76.08	-4.9
女性	26.82	26.68	24.45	22.89	22.48	22.09	21.71	21.36	21.02	20.71	20.52	-6.3
男女差值	54.16	53.38	55.58	56.66	56.54	56.39	56.22	55.99	55.74	55.45	55.56	—

数据来源：World Bank.https：//data.worldbank.org

2.印度的就业率

下面用总体就业率和分性别就业率考察印度劳动力的就业状况。

（1）总体就业率

世界银行的统计数据显示，印度2009-2019年间总体就业率在46%-52%之间，且总体就业率呈逐年下降趋势，2019年比2009年低5.11个百分点（如表4-4所示），表明印度的劳动力人口在相对减少，即有部分劳动力退出劳动力市场使得就业率下降，也意味着劳动年龄人口中闲置的比率在上升。

表4-4　2009-2019年间印度就业率（%）

	2009年	2010年	2011年	2012年	2013年	2014年	2015年	2016年	2017年	2018年	2019年	2019年比2009年增减
总体就业率	51.76	50.98	50.1	49.24	48.79	48.39	47.98	47.56	47.18	46.79	46.65	-5.11
男性就业率	76.49	76.0	75.51	75.04	74.53	74.08	74.0	73.09	73.0	72.1	71.98	-4.51
女性就业率	25.31	24.21	22.9	21.61	21.21	20.85	20.51	20.19	19.9	19.61	19.45	-6.86

数据来源：World Bank.https：//data.worldbank.org.cn

（2）分性别就业率

世界银行的统计数据显示，2009-2019年间，印度男性和女性的就业率均呈下降趋势，2019年与2009年相比，男性和女性的就业率分别下降了4.51和6.86个百分点，且女性就业率下降幅度大于男性（如表4-4所示）。另外，印度男性就业率远高于女性，几乎是女性就业率的3倍左右，且两者之间的差距逐年拉大。可见，印度女性劳动力不仅就业率低，而且退出劳动力市场的比例在增加。这表明，印度开发女性人力资源，一方面要激励女性进入劳动力市场，提升劳参率，同时更要提升其就业率；另一方面，要防止女性不断退出劳动力市场造成更大的人力资源浪费。

（三）印度劳动力技能状况

1.受教育状况

（1）总体情况

印度劳动与就业部2014年发布的就业统计数据（2003-2013）显示，印度劳动力学历分布结构为：初等教育水平（10年级）的劳动力人数位列第一，数量呈波动上升趋势，最高超过1800万人，最低接近1300万人，2012年触底后迅速大幅度反弹；中等教育水平（10+2）的劳动力数量位列第二，呈上升趋势；高等教育水平（大学及研究生）的劳动力数量位列第三，呈波动上升趋势，由2003年的50多万人上升到2013年接近100万人左右，人数增加了近一倍（如图4-5所示）。综上，印度的劳动力整体受教育水平较低。

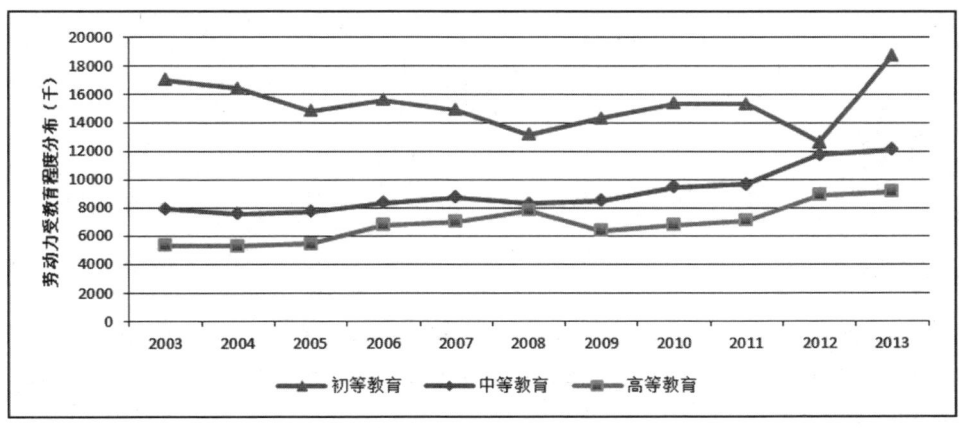

图4-5 印度2003-2013不同学历的劳动力总数（千）

数据来源：The Ministry of Labour & Employment[IN].Handbook of Employment Exchange Statistics（1947-2014）[EB/OL].[2020-02-10].https://labour.gov.in/sites/default/files/Handbook%20of%20Employment%20Exchange%20Statistics%20%281947-2014%29%281%29.pdf

注：初等教育：（10TH CLASS PASSED），包括小学5年、高小3年、初中2年。

中等教育：（10TH + 2 PASSED），在初等教育10年的基础上，再接受2年高中阶段的教育／中等职业教育。

高等教育：（GRADUATES AND POST GRADUATE），包括大学和研究生教育。

（2）分性别情况

2014-2016年就业交流统计手册的数据显示，印度分性别的求职者受教育程度呈现出男性高于女性的趋势，且两者之间的差距不断拉大（如表4-5所示），女性的劳动力参与率与就业率均低于男性，受教育程度较低是原因之一。无论是男性还是女性求职者，接受初等教育的占比最高，其余依次为中等教育、大学、研究生。从纵向上看，同一性别中居于首位的是接受过初等教育的人，而后依次是中等教育、大学毕业生、研究生、文凭证书持有者及其他。综上，印度整体劳动力的受教育程度较低。

表4-5　印度2014-2016年间不同性别求职者的受教育程度占比（%）

受教育程度	2014年			2015年			2016年		
	男性	女性	差距	男性	女性	差距	男性	女性	差距
初等教育	26.08	14.27	11.81	26.7	14.14	12.56	26.95	14.22	12.33
中等教育	20.36	11.10	9.26	20.89	11.37	9.52	20.81	11.51	9.3
大学生	11.44	7.28	4.16	10.09	6.67	3.42	10.05	6.86	3.19
研究生	2.72	2.41	0.31	2.51	2.20	0.31	2.2	1.81	0.39
文凭证书持有者及其他	2.96	1.37	1.59	3.33	1.96	1.37	3.35	1.82	1.53

数据来源：The Ministry of Labour & Employment[IN].Employment Exchange Statistics 2016[EB/OL].[2019-09-30].https：//labour.gov.in/sites/default/files/Employment_Exchange_Statistics-2016.pdf

The Ministry of Labour & Employment[IN].Employment Exchange Statistics 2017[EB/OL].[2019-09-30].https：//labour.gov.in/sites/default/files/Employment_Exchange_Statistics-2017.pdf

The Ministry of Labour & Employment[IN].Employment Exchange Statistics 2018[EB/OL].[2020-02-10].https：//labour.gov.in/sites/default/files/Employment_Exchanges_Statistics_2018.pdf

2. 技能水平状况

印度全国抽样调查局（National Sample Survey，NSS）第61次和68次调查报告给出了2004-2005年度、2011-2012年度印度15-59岁年龄组劳动力接受职业培训的数据，具体分为正在接受正规职业培训、接受过正规职业培训、未接受过正规职业培训和未接受过职业培训四个类别（如表4-6所示）。

（1）分性别的职业培训状况

印度每千名劳动力接受职业培训的情况呈现如下几个特征：其一，根据正在接受正规职业培训和接受过正规职业培训两个指标，男性劳动力接受正规职业培训的占比高于女性；其二，根据未接受过正规职业培训指标，男性未接受过正规职业培训的占比大幅下降，而女性的数据相对稳定，表明男性在正规职业培训市场比女性更具有优势；其三，未接受过职业培训的占比畸高，男性占比在85%左右，女性占比在90%多，表明印度劳动力总体上缺乏职业培训；其四，从总体看，有正规职业培训经历的不足5%，未接受过正规职业培训的占比高于接受过正规职业培训的占比，表明劳动力亟待接受正规职业培训，学习标准化的技能，印度的正规职业培训市场有待进一步发展。

表4-6 印度每千名15-59岁年龄组劳动力接受职业培训的情况（%）

类别	年度	正在接受正规职业培训	已接受正规职业培训	未接受过正规职业培训	未接受过职业培训
男性	2004-2005年度	1.7	2.6	9.4	85.5
	2011-2012年度	1.1	2.6	1.2	84.2
女性	2004-2005年度	0.9	2.1	5.9	90.2
	2011-2012年度	0.6	1.6	5.2	92.5
总体	2004-2005年度	1.3	2.4	7.7	87.8
	2011-2012年度	0.9	2.2	8.5	88.3

数据来源：National Sample Survey Organization[IN].Status of Education and Vocational Training in India 2004-2005[EB/OL].（2006-12-31）[2020-02-10].http：//mospi.nic.in/sites/default/files/publication_reports/517_final.pdf

National Sample Survey Organization[IN].Status of Education and Vocational Training in India 2011-2012[EB/OL].（2015-09-30）[2020-02-10].http：//mospi.nic.in/sites/default/files/publication_reports/nss_report_no_566_21sep15_0.pdf

（2）分年龄组的职业培训状况

根据全国抽样调查局第61次和68次调查报告给出的分年龄组别劳动力接受正规职业培训的数据，总体上，25-29岁组别接受正规职业培训的比例最高，其次为20-24岁组别。从不同性别看，15-59岁组别中女性接受正规职业培训的比例比男性稍高，表明女性技能提升受到政府重视；但其他所有年龄组别均表现出男性接受正规职业培训的比例高于女性，表明女性劳动力通过正规职业培训提升技能的少于男性（如表4-7所示）。

表4-7 印度不同年龄组别每千名劳动者接受正规职业培训的情况（%）

年龄分组	2004–2005年度			2011–2012年度		
	男性	女性	总体	男性	女性	总体
15–19岁	0.9	1.0	0.9	0.9	1.1	1.0
20–24岁	3.6	2.8	3.2	3.6	2.6	3.1
25–29岁	3.7	2.6	3.2	4.3	2.8	3.5
30–34岁	–	–	–	3.0	1.6	2.3
45–59岁	–	–	–	2.0	0.8	1.4

数据来源：National Sample Survey Organization[IN].Status of Education and Vocational Training in India 2004−2005[EB/OL].（2006−12−31）[2020−02−10].http：//mospi.nic.in/sites/default/files/publication_reports/517_final.pdf

National Sample Survey Organization[IN].Status of Education and Vocational Training in India 2011−2012[EB/OL].（2015−09−30）[2020−02−10].http：//mospi.nic.in/sites/default/files/publication_reports/nss_report_no_566_21sep15_0.pdf

3. 技能培训供需状况

（1）技能培训需求状况

印度国家技能开发公司在2010−2014年开展了一项针对印度技能缺口的研究，结果显示，到2022年印度24个关键行业的净技术人才需求量每年高达1.0973亿人（如表4-8所示）。特别是随着印度向知识经济转型，金融服务、信息技术、生物技术、医疗保健和制药等行业将面临高技能劳动力需求短缺。随着"印度制造"战略强调发展高附加值产业，高端产业将需要更多高技能劳动力。

表4-8 至2022年印度各部门人力资源需求量（单位：百万）

	部门	2013年实际就业	至2022年就业岗位	2013−2022年新增需求
1	汽车及汽车零部件	10.98	14.88	3.9
2	美容和健康	4.21	14.27	10.06
3	食品加工	6.98	11.38	4.4
4	媒体和娱乐	0.4	1.3	0.9

	部门	2013年实际就业	至2022年就业岗位	2013-2022年新增需求
5	手工业	11.65	17.79	6.14
6	皮革及皮革制品	3.09	6.81	3.72
7	家政	6	10.88	4.88
8	宝石和珠宝	4.64	8.23	3.59
9	通信	2.08	4.16	2.08
10	旅游业和酒店业	6.96	13.44	6.48
11	家具和装饰	4.11	11.29	7.18
12	建筑和房地产	45.42	76.55	31.13
13	信息技术	2.96	5.12	2.16
14	建筑材料和建筑五金	8.3	11.0	2.7
15	纺织业	15.23	21.54	6.31
16	医疗保健	3.59	7.39	3.8
17	安全	7.0	11.83	4.83
18	农业	240.4	215.6	24.8
19	教育和技能发展	13.02	17.31	4.29
20	运输和物流	16.74	28.4	11.66
21	电子与硬件	4.33	8.94	4.61
22	制药与生命科学	1.86	3.58	1.72
23	银行、金融服务和保险	2.55	4.25	1.7
24	零售	38.6	55.95	17.35

数据来源：Federation of Indian Chambers of Commerce & Industry[IN].Skill Development in India[EB/OL].[2020-02-10].http：//ficci.in/spdocument/20861/Skill_Development_in_india2015.pdf

（2）技能培训供给状况

其一，技能培训课程。印度国家培训总局2020年4月的数据显示，目前技能培训课程最热门的十大行业中，汽车自动化行业位列第一，课程数达2383门；其余依次为纺织业847门、信息技术813门、电子与硬件733门、服饰设计711门、教育培训和研究570门、皮革及皮革制品492门、私人服务

438门和旅游业391门；手工业排在第十，课程数达340门（如表4-9所示）①。

表4-9　技能培训课程最多的十大行业（单位：门）

序号	行业	课程数
1	汽车自动化	2382
2	纺织业	847
3	信息技术	813
4	电子与硬件	733
5	服饰设计	711
6	教育、培训和研究	570
7	皮革及皮革制品	492
8	私人服务	438
9	旅游业	391
10	手工业	340

数据来源：National Skill Development Agency[IN].Top 10 Sectors with maximum courses[EB/OL].（2019-02-15）[2020-02-10].https：//www.lmis.gov.in/cd/dashboard/course

其二，技能培训人数。印度国家培训总局2020年4月公布的数据显示，技能培训人数最多的十大行业分别为：服饰设计，位列第一，人数达12046人；其余依次为电子与硬件7030、零售2922人、美容与健康2219人、信息技术1964人、通信1894人、运输与物流1870人、纺织业1718人、建筑与房地产1334人；银行、金融服务和保险位列第十，人数为1262人（如表4-10所示）。

表4-10　技能培训人数最多的十大行业（单位：人）

序号	行业	人数
1	服饰设计	12046
2	电子与硬件	7030
3	零售	2922
4	美容与健康	2219

---

① National Skill Development Agency（NSDA）[IN].Skill Exchange[EB/OL].[2020-02-10].https：//www.lmis.gov.in/cd/dashboard/course.

续表

序号	行业	人数
5	信息技术	1964
6	通信	1894
7	运输与物流	1870
8	纺织业	1718
9	建筑与房地产	1334
10	银行、金融服务和保险	1262

数据来源：National Skill Development Agency[IN].Top 10 Sectors with Maximum Trainers[EB/OL].（2019-02-15）[2020-02-10].https：//www.lmis.gov.in/cd/dashboard/trainer

三、印度劳动力技能短缺的归因及影响

（一）印度劳动力技能短缺的归因

印度前中央银行行长 Raghuram Rajan 称，印度每年有 1200 万年轻人加入劳动力市场，创造就业岗位尤其是为青年人创造就业岗位对印度政府无疑是一个巨大挑战。长期以来印度劳动力受教育水平很低，但又缺乏培训设施，导致劳动力技能培训严重不足，劳动力就业能力与产业发展需求存在结构性不匹配，技能短缺与失业率并存。印度劳动力技能短缺的原因可从以下几方面进行分析。

1.忽视基础教育而弱化劳动力技能基础

长期以来基础教育在印度处于被忽视的状态，主要表现在以下几方面。（1）识字率低。联合国教科文组织 2018 年的调查数据显示，印度 15 岁以上人口的识字率仅为 74.37%，而中国为 97%。（2）中学教育阶段接受职业教育的人数很少。印度在中学教育阶段设置了职业教育课程，但是实际使用效率很低。联合国教科文组织 2017 年的数据显示，印度中等教育入学率为 91.26%，但技术、职业教育与培训人数在中等教育中的人口比例仅为 3.6%。（3）印度高中阶段教育实行普职分流，"学术流"指 50% 的学生学习普通教育课程，"职业流"指另 50% 的学生学习全日制或非全日制职业课程。进入 21 世纪，印度

高中"职业流"教学内容主要有语言教育、普通基础课、健康与体育、职业分流课四类，职业分类有农学、工程和技术（包括信息和通信技术）、商业、健康和特殊课程、家政学等。总体上职业教育课程门类较少，且与学生的需求不匹配，故自愿选择接受"职业流"教育的人数少。综上，忽视基础教育使印度在小学和中学阶段均弱化了劳动力的技能基础，也导致进一步的技能提升困难。

2. 高等教育人才培养与市场需求错位

印度高等教育人才培养与市场需求错位严重。一方面，印度高校学生毕业即失业现象严重，高学历劳动力失业现象也很普遍，就业能力较差。劳工统计局（The Labour Bureau）2013-2014年的调查数据显示，印度约9%的大学毕业生和研究生处于失业状态。另一方面，高校毕业生胜任对口专业岗位的比例很低。印度每年有60名新毕业的工程师，但只有18.43%的人胜任软件设计工作，仅有3.95%的人被视为训练有素可以直接部署、管理项目；仅有7.49%的人可以胜任机械、电子/电气和土木工程等核心岗位。可见，印度高校毕业生普遍就业能力准备不足，比如很多学生在实际工作中不能很好地应用计算机工程或机械工程基本原理，虽然在大学期间课程均有涉及这些内容，但学生明显能力不足[①]。

3. 职业教育和培训的供给能力严重不足

印度职业教育和培训的供给能力严重不足，远不能满足预期的熟练劳动力需求。一方面，培训师资不足。截止到2020年3月，印度现有职业教育和培训资源可容纳约231万名学员，按20∶1的学生/教员比例测算，需要近11.5万名培训师，但就业和培训总理事会（Director General of Employment & Training，DGET）的培训师容量只有9.505万个，尚不能满足实际要求。另一方面，在印度推进劳动力技能开发工作存在很大困难，主要原因如下。（1）印度人对职业教育的认可度低。职业教育通常被认为是无法在正规学术体系继续学业的无奈之选，因为职业教育内容与蓝领工作相关，但印度人渴望社会和经济地位较高的白领工作，因此职业教育的入学率低。以旁遮普邦的建

---

① Federation of Indian Chambers of Commerce & Industry[IN].Skill Development in India 2015[EB/OL]. [2020-02-11].http://ficci.in/spdocument/20861/Skill_Development_in_india2015.pdf.

筑业为例，该行业需要大量低技能劳动力，但当地劳动力却不愿意从事建筑业，导致该地区建筑业劳动力供给主要依赖于北方邦、比哈尔邦和恰尔肯德邦的移民劳动力。（2）职业教育和培训领域是市场失灵的领域。其一，从培训投资角度看，由于职业教育和培训的高资本要求和低投资回报，技能开发投资常被视为一种不可持续的投资形式，完全由市场供给，肯定会市场失灵，导致投资不足，故印度的劳动力技能开发计划主要依赖于政府资金或公私合营企业。其二，从劳动者角度看，准学员往往支付不起高昂的职业培训成本，再加上未来就业的不确定性，教育贷款被视为高风险产品，单纯由市场提供人力资本投资成本也会导致市场失灵，准学员很难获得贷款资助。（3）职业教育和培训的质量不高无法满足企业需求。职业教育和培训培养的技能无法满足产业发展需求，这一点在机械操作类中级技能人才培养上表现得尤为突出。造成上述局面的原因需要从职业教育和培训的基础设施、师资以及课程和教学方法考察。其一，在基础设施方面，职业院校普遍缺乏实践教学设施，课程设置常滞后于产业发展需求。其二，职业教育和培训师资缺乏明确的职业生涯发展路径，导致师资匮乏，影响了技能升级。其三，印度技能标准化进程推进缓慢，技能标准多样，让雇主了解职业标准、工作角色和资格包的重要性存在很大困难[①]。

（二）印度劳动力技能短缺的影响

1."人口红利"可能转变为"人口炸弹"

印度的"人口红利"也可能是"人口炸弹"。其一，从受教育程度看，印度文盲率高达30%，其中女性文盲率高达40%，印度人的英语优势只存在于少数群体中，多数印度人并不能使用英语正常交流。其二，印度人不重视职业技术教育，但受教育程度较高的群体掌握的专业技术技能存在与需求不匹配的结构性矛盾。其三，从经济发展趋势看，随着人工智能对人类劳动者的替代，无技能或低技能产业工人被替代的风险最高，因而向高端产业领域就业迭代最为迫切，若不通过技能开发获得就业能力，潜在的"人口红利"会因严重的失业而演变为"人口炸弹"。

---

① Federation of Indian Chambers of Commerce & Industry[IN].Skill Development in India 2015[EB/OL]. [2020–02–11].http://ficci.in/spdocument/20861/Skill_Development_in_india2015.pdf.

2. 阻碍产业升级

印度人口众多，文盲也众多，约有2.7亿文盲，是全球文盲最多的国家，文化基础薄弱直接弱化了劳动力技能基础，成为"印度制造"战略计划实施的直接阻碍因素，这可能导致印度长期徘徊在全球产业链的低端[①]。

四、印度劳动力技能提升的应对策略

为了适应经济转型发展对劳动力的技能需求，印度制定了一系列劳动力技能培训政策，且针对不同劳动力群体制定匹配的技能培训政策。

（一）针对存量劳动力技能提升的国家技能资格框架（NSQF）

印度针对存量劳动力技能提升制定了国家技能资格框架（NSQF），该框架的每个技能等级都对应工作过程、专业知识、专业技能、核心技能和责任五个指标，用以描述学习者为获得该等级的技能认证而需要获得的最低知识、技能和属性特征要求。一方面，国家技能资格框架（NSQF）关注存量劳动力的技能提升，明确职业生涯发展路径，将一个学习水平与另一个更高水平联系起来，帮助劳动者获得所需的能力水平以过渡到就业市场。另一方面，国家技能资格框架（NSQF）指引着劳动力参加正规职业培训，获得标准化且能与世界接轨的职业技能，为劳动力拓展就业领域、甚至走向海外劳动力市场奠定基础，同时也为印度的技术升级奠定基础。

（二）针对不同群体的差异化技能提升策略

2006-2016年间，印度15-29岁劳动力占总就业人口的比例在64%-71%；2010-2016年间，15-39岁劳动年龄人口占比在90.1%-92.1%。故提升青壮年劳动力特别是青年劳动力的技能水平是印度经济转型的关键所在。但是，总体上印度劳动力的受教育水平在初等教育及以下，未接受过技能培训的高达90%以上，提升劳动力技能水平既非常必需，又存在基础较差的问题。故印度政府高度重视青年劳动力、低技能劳动力以及女性等弱势群体的技能提升。

（1）低技能劳动力技能提升

技能开发与创业部2015年3月出台PMKVY计划，其下设的培训中心

---

① 人口即将世界第一的印度，为什么人口红利还没有发挥出来[EB/OL].（2018-10-05）[2020-02-12]. https://baijiahao.baidu.com/s?id=1613472343905840829&wfr=spider&for=pc.

（TCs）提供短期低技能培训，不仅提供国家技能资格框架（NSQF）内的职业培训，同时还提供软技能、企业家精神、财务和数字素养等方面的培训，在提升劳动力技能水平的同时，提升其文字读写能力、数学计算能力，提高基础知识水平和文化素养。这些培训内容不是单纯关注技能提升的短期效果，而是更注重从长期的可持续的角度为劳动者在经济生命周期内的长期技能提升决策奠定文化知识基础，这充分体现了印度基于可持续发展的劳动力技能开发理念。

（2）新增劳动力技能提升

对于新增劳动力，国家技能开发公司（NSDC）的 Vidya Kaushal 负责为学生提供技能贷款（Skill Loans for Students），旨在使学生不受资金限制而能够接受职业技术教育。Udaan 计划专门针对查谟克什米尔（J & K）地区年轻人的结构性就业困难开展技能培训。就业和培训总理事会发起基于模块化就业技能提升（Modular Employable Skills，MES）的技能开发计划为离校学生和未就业青年提供技能培训。

（3）女性劳动力技能提升

印度政府的技能开发政策高度关注女性群体，比如，曾经负责职业培训的就业与培训总理事会为妇女提供各种技能培训的机会；国家培训总局（DGT）下设妇女培训中心为国家/区域职业培训机构（NVTI/ RVTIs）提供技术指导、监测运行；国家技能开发公司实施的女性职业培训计划（VTM）旨在通过技能培训提高女性劳参率。

第二节 印度产业工人技能形成的管理机构

一、印度职业技术教育与培训管理机构框架

2015年之前，人力资源开发部和劳动与就业部是印度职业技术教育和培训立法的关键部门，通过国家职业教育资格框架和国家职业资格框架为职业

技术教育和培训设定课程、标准和资格[①]。1. 人力资源开发部负责综合技术学校（Polytechnics）和学校水平的职业技术教育。全印度技术教育委员会协助管理综合技术学校，其职责是设计课程、通过理工专科学院教授高等职业教育课程。国家教育研究和培训委员会负责协助管理学校水平的职业技术教育，其职责是设计课程、通过开放学校传授普通水平的职业技术教育。2. 劳动与就业部负责工业培训学校（Industrial Training Institutes，ITI）和职业培训机构（Vocational Training Providers，VTP）的职业培训。国家培训总局（DGT）协助劳动与就业部开展职业培训，主要负责工匠培训计划（CTS）和技能开发行动计划（SDIS），在全印度范围内提供职业培训。其中，工匠培训计划（CTS）通过工业培训学校（ITI）提供职业培训，技能开发行动计划（SDIS）通过职业培训机构（VTP）提供职业培训。国家职业培训委员会和中央学徒培训委员会为各级各类工业培训机构和企业学徒培训发展提供政策指导。

2009年印度政府出台《国家技能开发政策》，中央政府负责技能开发工作的宏观指导与规划，设四个责任机构，其中国家技能开发委员会、国家技能开发协调委员会是技能开发工作的最高指导机构，负责制定宏观规划；国家技能开发公司和国家职业培训委员会[②]是最高执行机构。地方政府根据国家的技能开发规划制订本地区具体的技能开发方案。

2015年，印度政府出台《国家技能开发与创业政策》，设立国家技能开发与创业部（Ministry of Skill Development and Entrepreneurship，MSDE），这是印度独立以后成立的旨在专门通过提升技能提高青年就业能力的部门。同时，国家培训总局（DGT）从劳动与就业部分离出来，与国家技能开发局（NSDA）和国家技能开发公司（NSDC）一起实施技能开发与创业部（MSDE）的职业培训计划。

印度于2015年7月成立国家技能开发团（National Skill Development Mission，NSDM），旨在促进印度各部门在技能培训中协调配合以实现"技能印度"的

[①] 刘欣. 印度职业技术教育和培训政策研究[D]. 上海师范大学，2013.

[②] 国家职业培训委员会（NCVT）成立于1956年，是一个政府咨询机构，负责制定工匠教员培训标准、设置课程、向印度政府提供总体政策规划和建议，实施印度所有的职业评估并颁发国家职业证书。

愿景，也就是说，国家技能开发团（NSDM）不仅要巩固和协调技能相关工作，而且还要促进跨部门决策以快速、大规模实现劳动力技能提升。国家技能开发团（NSDM）通过技能开发与创业部（MSDE）的组织架构建构工作机制，分为最高理事会、指导委员会和任务理事会（连同执行委员会）三个层次（如图4-6所示），最高理事会的主席是国家总理，指导委员会的主席是技能开发与创业部（MSDE）的部长，任务理事会是执行机构，其主席是技能开发与创业部（MSDE）的秘书。国家技能开发团（NSDM）在国家技能开发局（NSDA）、国家技能开发公司（NSDC）和国家培训总局（DGT）三个机构支持下开展工作，其他所有机构都与任务理事会建立横向联系以促进任务中心的顺利运作。任务理事会最初提出了七项小组任务作为实现国家技能开发团（NSDM）总体目标的基础，分别为：机构培训、基础设施、融合、培训师资、海外就业、可持续生计、利用公共基础设施[①]。

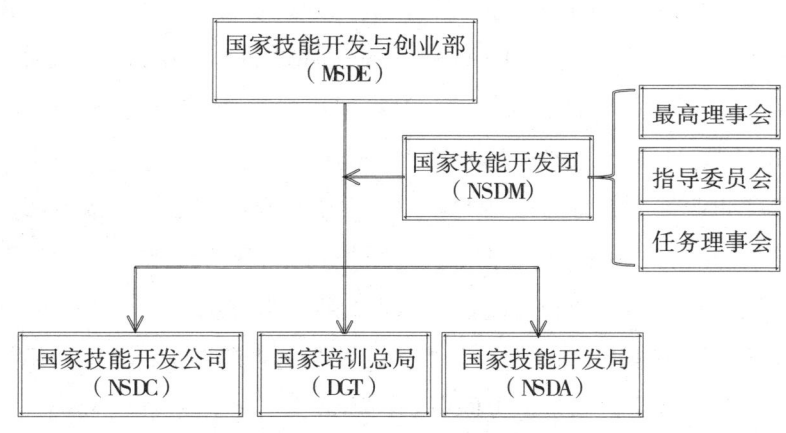

图4-6　国家技能开发团的工作机制

印度关于劳动力技能开发有几个重要的委员会。①国家技能开发管理委员会。该委员会由计划委员会副主席担任主席，成员包括人力资源开发部、劳动与和就业部部、农村发展部、住房和城市扶贫部以及财政部等部门的秘书。②国家职业培训委员会（National Council for Vocational Training，NCVT）。该委员会隶属于劳动与就业部，为中学毕业生和非正规就业工人提供模块化就

---

① Ministry of Skill Development and Entrepreneurship[IN].Mission Booklet[EB/OL].[2020-02-12].https：//www.msde.gov.in/assets/images/Mission%20booklet.pdf．

业技能教育，为14岁以上的童工提供优先教育帮助他们学习技能以获得就业机会，为各级各类工业培训机构提供政策指导[①]。NCVT的主要功能包括：①NVQF的设计、开发和维护，包括建立能力标准框架、课程结构、学分结构、积累和认证，建立机构联合评审制度，建立质量控制机制；②建立和维护劳动力市场信息系统和国家级的信息传播；③通过适当的报告和交流机制监测和评价国家技能开发工作的效率和效果。④中央学徒培训委员会。它是一个最高法定机构，由中央政府、州/UT、雇主三方成员组成，负责推动政府制定学徒训练政策并制定具体规范和标准。⑤印度劳动与就业部就业与培训总理事会（The Directorate General of Employment & Training，DGE&T）。它负责发展和协调与职业培训相关的国家级项目，其中包负责妇女职业培训和就业服务的最高组织。除劳动与就业部外，人力资源开发部、妇女与儿童发展部（Department of Women & Child Development）、农村与就业部（Ministry of Rural Areas & Employment）等部门也负责部分本领域内的职业培训。每个州政府下设就业与培训理事会（Directorate of Employment & Training），负责实行国家职业培训委员会（NCVT）的政策，对培训机构和培训中心实施考核，开发国家职业培训委员会（NCVT）和非NCVT的其他课程等。

印度职业技术教育与培训的政策均由中央政府制定，邦级政府负责贯彻实施。学校内的职业教育由邦政府设立的教育局管辖，邦级中等教育委员会、学徒培训委员会和行业技能委员会等负责提供政策咨询。各邦设立区域层面的技能开发与创业部（SSDM）负责本区域职业培训事宜，具体组织架构由各邦自行决定，常见架构是地方职业培训委员会（SCVT）和行业协会协助邦政府推进国家的职业培训项目[②]。

[①] 彭婵娟. 印度职业教育概况 [J]. 世界教育信息，2016（22）：30-35.
[②] 任君庆，王琪. "一带一路"职业教育研究蓝皮书·南亚卷 [M]. 厦门大学出版社，2018.11.

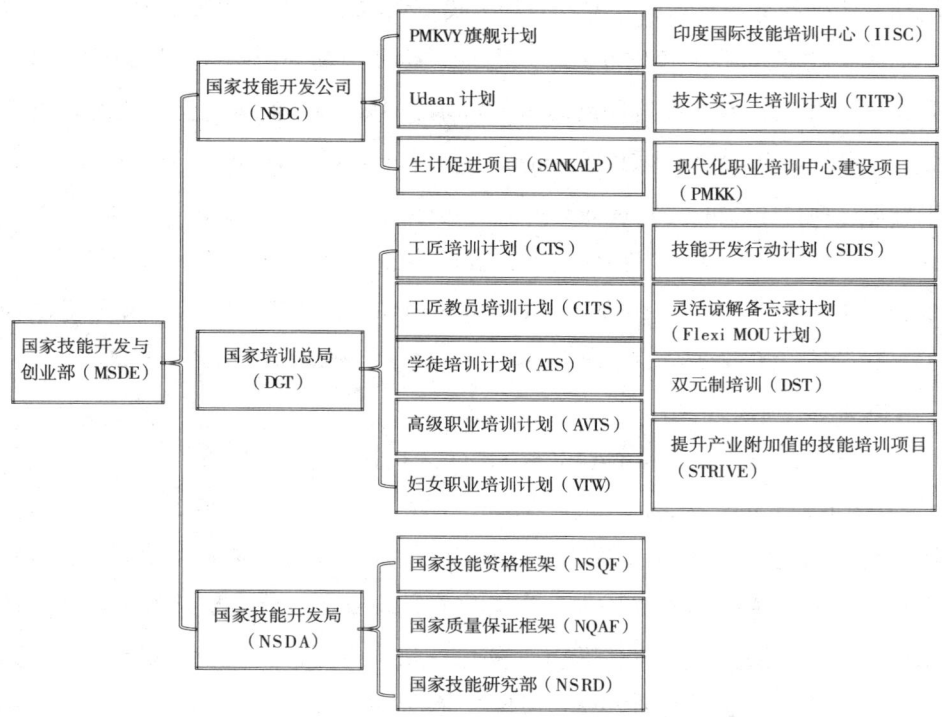

图 4-7 印度主要劳动力技能提升项目概览

二、国家技能开发公司（NSDC）

（一）简介

国家技能开发公司（National Skill Development Corporation，NSDC）是一家非营利性有限公司，于2008年7月31日注册成立，旨在满足印度对跨领域技能人才日益增长的需求，缩小技能供需缺口。国家技能开发公司（NSDC）采用公私合营（PPP）模式，其中技能开发与创业部（MSDE）持股49%、私营部门持股51%，通过公私合营的示范作用引导大型优质和营利性职业机构参与到劳动力技能提升领域。此外，国家技能开发公司（NSDC）还提供资金支持有前景的职业培训计划，具体任务有：建立以质量保证、信息系统为重点的支持系统，以直接或间接通过伙伴关系对培训机构进行培训；向提供技能培训的企业、公司和组织提供资金支持以促进技能开发；开发模型以增强、支持和协调私营部门。目前国家技能开发公司（NSDC）管辖范围内的21个部门均有明确的分工且运营良好,对私人投资均有不同程度的吸引力。

国家技能开发公司(NSDC)与行业、企业、基金会、社区组织建立多方合作伙伴关系,旨在促进印度国家技能培训生态系统的发展。目前运营的培训计划有 PMKVY 旗舰计划(Pradhan Mantri Kaushal Vikas Yojana)、Udaan 计划、生计促进项目(Skills Acquisition and Knowledge Awareness for Livelihood Promotion,SANKALP)、印度国际技能培训中心(India International Skill Centre,IISC)、技术实习生培训计划(Technical Intern Training Program,TITP)、现代化职业培训中心建设项目(Pradhan Mantri Kaushal Kendra,PMKK)。

(二)培训计划

1. Pradhan Mantri Kaushal Vikas Yojana(PMKVY)计划

Pradhan Mantri Kaushal Vikas Yojana(PMKVY)计划是2015年3月20日技能开发与创业部(MSDE)发起的一个旗舰计划,目标是促进1000万印度年轻人接受与行业相关的技能培训,帮助他们实现就业以获得更好的生活。该计划通过国家技能开发公司(NSDC)实施,培训和评估费完全由政府支付,其中国家技能开发公司资助75%,邦政府资助25%。PMKVY 计划涵盖六个关键组成部分:短期培训、学习经历认证、特殊项目、Kaushal 和 Rozgar Mela、就业指导、培训质量监管。

(1)培训中心(TCs)提供的短期低技能培训

PMKVY 培训中心(Training Centres,TCs)面向具有印度国籍的中学/大学辍学者或失业者提供短期培训,一般是国家技能资格框架(NSQF)5级及以下的较低技能培训。TCs 不仅提供国家技能资格框架(NSQF)内的职业培训,同时还提供软技能、企业家精神、财务和数字素养等方面的培训。短期培训的持续时间因工作岗位而异,一般在150-300小时之间。参训者在培训结束且通过评估后,由培训合作伙伴(Training Partners,TPs)向其提供就业帮助。根据 PMKVY,政府按相关规定向 TPs 提供培训费用和评估费(如表4-11所示)。

表 4-11 政府支付给培训合作伙伴的款项

培训费和评估费在总培训成本中的占比	说明
30%	针对经确认的候选人实施培训
50%	针对获得认证学员

续表

培训费和评估费在总培训成本中的占比	说明
20%	针对就业结果

资料来源：National Skill Development Corporation[IN].PMKVY Guidelines（2016-2020）[EB/OL].（2016-07-15）[2020-02-13].http：//pmkvyofficial.org/App_Documents/News/PMKVY%20Guidelines%20（2016-2020）.pdf

注：就业结果指50%-69%的新入职学员在完成认证后的三个月内，最低工资至少为已认证学员工资的50%。

（2）学习经历认证（RPL）

学习经历认证（Recognition of Prior Learning，RPL）是对劳动者个人先前学习经验或技能实施评估与认证，促使印度劳动力自发实施的教育和培训与国家技能资格框架（NSQF）相衔接。项目实施机构（Project Implementing Agencies，PIAs）一般为部门技能委员会（Sector Skill Councils，SSCs）或MSDE/NSDC指定的其他机构，项目的实施地点一般为RPL营区、企业内设RPL、RPL中心。为了缩小个人能力与国家技能资格框架（NSQF）之间的差距，项目实施机构（PIAs）通常会向等待接受学习经历认证者提供过渡课程。

（3）特殊项目

特殊项目旨在创建平台促进政府机构、企业或行业机构开展特殊领域培训，以及现有资格包（Qualification Packs，QPs）/国家职业标准（National Occupational Standards，NOS）未涵盖的特殊工作岗位培训。特殊项目是针对利益相关者的所有条件都与短期培训条款不同的单独培训项目，此处利益相关者指中央政府和州政府/自治机构/法定机构等政府机构、也可以是希望向候选人提供培训的任何其他机构或企业。

（4）Kaushal和Rozgar Mela

Kaushal和Rozgar Mela旨在通过社区互动提升PMKVY项目的实施成效，因为社区与劳动者互动较多、沟通效果较好，同时社区的积极参与能够提升项目运行的透明度，使得目标受益人能够在信息通畅的前提下参与PMKVY项目的动员。培训合作伙伴（TPs）每六个月进行一次Kaushal和Rozgar Melas的新闻/媒体报道，此外他们还必须积极参加全国职业服务协会和实地活动。

（5）就业指导

PMKVY 项目的就业指导方针是将其培训的熟练劳动力的技能、创新思想与市场中的就业机会和需求联系起来。故 PMKVY 的培训中心（TCs）除了为劳动者提供短期技能培训，还会尽力为其提供就业机会，培训合作伙伴（TPs）除了雇佣职能外，还应为培育劳动者的企业家精神提供机会。

（6）培训质量监管

为了确保 PMKVY 的培训中心（TCs）能够保持高质量的培训标准，国家技能开发公司（NSDC）和经验丰富的评估机构会采用多种方法对其进行监管，印度对培训中心（TCs）的监管手段是随着技术进步而同步更新的，比如，自我审查报告、电话确认、突击访问以及通过国家技能开发系统（Skills Development Management System，SDMS）进行监控[①]。

2.Udaan 计划

Udaan 计划是于2015年7月10日启动的查谟克什米尔（Jammu and Kashmir, J & K[②]）的特殊行业计划（SII），由印度内政部资助，国家技能开发公司（NSDC）负责实施，是解决查谟克什米尔（J & K）经济问题总体计划的一部分，旨在解决查谟克什米尔青年的结构性失业问题。Udaan 计划的实施背景如下：查谟克什米尔（J & K）地区很多年轻人就业困难，同时印度的企业也不清楚该地区人才库的构成，因而存在严重的结构性失业。Udaan 计划旨在创建一个可以弥合结构性就业差距的生态系统，一方面鼓励企业前往查谟克什米尔（J & K）雇佣有抱负的年轻人，另一方面也在探索与企业合作的机会，同时还为年轻人就业迁移、接受企业培训和就业提供支持框架[③]。相应地，Udaan 计划有两个重点目标：其一，面向查谟克什米尔（J & K）的年轻人（包括本科生、研究生和三年制文凭工程师）提供技能提升和就业机会；其二，

---

① National Skill Development Corporation[IN].Pradhan Mantri Kaushal Vikas Yojana[EB/OL].[2020-02-12]. https：//www.msde.gov.in/pmkvy.html.

② J & K：指查谟克什米尔（Jammu and Kashmir），地处喜马拉雅山南麓的克什米尔地区，因印巴领土争议，也被称为"印控克什米尔"，为印度最北部邦。该邦南面与旁遮普和喜马偕尔邦接壤，西北部与巴基斯坦相邻，东北部与中国相连。地理上查谟克什米尔分为三大部分：查谟、克什米尔谷地和拉达克（列城）。

③ National Skill Development Corporation[IN].Udaan[EB/OL].[2020-02-12].https：//udaan.nsdcindia.org/.

为查谟克什米尔建立适宜的人才库，激励印度企业参与职业培训。Udaan 计划的目标是在5年内为查谟克什米尔（J & K）地区的40000名年轻人提供技能培训。

3. 生计促进项目（SANKALP）

生计促进项目（SANKALP）于2017年7月15日启动执行国家技能开发团（NSDM）的技能提升任务，在世界银行的支持下以任务模式实施，分为国家和州两个组成部分。该项目预算资金6.75亿美元（按当时汇率折合为4.455亿卢比），资金来源构成如下：世界银行的成果项目（P for R）提供5亿美元贷款援助，包括项目资金和技术援助（TA）；各国捐款1亿美元；行业捐款7500万美元。生计促进项目（SANKALP）的目标与可持续发展战略的总体目标保持一致，具体目标有四个：加强国家层面工作体制机制建设，指导市场职业培训的规划、执行和监管；提高可持续发展项目的质量和市场相关性；改善女学员和其他弱势群体接受和完成技能培训的机会；通过公私伙伴关系扩大技能培训。生计促进项目（SANKALP）的四个关键成果领域为：体制加强、质量保证、包容发展、技能拓展。

生计促进项目（SANKALP）的国家组成部分涵盖经费、活动和成果三个内容。其一，机构发展。机构发展部分主要包括建立国家技能鉴定机构；在国家技能开发局（NSDA）内部建立统一的国家认证委员会；在国家技能开发局（NSDA）内设立国家技能研究处；加强国家技能开发局（NSDA）自身建设；建立劳动力市场信息系统（LMIS）；建立技能开发管理系统（SDMS）；完善技术资源市场Kaushal Mart；建立培训师资的国家门户网站Takshila。其二，创业发展。生计促进项目（SANKALP）的目标是绘制非正规部门及企业的发展蓝图，计划培训20多万名企业家，帮助4000多家类似企业扩大生产规模。其三，创造能力。资金主要用于闲置土地的开发利用，以及公共和私人空间的基础设施建设；建立培训和评估学院，除了利用CTIs、ATIs等职业教育生态系统内的培训机构外，另建立40-50个重点行业的培训机构，由部门技能委员会（SSCs）运营；建立印度国际技能中心（IISC）提供海外实习培训项目。

生计促进项目（SANKALP）在州一级的工作内容包括两部分。其一，系统强化目标。建立并加强州级技能开发管理系统（State Skill Development

Management System，SSDMs）以确保其一致性；制订地区和州级技能开发计划；据区域需求设计和实施技能开发计划。其二，工作目标。创新促进弱势群体参与的政策措施，包括技能代金券、软技能/咨询、移动技能培训（Mobile skills training）、弹性时间安排等；创建残疾人友好型基础设施[①]。

4. 印度国际技能培训中心（IISC）

印度在2009年出台《国家技能发展政策》实施劳动力技能开发，此后面对国际社会新兴技术不断涌向及全球化发展趋势，又于2015年出台了《国家技能开发与创业政策》，其主要目标是应对规模、速度、标准（质量）和可持续发展方面的技能挑战。在这个背景下，印度由国家技能开发公司（NSDC）主导实施了印度国际技能培训中心（India International Skill Centre，IISC）项目，旨在提供符合国际标准的技能培训和认证平台以促进印度劳动力向海外流动。技能开发与创业部（MSDE）为各领域培训提供支持，外交部（MEA）在 Pravasi Kaushal Vikas Yojna（PKVY）框架下为出发前定向培训（PDOT）提供支持。在印度国际技能中心（IISC）试点阶段，有14个中心投入运营，共招募了593名培训候选人，这些试点于2018年7月2日关闭。印度国际技能中心（IISC）试点的评估和认证由国际机构实施。

外交部（MEA）和技能开发与创业部（MSDE）于2017年5月合作启动了出发前定向培训（Pre-Departure Orientation Training，PDOT）计划，这是印度国际技能中心（IISC）的一个重要模块，针对可能在海外就业的劳动力开展目的国语言、文化、福利政策、移民政策等方面的培训，促使参训人员适应移民国家的文化和环境，同时也提供必要的数字素养技能培训，具体培训内容分为目的国定向培训（外交部负责）、语言技能和数字素养。出发前定向培训（PDOT）主要有以下两种培训方式：其一，所有印度国际技能中心（IISC）均提供长达160小时的出发前定向培训（PDOT），即目的国定向技能（40小时）+数字素养（40小时）+语言技能（80小时）=160小时，通常这三个模块应在20天内完成；其二，为期1天的出发前定向培训（PDOT），面向所有已经获得培训认证即将前往目的国的移民工人实施培训，即目的国定向技能（2小时）+数字读写技

---

① National Skill Development Corporation[IN].SANKALP[EB/OL].[2020-02-13].https：//www.msde.gov.in/assets/images/sankalp/note.pdf.

能（2小时）+语言技能（4小时）=8小时/天[①]。国家技能开发公司（NSDC）是出发前定向培训（PDOT）计划的执行机构。

5.技术实习生培训计划（TITP）

2017年10月，技能开发与创业部（MSDE）启动技术实习生培训计划（Technical Intern Training Program，TITP），派遣10万印度青年去日本接受产业培训，为印度青年提供技能开发和职业发展机会。国家技能开发公司（NSDC）负责动员和向日本派遣印度青年劳动者（熟练劳动力），通过招标书（Request for Proposal，RFP，）选出派遣组织（Sending Organizations，SOs）负责派遣工作。派遣组织（SOs）是指愿意通过日本的技术实习生培训计划（TITP）提升青年人技术技能的机构，它将在印度招募并接受培训的技术实习生培训候选人派遣到日本接受技能实习。派遣组织的角色是中介机构，根据确定的资格标准遴选候选人，并对候选人进行离境前培训，培训内容包括：日语培训，水平达到监督组织要求的水平；日本人的生活方式、举止、社交和职业礼节培训，以传授日本生活所必需的知识；必要的领域培训（需要时进行），派遣组织应向监督组织咨询有关候选人职业经验的情况并根据需要组织培训；派遣组织与监督组织协商后认为必需的其他培训。

印度的年轻人可以从技术实习生培训计划（TITP）中获得如下收益。其一，经济收益，主要指相当数额的诱人的赔偿金；技术实习生培训期间的健康保险收益；完成技术实习生培训后的养老金福利。其二，其他福利，包括了解日本工作文化、质量管理和创新技术；与不同民族互动以发展个性；返回印度后社会地位提升；返回印度后工作效率提高；返回印度后有机会获得高薪工作[②]。

6.现代化职业培训中心建设项目（PMKK）

技能开发与创业部（MSDE）于2017年启动现代化职业培训中心建设项目（Pradhan Mantri Kaushal Kendra，PMKK），由国家技能开发公司（NSDC）

[①] National Skill Development Corporation[IN].India International Skill Centre[EB/OL].[2020-02-13].https：//www.nsdcindia.org/international-skill-training.

[②] National Skill Development Corporation[IN].Technical Intern Training Program[EB/OL].[2020-02-13].https：//nsdcindia.org/about-titp.

负责实施,通过建设最先进的示范培训中心(Model Training Centers,MTC),为全印度有意赴海外求职的青年提供有针对性的培训,将印度打造成为世界技能之都。印度建设示范培训中心(MTC)的基本理念有:建设标志性的职业培训机构,展示基于技能开发的职业培训的价值和重要性;在技能交付过程中高度重视培训质量、可持续性与利益相关者的联系;从任务驱动的自由模式向可持续的制度模式转变;开设以就业能力提升为重点、以行业为导向的高质量培训课程。由于印度将示范培训中心(MTC)定位为最先进的培训中心,故该项目被称为现代化职业培训中心建设项目(PMKK)。现代化职业培训中心建设项目(PMKK)为每个示范培训中心(MTC)提供优惠的抵押贷款,额度最多可达项目总投资的75%,用于支付建设培训基础设施(包括购买工厂、机械和设备等)、培训援助和其他相关项目、土建工程(包括搭建预制结构和翻新现有结构)[①]。

（三）资金援助

国家技能开发公司(NSDC)的资金援助包括两类:一是培养培训合作伙伴;二是学生技能贷款。

1. 培养培训合作伙伴

国家技能开发公司(NSDC)是一个以公司伙伴关系模式存在的机构,通过21个部门技能委员会为技能开发活动提供资金、设备等支持,其使命是促进在全国各地创建可持续、营利性、高质量的技能培训机构。(1)通过资金援助与合作伙伴建立会员关系,促进在全国范围内建立可持续的优质技能培训机构。(2)通过适当的公私伙伴关系(PPP)模式支持和协调私营部门的技能开发计划,引导私营部门以及私营部门的资金进入培训领域。(3)在市场机制薄弱或缺失的行业通过融资扮演"做市商"(market-maker)的角色以弥补培训市场失灵。(4)优先考虑可能对印度技能质量产生乘数或催化作用的计划。(5)筹资指南(The Funding Guidelines)。国家技能开发公司(NSDC)与"营利性"和"非营利性"实体建立如下关系:一是为商业上可行、可扩展和可持续的培训伙伴提供资金资助,二是同已具备成熟资质的著名实体建

---

① National Skill Development Corporation[IN].Pradhan Mantri Kaushal Kendra[EB/OL].[2020-02-14].https://www.nsdcindia.org/pmkk.

立合作伙伴关系，但无须提供资金援助。

国家技能开发公司（NSDC）对培训伙伴的资金援助情况表4-12所示[①]。

表4-12 国家技能开发公司（NSDC）对合作伙伴的资金援助

内容	NSDC 资助指南
资格条件	任何法律实体
资助项目	培训基础设施（不包括获取/创造不动产）；营运资金
利率	每年6%
还款期限	7年
资助额度	- 非营利性实体：至少15%的投资； - 营利性实体：至少25%的投资
培训承诺	- 企业： 在BSE/NSE上市超过3年，信用等级为A级或以上/基金会/类似企业；每个培训中心在7年内培训人数达5000人
	- 学校： 私立大学、工学院、ITI、理工学院；每个培训中心在7年内培训人数达5000人

资料来源：National Skill Development Corporation[IN].Key Elements of NSDC Funded Affiliation[EB/OL]. [2020-02-14].https：//nsdcindia.org/funding

那些具有成熟资质但无须国家技能开发公司（NSDC）资金资助的培训合作伙伴，要参与"技能印度"/"印度制造"计划需满足一定条件，具体如表4-13所示。

表4-13 与NSDC无资金隶属关系的合作伙伴需具备的条件

参数	NSDC 资助指南
资格（企业）	- 运营5年以上且持续增长的实体； - 在BSE/NSE中上市、可持续发展超过5年且信用等级为A或更高的实体，具有单独的职责范围、适用尽职调查程序
资格（非营利）	- 不适用于拥有超过5年可持续增长的盈利实体； - 非营利组织、世界银行、亚行、MSDF、UNDP等组织或大型公司的基金会/社会企业资助，具有单独职责范围、适用尽职调查程序

[①] National Skill Development Corporation[IN].Become NSDC Training Partners[EB/OL].[2020-02-14].https：//nsdcindia.org/funding.

续表

参数	NSDC 资助指南
培训成果	– 3年内培训人数至少为2000名，且承诺投入的比例为70%（公司）；3年内培训人数至少为5000名，且承诺投入的比例为70%（非营利组织）； – 批准的项目必须遵守国家技能开发公司（NSDC）监管规定； – 项目侧重与行业的联系，以进行培训和安置、生计建构、自营职业、企业家精神或技能提升为主； – 课程需要与特定行业技能委员的 QP/NOS[4] 保持一致； – 若完成承诺目标的70%，则伙伴关系每年自动延续

资料来源：National Skill Development Corporation[IN].Key Elements of Non-Funded Affiliation [EB/OL].[2020-02-14].https：//nsdcindia.org/funding

2. 学生技能贷款（Skill Loans for Students）

国家技能开发公司（NSDC）的 Vidya Kaushal 负责为学生提供技能贷款（Skill Loans for Students），旨在使学生不受资金或负担能力限制而能够接受职业技术教育，通过资助学生参与技能培训以实现"技能印度"的国家愿景。Vidya Kaushal 平台为申请人提供以下功能：提供广泛领域的培训课程，提供培训中心服务和技能贷款融资选择；提供通用注册申请表；贷款申请在线状态跟踪；提供在线申诉管理系统[①]。

三、国家培训总局（DGT）

国家培训总局（Directorate General of Training，DGT）成立于1945年，是印度国家层面针对职业培训相关计划实施发展与协调的最高组织，负责为全国的职业培训和学徒培训制定政策框架和标准规范，并通过其直属实体机构在专业领域实施职业培训计划。国家培训总局（DGT）的业务领域主要有：负责在国家层面制订职业培训计划，特别是在有关共同政策、共同标准和程序、学员培训和业务测试等方面。同时，国家职业培训委员会和中央学徒培训委员会为各级各类工业培训机构和企业学徒培训发展提供政策指导。工业培训机构和学徒培训机构的日常管理事务由各邦政府、中央直辖区行政当局负责[②]。

---

① National Skill Development Corporation[IN].Skill Loans for Students[EB/OL].[2020-02-15].https：//nsdcindia.org/vidya-kaushal.

② 任君庆，王琪."一带一路"职业教育研究蓝皮书·南亚卷[M].厦门大学出版社，2018.11.

国家培训总局（DGT）实施的职业培训计划有：工匠培训计划（Craftsmen Training Scheme，CTS）、工匠教员培训计划（Crafts Instructor Training Scheme，CITS）、学徒培训计划（Apprenticeship Training Scheme，ATS）、高级职业培训计划（Advanced Vocational Training Scheme，AVTS）、妇女职业培训计划（Vocational Training for Women，VTW）、技能开发行动计划（Skill Development Initiative Scheme，SDIS）、灵活谅解备忘录计划（Flexible Memorandum Scheme，Flexi MOU 计划）、双元制培训（Dual System of Training，DST）、提升产业附加值的技能培训项目（Skill Strengthening for Industrial Value Enhancement Operation，STRIVE）。

（一）工匠培训计划（CTS）

1950年，印度劳动与就业部的就业与培训总理事会（The Directorate General of Employment & Training）出台工匠培训计划（CTS），面向印度年满14周岁的公民提供培训，为各行各业培养熟练技术工人，通过系统培训从数量和质量上提高工业生产率，同时降低印度工人失业率，特别是通过为年轻人提供就业技能来改变年青一代对技术和工业的态度。从培养熟练技术工人出发，重视提升工作场所技能，工匠培训计划（CTS）中70%的课程内容为实训操作。同时，该计划高度关注残疾人和妇女等弱势群体，为残疾人预留3%、为妇女预留30%的培训名额。

工匠培训计划（CTS）是印度职业培训领域中最重要的计划，它通过遍布全国各个州/联盟庞大的工业培训学校（Industrial Training Institutes，ITI）网络建构工匠及工匠体系，以满足当前及未来的人力需求。从1956年起，工匠培训计划（CTS）要求将工业培训学校（ITI）的日常管理权移交给州政府/联邦直辖市的行政管理；从1969年4月1日起，各州和联邦地区的工业培训学校的管理权转移到各自的州政府/联邦地区，在与规划委员会和财政部协商后，以批量赠款的形式提供财政援助。

目前，工匠培训计划（CTS）涵盖的培训课程有航空航天、服饰、汽车等137种，表4-14节选了其中的部分课程。截止到2020年3月份，CTS通过遍布印度全国的15042个工业培训学校（ITI）实施，其中政府机构2738个，私人机构12304个，主要以私人机构为主，学员总数为228.2万（按行业为期1年和2年估算）。国家职业培训委员会（NCVT）的NCVTMIS[①]门户网站旨在为138个国家技能资格（NSQF）涉及的行业培养熟练劳动力[②]。

表4-14　CTS部分课程清单

行业	职业	入学资格	交易类型	单位/批次大小	NSQF级别	培训时长
航空航天	遥控飞机（RPA）/无人机飞行员	通过科学和数学或同等学力的第10级考试	非工程	24	4	6个月（800小时）
汽车行业	汽车车身修理	通过科学和数学或同等学力的第10级考试	工程	20	4	1600小时/年
美容与健康	头发与皮肤护理（VI）	通过10级考试（应征者须为视障人士）	Divyang	12	3	1600小时/年

资源来源：Directorate General of Training[IN].List of CTS Courses[EB/OL].[2020-02-15].https：//dgt.gov.in/cts_details

比如，遥控飞机（RPA）/无人机飞行员是工匠培训计划（CTS）新设计的一个为期6个月的培训课程，通过工业培训学校（ITI）网络在全国范围内提供培训。该培训课程包括一般领域和核心领域两类培训内容：一般领域培训课程针对行业理论与实务开设，主要传授专业技能和知识；而核心领域培训课程针对就业技能，旨在传授必要的岗位技能。学员通过培训课程后，将获得由国家职业培训委员会（NCVT）颁发的全国职业证书（NTC），该证书可在世界范围内得到认证。培训候选人需具备以下能力：阅读和解释技术参数/文件、执行工作、识别必要的材料和工具；执行任务时要充分考虑安全规则、事故预防条例；在执行工作和维护工作时应用专业知识和就业技能；根据图纸检查电路/设备/面板的能力、识别和纠正故障/缺陷；记录与所承担任务相关的技术参数。培训学员在培训期间和培训结束时要分别接受印度政府的技能、知识和态度评估。培训期间的内部评估通过形成性评估方法来实施，主要依据以学习结果为导向的评价标准进行。培训机构必须为每个学员建立单独的学员档案，制作详细的评估指南。最终评估以总结性评估的方式

---

① NCVTMIS：该门户网站是国家职业培训委员会（NCVT）管辖下的所有学院和课程的一站式信息源。
② Directorate General of Training[IN].Craftsmen Training Scheme[EB/OL].[2020-02-15].https：//dgt.gov.in/CTS.

实施。国家职业培训委员会（NCVT）负责全印度的职业评估，向合格者颁发全国职业证书（NTC）[①]。

（二）工匠教员培训计划（CITS）

工匠教员培训计划（CITS）由国家培训总局（DGT）负责实施，它与工匠培训计划（CTS）同步运行，培训人员接受产业技能和培训方法的全面培训，旨在习得传授技术技能的方法，从而为产业培训熟练工人。工匠教员培训计划（CITS）要求参与的候选人必须拥有 NTC/NAC/文凭/大学学位证书或同等资历资格。目前该计划提供了 27 个工程行业和 9 个非工程行业的师资培训，印度全国共有 33 个州设有 CITS 培训机构[②]。

2018 年的数据显示，印度约有 15000 个工业培训学校（ITI），可容纳培训生超过 280 万，整个技能生态系统内的工业培训学校（ITI）实际需要超过 95000 个讲师职位，但印度目前只有约 15% 的讲师接受过工匠教员培训计划（CITS）的培训，而根据国家职业培训委员会（NCVT）的要求，工业培训学校（ITI）的所有培训师资都必须接受工匠教员培训。故工匠教员培训计划（CITS）在印度技能生态系统中是非常急需的一类培训。

（三）学徒培训计划（ATS）

1959 年，印度实施学徒培训计划（ATS），1961 年通过《学徒法案》（The Apprentices Act），对学徒训练和相关事务制定了详细规定：规范各行业学徒训练项目，由中央学徒委员会（Central Apprenticeship Council）制定教学大纲和培训时间等；充分利用可用于开展实践培训的设施，鼓励所有具备必要训练设施的公有和私有部门进行学徒训练，以满足各行业对技能劳动力的需求。《学徒法案》于 1962 年 3 月 1 日生效，并于 1997、2008 年分别进行修订。

《学徒法案》将学徒分为五类：职业学徒、毕业生学徒、技术员学徒、技师学徒和可选职业学徒。职业学徒（Trade apprentices）由州级学徒顾问负责监管，毕业生学徒（Graduate apprentices）、技术员学徒（Technician apprentices）、

[①] Directorate General of Training[IN].Remotely Piloted Aircraft（RPA）/Drone Pilot[EB/OL].[2020-02-15]. https：//dgt.gov.in/sites/default/files/CTSRPA-DronePilot_CTS_NSQF-4.pdf.

[②] Directorate General of Training[IN].Crafts Instructor Training Scheme[EB/OL].[2020-02-15].https：//dgt.gov.in/CITS.

技师学徒（Technician（Vocational）apprentices）和可选职业学徒（Optional trade apprentices）由人力资源开发部的教育部门通过4个学徒训练理事会进行监管。

学徒制培训是利用企业现有培训设施为工业发展培训熟练劳动力的最有效方法之一，不会因新建培训基础设施而增加任何额外财政负担。经过学徒训练的劳动者在工作场所能很快、很容易适应产业/行业/企业的工作环境。学徒训练课程包括基础训练和在职训练/实训。基础训练指理论课程学习，在基础训练中心（BTC）完成，主要面向那些在接受在职培训/实践培训之前没有接受过任何机构培训/技能培训的劳动者，基础训练是学徒培训的重要组成部分，占学徒培训总学时的20%-25%。在职训练指实践操作课程学习，在工业培训机构和学徒培训机构内实施。

1961年的《学徒法案》规定，雇主必须让学徒从事指定行业和可选职业的培训，由国家培训总局（DGT）监督学徒培训计划的实施情况[1]。学徒训练领域有两种：一是指定职业学徒训练，由政府指定行业/职业领域，1961年《学徒法案》指定的职业有话务员、美容师、高级机械师等177个职行业；二是可选职业学徒培训，由雇主自行决定行业/职业培训领域，在1961年《学徒法案》中可选职业有会计、助理、客户经理等81个[2]。

学徒培训计划（ATS）的具体规定有：拥有40名及以上雇员且拥有《学徒法案》规定的必要培训基础设施的雇主，必须聘请学徒；用人单位应雇佣数量为总雇员（含合同工）2.5%-10%的学徒；职业学徒总聘用比例为2.5%~10%；机构/雇主根据自身工作场所实施在职培训/实践培训的设施情况自行决定雇佣学徒的类别和培训的职业类别，不同类别的学徒培训要求和认证存在一定差别（如表4-15所示）。

---

[1] Directorate General of Training[IN].Apprenticeship Training[EB/OL].[2020-02-15].https：//www.apprenticeship.gov.in/Material/NAPS_Guidelines.pdf.

[2] Directorate General of Training[IN].Apprenticeship Training[EB/OL].[2020-02-15].https：//dgt.gov.in/Apprenticeship_Training.

表 4–15　学徒培训与认证

类别	培训要求	评估与认证
职业学徒	– 最低年龄为14岁； – 资格从VIII级到XII级（10+2）； – 培训时间从一年零两个月到两年不等； – 培训包括基础培训和实践培训，针对各行业提纲提供对应指导； – 已指定39个行业组中的261个职业； – 学徒雇佣数量按雇员总量的2.5%–10%计算； – 每个学徒和雇主必须签订学徒培训合同，该合同由学徒顾问负责注册； – 雇主和学徒均必须履行该法令规定的义务。	– 印度国家职业培训委员会（NCVT）每年分两次（10月/11月和4月/5月）实施针对学徒的印度职业评估（AITT）； – 通过评估者可获国家学徒证书（NAC）； – NAC是政府/半政府部门/组织认可的就业证书
毕业生/技术员/技师学徒	– 163个学科领域被指定为"毕业生和技术员"学徒类别；137个学科领域被指定为技师学徒类别； – 任职资格培训为期1年； – 根据管理/监督职位和培训设施确定培训人数； – 培训方案由相关学徒顾问机构联合协商编制	学徒完成培训后，由人力资源开发部和印度政府的中级和高级以上部门根据技能熟练程度授予对应的等级证书

资料来源：Directorate General of Training[IN].Apprenticeship Training Scheme[EB/OL].[2020−02−15].https：//dgt.gov.in/Apprenticeship_Training

学徒在学徒培训期间每月可获得培训津贴以维持日常开支。雇主承担职业学徒津贴（如表4–16所示），雇主和中央政府平均分摊毕业生学徒、技术员学徒、技师学徒的培训津贴（如表4–17所示）。

表 4–16　职业学徒津贴

学徒训练期	津贴率（每月）
第一年	由各州或联盟申报的半熟练工人最低工资的70%
第二年	由各州或联盟申报的半熟练工人最低工资的80%
第三年、第四年	由相关州或联盟申报的半熟练工人最低工资的90%

资料来源：Directorate General of Training[IN].Apprenticeship Training Scheme[EB/OL].[2020−02−15].https：//dgt.gov.in/Apprenticeship_Training

表 4-17　毕业生学徒、技术员学徒和技师学徒津贴

学徒类别	津贴/月
工程专业毕业生	4984 卢比
三明治课程（学位机构的学生）（degree institutions）	3542 卢比
技术员学徒	3542 卢比
三明治课程（文凭机构的学生）（Students from diploma institutions）	2890 卢比
技师学徒	2758 卢比

资料来源：Directorate General of Training[IN].Apprenticeship Training Scheme[EB/OL].[2020-02-15].https：//dgt.gov.in/Apprenticeship_Training/faqs

学徒训练提供了一种以工业为主导、以实践为导向、高效率的正规训练模式。雇主可以提供在职训练/实习训练设施，但若雇主缺乏基础训练设施，则不能雇佣学徒。通常雇主并不愿意将学徒的基础训练外包给其他培训机构，因为雇主会因此承担额外的基础训练费用和学徒在基础训练期间的津贴。鉴于学徒培训的重要性，印度批准了"国家学徒培训促进方案"（National Apprenticeship Promotion Scheme，NAPS），该方案对学徒训练期间的津贴支付做了详细规定，旨在促进学徒培训、增加学徒参与度。其一，政府按规定津贴的25%为企业提供补贴，但每个学徒每月的补贴额度最多不超过1500卢比。在基础训练期间，企业无须为新学徒提供津贴。其二，直接参加学徒训练而缺乏前期行业培训的学徒，政府与雇主分摊基础训练费用。基础训练费用上限为7500卢比/小时，补贴时长在3个月内不超过500小时[①]。数据显示该方案的实施效果良好，企业培训学徒的积极性得到很大激励，2015-2020年间参加学徒训练的人数从23万增至500万。

（四）高级职业培训计划（AVTS）

1977年，印度发起高级职业培训计划（AVTS），旨在提升和更新服务行业工人的技能。该计划由就业和培训总理事会（DGE&T）、劳工部（现在的国家培训总局、技能开发与创业部）共同发起，由就业和培训总理事会

---

① Directorate General of Training[IN].National Apprenticeship Promotion Scheme[EB/OL].[2020-02-15].https：//www.apprenticeship.gov.in/Material/NAPS_Guidelines.pdf.

（DGE&T）的6个高级培训机构（Advanced Training Institutes，ATIs）、15个州政府的16个培训机构、开发计划署/劳工组织合作实施。高级职业培训计划（AVTS）通过为期1-6周的短期模块化课程对选定技能领域进行培训，也提供适合高级培训机构（NSTI，ATI的前身）的定制课程（如表4-18所示）。自2007年9月以来，已有超过35万产业工人/技术人员使用过高级培训机构的培训设施。在得到世界银行的财政援助后，印度不仅加强了现有培训设施，还将计划拓展到除服务业以外的其他领域的培训设施建设[①]。

表4-18 高级职业培训计划（AVTS）为NSTI提供的课程简介

机构名称	AVTS课程
NSTI孟买（Mumbai）	（1）高级电子技术，（2）高级焊接，（3）汽车，（4）电气维修，（5）工业化学，（6）计量与检测技术，（7）机床运维，（8）高级模具制造，（9）CNC，（10）CAD/CAM，（11）液压和气动，（12）过程控制仪表，（13）单元操作
NSTI坎普尔（Kanpur）	（1）NC/CNC，（2）高科技CAD/CAM，（3）高科技CNC，（4）电气维护，（5）高级焊接，（6）计量与检测技术，（7）IT/计算机，（8）自动控制技术，（9）多媒体资源中心，（10）高级电子技术
NSTI豪拉（Howrah）	（1）气动与液压控制，（2）微型计算机与工业控制，（3）电气维修与电子控制，（4）高级焊接，（5）机械维护，（6）工具室，（7）高级CAD/CAM/CNC，（8）计算机及其应用，（9）计量与检测技术，（10）热处理和无损检测，（11）汽车（SI/CI），（12）空调和制冷，（13）木工，（14）磨削，（15）TDM，（16）土木，（17）机械师，（18）车削，（19）过程控制与仪表，（20）机械识图
NSTI海得拉巴（Hyderabad, Vidyanagar）	（1）CNC，（2）CAD/CAM，（3）自动控制技术，（4）Ref. & A/C，（5）工业自动化，（6）计算机技术，（7）电气维护，（8）高级焊接，（9）工程技术导论，（10）机床维修，（11）机床维护，（12）汽车
NSTI金奈（Chennai）	（1）电气维修，（2）电子设备维修，（3）过程控制仪表，（4）计量与检测技术，（5）机床维护，（6）生产技术，（7）液压与气动控制，（8）CAD/CAM，（9）CNC中心，（10）热处理和材料测试，（11）热机，（12）高级焊接，（13）工业化学
NSTI海得拉巴（Hyderabad, Ramananthpur）	（1）工业电子，（2）过程仪表，（3）医用电子，（4）消费电子，（5）为期3个月的证书课程，（6）管理发展计划
NSTI卢迪亚纳（Ludhiana）	（1）TDM，（2）TRO，（3）计量与检测技术，（4）MTM，（5）高级焊接，（6）自动控制技术，（7）材料测试，（8）ISRED，（9）热机，（10）电气维护，（11）CNC/Master CAM Solidworks2014，（12）高级电子维护，（13）农业机械，（14）多媒体资源中心

---

① Directorate General of Training[IN].Advanced Vocational Training Scheme[EB/OL].[2020-02-15].https：//dgt.gov.in/AVTS.

续表

机构名称	AVTS 课程
NSTI 德拉敦（Dehradun）	（1）嵌入式系统实验室，（2）工业自动化实验室，（3）信息技术和汽车 CAD 实验室，（4）太阳能技术及其应用，（5）高级医疗电子实验室
NSTI 卡利卡特（Calicut）	（1）RAC 技术人员课程，（2）自动化课程，（3）绿色技术课程，（4）计算机硬件和网络维护课程
NSTI 班加罗尔第一校园（Bangalore Campus-1）	（1）钳工，（2）车工，（3）机械师磨床，（4）焊工，（5）电工，（6）电子技工，（7）CSA
NSTI 贾姆谢德布尔（Jamshedpur）	（1）检测开发，（2）检测与质量控制，（3）维护管理，（4）计量与检测技术，（5）PLC 过程控制与集成，（6）技工技能，（7）CNC 编程和操作，（8）工业自动化
NSTI AHI 班加罗尔第二校园（AHI Bangalore Campus-II）	（1）CNC 维护，（2）绿色技术，（3）机电一体化，（4）通信技术，（5）嵌入式系统，（6）精密测量，（7）信息技术，（8）软技能，（9）IT、网络和云技术文凭

资料来源：Directorate General of Training[IN].AVTS Courses[EB/OL].[2020-02-15].https：//dgt.gov.in/AVTS

（五）女性职业培训计划（VTW）

根据2015年发布的《国家技能开发与创业政策》，印度政府实施了女性职业培训计划（Vocational Training for Women，VTW），专门针对女性职业培训提出系列措施，旨在通过提升女性的技能水平以提高其劳动力参与率。（1）在机构设置方面，一方面，中央和各州设立职业培训项目，通过16个中央研究院的机构网络—1个国家职业培训诺伊达妇女研究所和15个区域妇女职业培训机构，专门为女性职业培训提供职业训练设施，旨在挖掘女性自主创业潜力、提高女性工资水平。另一方面，在州层面，州政府通过女性工业培训学校（Women Industrial Training Institutes，WITIs）或者女性网络（Women Wings）为女性提供技工水平的职业训练设施。据相关州政府提供数据，截至2017年6月，印度全国约有405名工业培训学校的女性学员，约有1003名女性网络的女性学员，总共有83270个培训席位①。（2）在培训机制方面，针对女性提供流动培训地点、灵活的下午培训班等；针对当地需求实施培训，以确保女性的参与率；建立连接女性和雇主的互联网或移动平台促进女性就业，使那些因家庭和生育等原因暂时退出劳动力市场但仍有就业意愿的女性回归劳动力市场。（3）在培训项目方面，政府推动设置专门的女性技能提升培训班和学徒培训项目，引导女性参加非传统领域技能培训（生活技能培训和扫盲培训等）。（4）在培训激励机制方面，在各种培训项目中为女性预留培训席位，推动建设专门针对女性受训人员和训练员的新机构，提供安全和性别敏感的培训环境，为女性培训人员提供公平待遇及申诉纠正机制②。

（六）技能开发行动计划（SDIS）

2007年5月，就业和培训总理事（DGET）启动基于模块化就业技能（Modular Employable Skills，MES）的劳动者技能开发计划，旨在为离校学生和未就业青年提供技能培训以提升就业能力。根据该计划，劳动者可在不同行业部门注册参与不同技能单元的免费职业培训课程。该计划通过专门的门户网站——全国的职业培训提供者网站（Vocational Training Providers，VTPs）为行业提供职业培训以培养熟练劳动力。评估机构（Assessing Bodies，ABs）负责对参训者实施技能评估。该计划于2017年3月底终止，约有42.85万人受益③。技能开发行动计划（SDIS）的全部费用约为55亿卢比，完全由中央政府支付。技能开发行动计划（SDIS）提供的课程约有1257门，根据课程的不同时长需支付额度不等的培训费用（如表4-19所示）。

---

① Ministry for Skill Development & Entrepreneurship[IN].AnnualReport 2017–2018[EB/OL].[2020–02–16].https：//www.msde.gov.in/assets/images/annual%20report/Annual%20Report%202017–2018%20（English）.pdf.

② Ministry for Skill Development & Entrepreneurship[IN].National Policy on Skill Development and Entrepreneurship Final[EB/OL].[2020–02–16].https：//www.msde.gov.in/assets/images/Skill%20India/National%20Policy%20on%20Skill%20Development%20and%20Entreprenurship%20Final.pdf.

③ Ministry for Skill Development & Entrepreneurship[IN].Skill Development Initiative Scheme[EB/OL].[2020–02–16].https：//www.msde.gov.in/assets/images/annual%20report/Annual%20Report%202018–2019%20（English）.pdf.

表 4-19 技能开发行动计划（SDIS）课程培训时长及培训费用

培训时长	培训费用
90 小时	500 卢比
91-180 小时	1000 卢比
181-270 小时	1500 卢比
270 小时以上	卢比

数据来源：刘欣. 印度职业技术教育和培训政策研究 [D]. 上海师范大学，2013

（七）灵活谅解备忘录计划（Flexi MOU 计划）

2014年，为配合产业界和培训学员需求，印度提出了灵活谅解备忘录（Flexi MOU 计划），促进产业界根据自身实际技能需求培训学员，同时为学员提供符合市场需求和最新科技发展趋势的行业氛围。灵活谅解备忘录（Flexi MOU 计划）的最大特点是灵活性，主要表现在如下方面：其一，为行业提供充分的灵活性，通过定制技能培训课程使技能培训与市场需求紧密联系起来；其二，行业可以灵活地选择培训学员，甚至将其纳入自己的员工队伍。

灵活谅解备忘录（Flexi MOU 计划）实施的条件是未来雇主拥有完善的培训基础设施及训练有素的培训师资，能为未来雇员提供内部培训。灵活谅解备忘录（Flexi MOU 计划）允许行业提供类似于工匠培训计划（CTS）的课程培训（如表4-20所示），包括课堂培训和行业现场培训在内的培训总时长应至少达到6个月，最长为24个月（2年），但必须是行业定制课程。

参与灵活谅解备忘录（Flexi MOU 计划）的企业和学员都将受益。企业的收益有：创建新课程，在获得国家培训总局（DGT）批准后根据学员需求定制课程内容和课程表；为培训选择候选人的灵活性；灵活地与外部职业培训机构合作开展课堂培训，为调动培训人员的积极性还可提供软技能/职业咨询课程。参训者的收益有：接受与行业高度相关的定制职业培训会提升就业潜力；在与经验丰富的行业专家/专业人士交流中受益；接触企业车间实时工作环境与最新设备；获得某一行业的潜在就业机会以及更多就业渠道；在行业准备、最佳实践、最新机器、工具和设备方面的优势。

表 4-20　FLEXI MOU 课程 –CTS（汽车行业）

职业名称	入学资格	单位/批次大小	NSQF 级别	培训时长
汽车车身油漆工	通过10级考试或同等水平	20	4	一年
汽车车身修理技术员		20	4	一年
汽车制造技术员	通过10级考试或同等水平	20	5	一年
汽车维修技术员		20	5	一年

资料来源：Directorate General of Training[IN].Automotive[EB/OL].[2020-02-16].https://dgt.gov.in/Flexi_MOU/flexi_mou_courses

所有参与企业必须与国家培训总局（DGT）签订协议成为产业培训伙伴（ITP），且每年至少培训100名学员，上限为1000名学员/年。要参与灵活谅解备忘录（Flexi MOU 计划），企业必须同时符合以下条件：必须是著名的制造/服务行业/IT & ITES 行业的企业，且至少有500名员工；年营业额达到最低10亿卢比（INR）且在过去3个财政年度净值为正；可以是有限公司、私营有限公司、国营事业、公营机构或中央机构；若企业处在新产业领域/部门，前两个条件可适当放宽。

行业协会/产业集群符合下列条件的也可直接与国家培训总局（DGT）签订协议/谅解备忘录，具体有：行业协会/产业集群的成员行业年累计营业额在10亿卢比或以上；累计员工人数在500人以上；参与行业协会/集群的成员必须是在国家/中央机关有效注册至少2年的中小微企业/行业/机构，机构包括在任何政府/地方当局注册的实体/根据1948年工厂法和适用于国家商店和机构法注册的5家商店。根据这项规定，技术大学可与国家培训总局（DGT）签订灵活谅解备忘录（Flexi MOU 计划），技术大学派学员参加产业界提供的职业培训。这些技术大学必须是由大学教育资助委员会（教资会）据1956年《教资会法案》中有关技能大学的规定批准成立的，或是根据州立法法案建立的。

产业培训伙伴（ITP）和国家培训总局（DGT）联合实施培训评估，其中实践和形成性评价由产业培训伙伴（ITP）实施，计算机基础理论考试由国家培训总局（DGT）实施。产业培训伙伴（ITP）需开发一个至少包含1000道题目的综合题库（英语和印度语），并按章节和难度级别分组，经 NIMI 专家审核后，交给国家培训总局实施理论考试。国家培训总局在实施考试前有权增加一些试题。国家培训总局（DGT）安排培训学员在指定考试中心参加以计算机为基础的理论考试，并根据灵活谅解备忘录（Flexi MOU 计划）向考核合格的学员颁发证书，证书署名资讯科技署。修完培训课程后在最终评估中表现良好的学生有资格注册成为学徒[①]。

（八）双元制培训（DST）

根据《技能缺口报告》，2013-2022年，印度技术工人需求量将增加10亿，即平均每年增加1亿技术工人需求。然而，所有工业培训学校（ITI）每年只有250万个席位。印度有15000多家工业培训学校（ITI），其中82%由私营部门运营，18%由政府资助。但是，雇佣工业培训学校（ITI）培训学员的企业却普遍反应学员的培训质量达不到需求标准，为了弥补ITI学员的培训成果与行业需求之间差距，2016年8月技能开发与创业部（MSDE）引入双元制培训（DST），所有的工业培训学校（ITI），无论是政府机构还是私立机构，都可以参加双元制培训。

双元制培训（DST）旨在促进行业/企业与政府和私人工业培训学校合作，在高就业能力培训课程下实施职业培训计划，从而满足行业/企业对熟练技术工人的需求。双元制培训（DST）是工业培训学校的理论培训和行业/企业实践培训的有机结合体。双元制培训（DST）具有两方面优势，一是帮助学员建立行业联系，二是为学员提供行业最新技术的实践经验。学员完成双元制培训（DST）后，可获得国家职业证书（NTC），其培训学员的就业能力明显比常规工业培训学校（ITI）的学员水平更高。双元制培训（DST）鼓励工业培训学校（ITI）积极参与以加强其与行业/企业的联系并促进学生熟悉本行业最新技术动态，为就业做好准备[②]。

双元制培训（DST）的课程涉及工匠培训计划（CTS）涵盖的所有行业领

---

① Directorate Generalof Training[IN].FLEXIMOU[EB/OL].[2019-02-28].https：//dgt.gov.in/sites/default/files/Draft_Guidelines_for_Flexi_MoUFinalVersion.pdf.

② Directorate General of Training[IN].Dual System of Training[EB/OL].[2020-02-16].https：//dgt.gov.in/Dual_System.

域，包括服务行业和新兴行业，且均符合国家技能资格标准（NSQF）[①]。为促进更多行业/企业参加双元制培训（DST），行业/企业的资格条件一直在修订，从最低雇佣标准看，对从事工程和非工程行业的企业最低雇佣标准从200名员工降至40名（包括合同工），而在非工程行业领域，行业合作伙伴的最低员工标准为6名；从营业额看，非工程行业企业过去两年的营业额每年至少达到100万卢比，而工程行业企业最近三年的最低营业额为每年1000万卢比[②]。

（九）提升产业附加值的技能培训项目（STRIVE）

提升产业附加值的技能培训项目（Skill Strengthening for Industrial Value Enhancement Operation，STRIVE）是在世界银行资助下、印度政府主导、为期5年的劳动力技能提升项目，旨在改进职业培训机构的教学质量、改革教学活动、拓展学徒制培训、引导地方政府加大对培训机构的支持力度。该项目于2016年11月获得支出财政委员会（Expenditure Finance Committee，EFC）批准，总成本为22亿卢比（3.18亿美元）。印度政府与世界银行于2017年12月19日签署贷款协议[③]。该项目的覆盖范围非常广泛：初步计划覆盖印度300所职业培训机构及100多个产业集群区，旨在借此改进全印度的职业培训体系；其后致力于整合和提高工业培训学校（ITI）的质量，工业培训学校（ITI）升级通过竞争机制进行筛选。

四、国家技能开发局（NSDA）

国家技能开发局（National Skill Development Agency，NSDA）是技能开发与创业部（MSDE）下属的自治机构，是职业培训的监管和质量保证机构，它建立了国家技能资格框架和相关质量保证机制。国家技能开发局（NSDA）的主要职能有：实现"十二五"计划及技能开发目标；协调和统一中央各部委、

---

① Directorate General of Training[IN].List of Courses of under Dual System of Training[EB/OL].[2020-02-16]. https://dgt.gov.in/cts_details.
② Directorate General of Training[IN]Guidelines for Dual System of Training[EB/OL].[2020-02-07].https://dgt.gov.in/sites/default/files/Policy_Guidelines_for_DST_Version_feb1.0.pdf.
③ Ministry for Skill Development & Entrepreneurship[IN].Annual Report 2017-2018[EB/OL].[2020-02-16].https://www.msde.gov.in/assets/images/annual%20report/Annual%20Report%202017-2018%20（English）.pdf.

州政府、国家发展与改革委员会和私营部门之间的技能开发思路；确定并实施国家技能资格框架（NSQF），以确保培训质量和标准满足需求，它是印度国家技能开发任务的关键机构；从多个主体，如国际机构和私营部门筹集用于技术开发的预算外资金；评估现有技能开发计划的功效并提出整改措施；建立和维护与技能开发有关的国家数据库，包括开发动态的劳动力市场信息系统（LMIS）；加强宣传满足SCs、STs、OBCs、少数民族、妇女等弱势和边缘群体的技能需求[①]。

（一）国家技能资格框架（NSQF）

在2009年《国家技能开发政策》的基础上，2013年12月由劳动与就业部（The Ministry of Labour and Employment）制定了国家职业资格框架（NVQF），旨在制定一个超越普通教育和职业教育与培训的国家资格框架；由人力资源开发部制定了国家职业教育资格框架（NVEQF），NVQF和NVEQF后来均被国家技能资格框架（National Skills Qualifications Framework，NSQF）取代。

印度国家技能资格框架（NSQF）是根据一系列知识、技能和能力水平组织起来的资格，等级设定从1到10级（如表4-21所示），不论学习方式是否正式，主要考察学员的学习成果，故NSQF是一个综合了教育与技能的质量保证框架，目的是在职业教育与职业培训、普通教育与技术教育之间建构横向和纵向衔接途径，从而将一个学习水平与另一个更高水平联系起来，帮助劳动者获得所需的能力水平以过渡到就业市场。国家技能资格框架（NSQF）的每个技能等级都对应工作过程、专业知识、专业技能、核心技能和责任五个指标，用以描述学习者为获得该等级的技能认证而需要获得的最低知识、技能和属性特征要求[②]。

---

① National Skill Development Agency[IN].About NSDA[EB/OL].[2020-02-16].https：//www.nsda.gov.in/nsda-about-us.html.
② National Skill Development Agency[IN].NSQF[EB/OL].（2013-12-27）[2020-02-16].https：//www.msde.gov.in/assets/images/Gazette_EO_NSQF.pdf.

表 4-21　NSQF 技能等级描述

技能等级	工作过程	专业知识	专业技能	核心技能	责任
1	准备/执行重复工作流程，无须前期实践	熟悉常用职业术语、教学用语	程序重复，采取安全保障措施	阅读和写作，加减等简单计算能力，个人理财，熟悉社会和宗教多样性及卫生和环境	无责任，总是在持续的指导和密切的监督下工作
2	让员工准备好重复操作的过程，很少涉及应用理解，主要是实践	材料工具应用在有限的环境中，理解工作环境和质量	在有限的环境中使用有限的服务技能，选择和应用工具，协助专业性的工作，不区分质量好坏	接收和传递书面和口头信息，基本算术能力，个人理财，了解社会、政治和宗教的多样性及卫生和环境	无责任，在指导和密切监督下工作
3	独立从事常规的、可预见结果的工作的能力	用人单位的基本情况、工作程序和工作原则	能在较窄的应用范围内回忆和演示实际技能、日常操作和重复性操作	良好的书面和口头沟通能力，基本的数学和代数知识，个人理财，对社会和自然环境有基本了解	在严格的监督下、在规定的范围内对自己的工作负一定的责任
4	在熟悉的、可预测的、常规的、有明确选择的情况下工作	知识或研究领域的事实知识	运用适当的规则和工具、运用质量的概念、回忆并展示实用的技能，在狭窄的应用范围内进行日常和重复性操作	能进行书面或口头交流，清晰的表达能力，掌握基本的算术和代数原理，对社会、政治和自然环境有基本了解	对自己的工作和学习负责
5	有良好技能，在熟悉的环境下有明确的程序选择	了解工作或学习领域的事实、原理、过程	通过选择和应用基本方法、工具、材料和信息来完成任务和解决问题，具备所需要的一系列认知和实践技能	有数学能力，了解社会、政治环境，有收集、组织信息和沟通的技能	对自己的工作和学习负责，对别人的工作和学习负责
6	需要广泛的专业技术技能，清晰的知识和广泛的活动实践，包括标准的和非标准的实践	有工作或研究领域的广泛背景下的实践知识和理论知识	解决工作或学习领域中特定问题所需的一系列认知和实践技能	良好的数学计算能力，了解社会、政治环境，有数据收集、组织信息和逻辑沟通能力	对自己的工作和学习负责，对他人的工作和学习负责

续表

技能等级	工作过程	专业知识	专业技能	核心技能	责任
7	要求具有广泛的专业理论和实践技能，包括可变程序和非程序环境	有工作或研究领域的广泛背景下的事实知识和理论知识	广泛的认知和实践技能，为工作或研究领域的特定问题提供解决方案	良好的逻辑和数学能力，了解社会政治和自然环境，善于收集和组织信息，具备沟通和表达能力	对机构的产出和发展负全责
8	综合理解能力、认知、理论知识和实践技能，制订创造性的解决方案，解决抽象问题，独立学习，独立思考，分析能力强，善于沟通			在变化的工作/学习中进行管理和监督，对自身和他人的发展负责	
9	掌握有关课题的丰富知识和技能，具备创新能力，完成大量的研究和论文			负责复杂技术活动的决策，包括不可预测的学习/工作情况	
10	高度专业化的知识和解决问题的技能，通过研究和学术为知识提供原创性贡献			负责在工作/学习中不可预测的复杂情况下进行战略决策	

资料来源：National Skill Development Agency[IN].The NSQF Level Descriptors[EB/OL].（2013-12-27）[2020-02-16].https：//www.msde.gov.in/assets/images/Gazette_EO_NSQF.pdf

印度国家技能资格框架（NSQF）的关键要素有：制定确定技能熟练程度和能力水平的原则，且与国际接轨；职业教育、技能培训、通识教育、技术教育和就业市场相互流动与衔接；技能资格认证框架内定义的发展途径；提供促进终身学习和技能开发的机会；与行业/雇主建立伙伴关系；透明、负责、可信的跨部门技能开发机制；挖掘学习经历认证的潜力[①]。

印度国家技能资格框架（NSQF）通过提供一个技能框架实现如下目标：①适应印度教育和培训系统的多样性；②为每个技能级别设计一套全国通行的资格证书；③提供劳动者职业发展和职位晋升的职业生涯路径，提供获得职业资格的机会，帮助劳动者在教育和培训之间以及教育培训与劳动力市场之间灵活流动；④为个人提供更多教育和培训选择，且通过技能资格认证承认劳动者前期学习成果和经验；⑤为教育和培训提供质量保证以及监管机制；⑥通过技能资格认证工作促进劳动者获得NSQF资格，从而促进其在国内外

---

① National Skill Development Agency[IN].NSQF[EB/OL].[2020-02-16].https：//www.nsda.gov.in/nsqf.html.

劳动力市场流动，这也是该资格框架的价值所在。

(二)国家质量保证框架(NQAF)

在印度，很多人通过参加教育和培训、技能开发计划习得技能并获得技能资格，为确保技能与企业需求匹配，印度雇主和公众都期待教育和培训以及技能资格质量足够高。为此，印度设计了国家质量保证框架(National Quality Assurance Framework，NQAF)，旨在促进印度建立职业技术教育和通识教育质量保证体系，培养完全符合行业要求的高技能劳动力，从而通过提高生产率促进经济增长。

《NQAF手册》包括以下几个子手册：①国家质量保证框架概述手册，它概述了整个NQAF及七个子集，并阐述了NQAF的愿景、目标、操作原则和质量指标；②国家技能资格框架(NSQF)资格手册，提供有关注册国家技能资格框架(NSQF)资格的质量检查流程等信息；③培训机构认证手册，涵盖了申请和自我评估、现场咨询、NQAF合规性和技能印度认证等级、质量改进计划、数据收集和传播、治理要求、教师和评估人员的技能、设备要求等；④评估手册，该手册中关于评估机构认证和质量保证部分，除了与培训/教育机构的要求相近之外，还包括确保评估决策和评估技能一致性的处理程序；⑤国家质量保证框架审核员手册，提供审核过程和程序，旨在协助质量审核员对技能/印度技能鉴定培训/教育机构和评估机构进行审核，该手册涵盖了审计师应从培训/教育机构和评估机构收集的各种证据；⑥风险评估框架手册，涵盖使用风险评估规则和指标识别组织风险状况以确定审核频率和不合规风险；⑦行业机构质量保证手册，提供有关NOS开发和行业咨询的质量保证信息、资格证明和数据收集要求，有关国家技能资格框架(NSQF)的交流信息以及与国家技能资格框架(NSQF)水平保持一致的信息；⑧国家和州级机构手册，专门介绍国家技能资格框架(NSQF)实施情况，提供国家和州级机构监控NQAF目标实施以及质量改进评估的信息，实施NQAF的数据收集要求和临时安排[①]。

---

① National Skill Development Agency[IN].National Quality Assurance Framework[EB/OL].[2020-02-16].https://www.nsda.gov.in/nqaf.html.

（三）国家技能研究部（NSRD）

2015年，印度《国家技能开发与创业政策》宣布成立国家技能研究部（National Skill Research Division，NSRD），它是国家级技能开发方面可靠的智囊团式研究机构。国家技能研究部（NSRD）的主要工作目标有：①履行技能开发研究的智囊团职责；②发展成为技能开发领域的核心研究组织；③提供基于证据的政策咨询/意见，以指导政府制定和实施政策；④将政策制定者、社会伙伴、研究人员和从业人员召集在一起，就改善职业教育和培训政策的方式分享想法；⑤厘清职业教育和培训的未来趋势与挑战；⑥发展和促进创新方法，并使利益相关者更容易获得研究成果；⑦在印度和国外的大学、研究所之间建立技能开发领域的研究合作，并促进国际最佳实践做法在印度本土化应用[1]。

此外，国家技能开发局（NSDA）还负责建立和维护劳动力市场信息系统（Labour Market Information System，LMIS）。印度的劳动力市场信息系统（LMIS）实际上是一个劳动力市场政策工具，通过收集劳动力市场数据改善劳动力市场的信息流，帮助人们实现就业。

第三节　印度产业工人技能形成政策沿革

印度早在1961年就出台了《学徒法案》，面向14周岁及以上劳动者开展学徒培训以提升劳动者的技能水平。进入21世纪，印度政府出台了《2003–2004年度发展计划》《第十一个五年计划》，对劳动者技能开发问题进行了专门规定。2009年出台的《国家技能开发政策》是印度政府针对劳动者技能提升的第一个专门的官方文件。该政策在五年后修订为《国家技能开发与创业政策》，针对印度年轻人技能提升做了详细规划[2]。

一、《2003–2004年度发展计划》

---

[1] National Skill Development Agency[IN].National Skill Research Division[EB/OL].[2020–02–16].https：//www.nsda.gov.in/nsrd.html.

[2] 刘欣.印度职业技术教育和培训政策研究[D].上海师范大学，2013.

《2003-2004年度发展计划》单列章节对劳动者技能开发问题进行专门规划，成为印度历史上第一个将劳动者技能开发问题单列章节呈现的官方文件。《2003-2004年度发展计划》提出了印度劳动者技能开发的几个重要理念：其一，倡导包容性技能开发理念，强调关注农村青年、女性、种姓、部落、少数民族、辍学人员等弱势群体的技能开发；其二，提出基于个体需求提供适宜的技能培训，充分考虑到个体的技能基础差异和所在行业差异；其三，根据就业市场技能需求制定培训课程及内容。

在此基础上，印度政府在制订《第十一个五年计划》时专门成立了技能培养与职业培训工作小组负责完成《第十一个五年计划》中单列的技能开发规划，内容涉及技能开发的概念、目标、数量等具体而详细的内容。

二、《国家技能开发政策》

《2003-2004年度发展计划》和《第十一个五年计划》对印度国家技能开发后续政策的出台起到了很好的指引作用。2009年，中央政府正式出台《国家技能开发政策》，这是印度政府针对劳动者技能提升的第一个专门的官方文件，针对印度的劳动力技能开发涉及的系列问题做出明确规定[1]。

（一）政策产生背景

20世纪末以来，全球各国针对环境变化提出了基于环境保护和可持续发展的经济转型问题，相应地，印度也面临着这样的经济转型发展，基于印度整体劳动力素质偏低，在印度实现经济转型面临的首要问题是技能短缺，如何培养劳动者以使其技能匹配于转型发展需求，是必须面对的难题。

（二）政策实施主体

根据《国家技能开发政策》，技能开发的实施主体有中央及地方政府、企业、工会、民间组织等。（1）中央政府负责技能开发工作的宏观指导与规划。中央政府层面共有四个责任机构，其中国家技能开发委员会、国家技能开发协调委员会是技能开发工作的最高指导机构，负责制订宏观规划；国家技能开发公司和国家职业培训委员会是最高执行机构。（2）地方政府根据国家的

---

[1] 宋欣屿.印度《国家技能培养政策》（NSDP）的实施效果及其影响因素研究[D].东北师范大学，2018.

技能开发规划制订本地区具体的技能开发方案。(3)在企业层面,企业根据自身需求和自身实际资源情况探索适宜的自主技能开发方案。(4)工会协助企业制定技能标准、设置培训课程。(5)民间组织侧重推动国家和地方政府的技能开发计划落地实施,比如,促进公众了解技能开发规划、提高技能人才地位以及协助制定培训课程及标准等。

(三)政策内容

1. 政策目标

《国家技能开发政策》面向印度全体劳动力,旨在培养熟练劳动力以解决印度经济转型发展中的技能短缺问题,政策相关内容均围绕这个主题进行设计,目标是到2022年培养5亿熟练工人。

2. 技能培训形式

当时印度的熟练劳动者培养能力是每年310万人,距离5亿的目标相去甚远,为大幅度提高技能人才培养能力,印度政府调动各方面主体积极参与劳动者技能提升,相应地,印度的技能培训形式呈现出多样化特征。(1)从培训供给主体分,正规教育机构和培训机构是技能培训的主要供给者之一,工业培训学校、职业学校、技术学校、理工学院、专业学院等;政府机构和行业部门也是培训的供给主体,有针对性地实施多个技能培训计划;企业提供工作场所技能培训,比如学徒培训等;民间组织和国际组织提供正式和非正式培训。(2)从培训需求者分,印度的技能培训分为成人教育、退休员工再培训及终身教育等几种形式。(3)从培训实施形式看,除了面授课程、工作场所技能实践,还有电子学习、网络学习和远程学习等培训形式。

3. 技能培训分类分层

(1)技能培训对象分类

《国家技能开发政策》指出提升弱势群体技能水平是印度技能开发的前提,故虽然政策的核心目标是培养熟练劳动力和高技能人才,但同时贯彻包容性发展的理念,非常重视弱势群体的技能培训,女性、穷人、固定种姓和固定部落、少数民族、残疾人、失学儿童均覆盖在内,政府为其提供技能培训机会,解决交通不便、资金不足等培训困难,旨在提升印度弱势群体和下层阶级的技能水平,同时考虑到区域发展均衡、民族发展均衡等问题。

(2) 技能培训内容分层

《国家技能开发政策》分行业实施技能培训计划，技能培训工作在农业和制造业分别铺开，按培训目标群体的技能现状分层推进培训计划，既关注培训效率也兼顾社会公平。以制造业中的食品加工业技能培训为例，其技能培训计划分三个层次开展。其一，针对没有食品加工业从业经历者，开展定位于食品加工行业管理人员、技术人员和企业家的技能培训。政府资助326个食品加工培训中心向弱势群体开放，提供能快速掌握的实践课程，培训设计以短期灵活性课程为主。其二，针对食品加工业从业者，技能培训的目标是根据市场需求进行技能更新和技能提升，以短期培训为主。其三，针对将高级技能人才定位于企业家、管理者的技能培训，培训内容为较为复杂的食品加工和企业管理内容，以长期培训为主。

三、《国家技能开发与创业政策》

印度政府于2009年颁布《国家技能开发政策》，计划每五年根据国内外发展最新形势修订一次。2015年颁布的《国家技能开发与创业政策》是对《国家技能开发政策》的继承和发展，其首要目标是应对新形势下的快速技能开发需求，以及劳动力提高技能水平和就业可持续性。《国家技能开发与创业政策》着眼于印度全国范围内的技能活动，旨在统一技能标准使各项技能更好地与需求对接。该政策指出，技能开发是政府、行业、企业、社会、个人、行业组织等共同的责任，要紧跟国家的发展步伐，通过发展技能来提高就业率和生产力水平。

印度根据《国家技能开发与创业政策》成立了技能开发与创业部（MSDE）作为该政策的主要领导部门，负责制定技能开发框架解决技术人才供需脱节问题，负责相关政策的执行与协调，通过提高劳动力技能水平培养具备新技能和创新思维的人才。

（一）政策产生背景

1. 印度劳动力技能水平亟待提升

印度劳动力接受初等教育水平的位列第一，导致开发劳动力的技能基础较差。2014年前后，印度劳动力总量大约为4.87亿人，约57%在非农业部门就业。统计数据显示，印度劳动力有正规职业培训经历的不足5%，这与发达国家的差距非常大，英国为68%、德国为75%、美国为52%、日本为80%、韩国为96%[①]。若将接受过正规技能培训、接受过高等教育的劳动力排除在外，那么低技能劳动力约有4.504亿。其中，接受过正规培训且能熟练运用培训成果的非农业工人最多占5.4%，即印度大部分劳动力不具备熟练技能，而现有技能也多为通过非正规渠道获得。可见，印度要提高劳动生产率，必须在现有劳动力素质基础上促进其接受必要的、正规的技能提升培训。

国家技能开发公司在2010-2014年间做过的一项调查结果显示，一直到2022年，印度的24个关键部门每年需求的技能人才数量会超过1亿。印度每年有2614万人达到劳动年龄，假设男性和女性的平均劳动力参与率分别为90%和30%，那么每年至少有1616万人进入劳动力市场，他们除了少数接受过高等教育之外，绝大部分都需要获得技能，2014-2022年间每年需要提升技能的人数会超过1亿人[②]。

2. 印度的劳动力技能提升工作面临着巨大挑战

其一，印度93%的劳动力在非正规部门就业，且非正规部门的就业增长率是正规部门的两倍，这为政府估测劳动力技能水平和实际技能需求带来了很大困难。其二，印度的女性人口占总人口的二分之一，但女性的劳动力参与率却仅有20%多一点，且呈连续下降态势，从2009年的26.62%下降至2019年的20.52%，这无疑是人力资源的巨大浪费，故政府要开发女性劳动力、提升其技能水平面临很大的困难。其三，印度国民的创新创业热情不高，2014年，印度创新能力在143个国家中位列第76名，这大大弱化了中小企业吸纳年轻劳动力就业的功能，很难激活企业对年轻劳动力的技能需求。

3. 现有技能开发项目缺乏统筹和衔接

其一，目前印度中央政府推动的技能开发项目已扩展至20多个部门，影

---

① 刘亚西，张彩娟. 印度职业教育的演变、特征与趋势分析——基于政策变迁的视角[J]. 中国职业技术教育，2018（30）：91-96.

② 刘亚西. 印度职业培训体系：生态环境、发展现状与特征分析[J]. 职业技术教育，2018（33）：69-74.

响力足够大,但是缺乏确保各项技能开发工作相互衔接的协调和监督机制。类似的问题在邦一级政府也同样存在,只有少数几个邦制订了政府工作方案来推进技能开发。故印度全国及各邦的技能开发工作步调不一,技能提升的规范、程序、课程、证书等五花八门。其二,目前许多技能提升计划与经济社会发展的实际需求并不匹配,使得类似的计划无法达成既定目标。其三,印度各邦在人口结构变化和技能开发水平两方面均面临着不同的挑战,虽然各邦都设立了区域层面的技能开发与创业部(SSDM)去启动技能开发任务,但许多州在统筹管理能力方面和SSDMs的执行效果方面仍有很大提升空间。

(二)政策发展目标

《国家技能开发与创业政策》旨在打造一个高标准、大规模、快速学习技能的生态系统,打造能够创造财富和就业的创新创业文化,从而确保全国公民具备保持长久生计的能力。《国家技能开发与创业政策》分为技能开发政策和创业政策两个部分。

1. 技能开发政策核心目标

《国家技能开发与创业政策》技能开发政策的核心目标是促使劳动者通过终身学习不断地开发个人潜能,从而持续为国家和社会提供劳动者个人技能开发的红利。技能开发政策具体包括以下内容:(1)着眼于青年成长需求和雇主生产发展需求,为年轻人和雇主提供高质量技能培训;(2)从横向和纵向为劳动力提供成长机会,促进技能培训与正规教育的无缝衔接;(3)注重结果导向,通过高质量技能培训提高个人就业能力从而改善个人生计,同时提高三次产业的生产力;(4)提高培训机构和培训者的质量和能力,为人们接受技能培训提供最方便快捷的服务;(5)开发人力资源,培养熟练技术工人以满足行业需求和国家发展战略需要;(6)以信息技术为基础建立劳动力供求信息系统实现技术劳动力供求匹配;(7)鼓励雇主积极参与制定职业标准、开发培训课程、提供学徒机会、参与培训评估、提供就业机会,促进国家技能培训标准不断提高;(8)实施符合全球标准的劳动力培养质量保证体系以拓展劳动力流动范围、促进劳动力流动;(9)利用现代技术对国家技能开发情况进行统筹和监督;(10)充分重视在职培训的价值,将工作场所的学徒培训作为所有技能开发的重要组成部分;(11)确保社会底层和偏远地区的人群有同样的机会接受技能培训；（12）开发女性人力资源，或者制定适宜的技能培训内容，或者开展专门面向女性的技能培训，促进女性就业，提升女性劳动力参与率；（13）促进所有利益相关者均承担起技能开发的责任，建立有效的协调机制[①]。

2. 创新创业政策核心目标

《国家技能开发与创业政策》创新创业政策的核心目标是协调和加强全国创新创业发展所必需的因素，具体包括：（1）促进创新创业文化发展，激发创新创业热情；（2）倡导将创新创业作为一种职业选择；（3）为潜在的创业者提供支持；（4）在学校教育系统整合创新创业教育资源；（5）培育创新驱动的精神，解决社会底层人口的需求；（6）为创新创业扫清发展障碍；（7）为创新创业提供信贷支持；（8）促进女性创业；（9）满足社会底层和偏远地区的创业需求。

（三）促进技能开发方面的措施

《国家技能开发与创业政策》紧密配合"技能印度（Skill India）"的目标为劳动者技能开发提供激励和支持，具体措施如下。

1. 针对劳动者的措施

《国家技能开发与创业政策》旨在激发劳动者接受技能培训的渴望和热情，通过建立纵向衔接的教育体系，确保技能教育和技能培训也能够像普通教育一样获得学位，并获得相应的职业资格，促进劳动者具备建构可持续生计的能力，从而获得更高收入。为实现上述目标，印度政府提供了如下支持。（1）从国家层面协同著名人士、社会媒体等发起技能开发运动以提升国民意识、营造良好的社会氛围。（2）将大学和相关机构作为技能开发的研究和培训中心。（3）普通教育引入职业培训方式，将技能培训整合到9年级及以上学生的普通教育内容中，规定技能培训的比重不低于25%。（4）政府在各类制度中加入特定条款，鼓励用人单位聘用经过认证的、技能熟练的劳动力，同时为劳动者提供就业咨询。（5）关注年轻人和女性技能提升，为无法继续接受更高层次教育的年轻人和缺乏就业能力的妇女提供获取生计的能力。（6）政府与产业合作不断扩展学徒制培训机会。

---

① Ministry of Skill Development and Entrepreneurship[IN]. National Policy for Skill Development and Entrepreneurship（2015）[EB/OL].[2020-02-18].https：//www.msde.gov.in/assets/images/Skill%20India/Policy%20Booklet%20V2.pdf.

2. 针对培训主体的措施

印度政府出台激励政策鼓励私人培训机构提供技能培训以增加技能人才供给。(1)充分调用公共和私人培训资源,鼓励更多参与者进入技能培训领域,印度政府承诺为现存的和新建的培训机构提供资金支持,为社会底层劳动力和边远地区劳动力提供技能培训的机构可得到政府的定向支持。(2)将目前未被充分利用的楼宇、师资等软硬件资源调配到技能培训领域,例如利用学校的假期、放学后等时间段为社会提供技能培训服务,或是利用商场、酒店等作为技能培训的场所。(3)国家技能开发公司(NSDC)授权私人机构承担起技能培训的任务,NSDC以市场需求为导向分析技能人才需求,并为私人机构提供相关信息和长期资金支持,从而不断增加印度技能人才数量。(4)提出"印度制造"(Make in India)和"技能印度"(Skill India)两个相辅相成的口号,"印度制造"着眼于促进25个部门的生产制造能力提升,以提供更多技能性工作岗位,"技能印度"着眼于劳动者技能水平提升以使技能劳动者更好地满足产业、行业和企业需求,通过两个战略的行动配合最终达到发展产业和提升生产力的目标。印度为此成立专门的委员会以促进25个关键部门(含技能开发与创业部)的协同发展,新兴产业可据本领域技能人才需求设立技能培训机构。

3. 保证技能培训标准和质量的措施

在《国家技能开发与创业政策》出台之前,印度中央政府的多个部门承担着不同的技能开发项目,这些技能开发项目因承担主体不同、设定目标不同、培训内容不同而执行不同的标准,虽然相对灵活,但因为缺乏统一的标准而存在衡量技能培训效果难的问题。《国家技能开发与创业政策》为促进项目之间的协调和统一做了方向性的改变。(1)由国家技能开发与创业部(MSDE)制定统一的技能开发标准,建立国家级劳动力市场信息系统(Labour Market Information System,简称LMIS)作为提供经济社会数据模型的数据库,为政府和行业相关政策的制定提供关键性分析和支持。(2)由国家技能资格框架(NSQF)制定质量保障框架(Quality Assurance Framework,简称QA),旨在保证技能培训的产出标准统一,且能与劳动力市场需求对接,同时要求普通教育和职业教育均要与NSQF标准对接。QA是配合NSQF推动技能培训的重要手段，不仅明确设定了不同职业资格的最低标准，还能为职业技能评估提供更可行、更可靠、更公平、更透明的指导，通过不断加强对评估主体的认证打造良好的技能评估生态系统。

4.针对协同发展的措施

《国家技能开发与创业政策》为了达到激励多元主体参与技能提升的目的，努力引导多个主体参与进来。（1）引导产业行业为技能劳动者提供工作岗位。一是鼓励各产业行业在雇佣劳动力时优先雇佣经过正规技能水平认证的劳动者，二是劳动者接受不同技能水平对应不同薪酬水平的事实以追求高技能。（2）要求各产业行业设置专项资金用于技能开发，并积极地参与到技能开发课程和技能标准制定的工作中。印度政府认为技能开发既是政府的责任，更是产业行业的责任，因为他们才是技能劳动者的需求主体。（3）政府充分调动非政府部门的技能开发能力。（4）不遗余力地争取全球合作伙伴：一是印度政府希望学习国际优秀技能开发模式，通过知识、经济、学术研究、教学经验等交流，不断提升本国技能开发项目的效果，鼓励国外的政府、企业、机构到印度设立技能开发中心、参与印度的技能开发课程设计；二是印度政府鼓励本国青年到海外就业，并为劳动力输出建立技能培训生态系统（据美国政府的一项调查，到2022年，美国、英国、中国三国的技能劳动者缺口分别为1700万、200万、1000万，而印度将会出现4700万过剩技能劳动者[①]，故印度政府将设立促进劳动力流动的部门来促进技能劳动力的可持续发展）；三是国家技能资格框架（NSQF）也会相应地制定与海外用人需求相对接的培训标准。

（四）促进创新创业的措施

印度政府认为，促进创新创业需要打造一个涵盖文化、金融、专业知识、基础设施和相关政策措施等在内的生态系统。《国家技能开发与创业政策》的创新创业框架内容正是着眼于挖掘这种生态系统所具备的潜力。

1.加强创新创业教育

《国家技能开发与创业政策》关于创新创业的措施最重要的目的是通过教育和政府支持激励潜在创业者和初创企业。（1）召集创新创业领域专家设置创新创业教育系列课程，提供免费在线学习课程方便潜在创业者掌握开办

---

① 任君庆，王琪."一带一路"职业教育研究蓝皮书·南亚卷[M].厦门大学出版社，2018.11.

企业的创业技能，在慕课网站学习者可以实现随时随地的灵活学习。（2）将创新创业教育整合到印度3000家大学的主流课程体系和大约325个产业集群，以便为大学生、产业工人、雇主提供必要的培训支持。

2. 建构创业平台

印度政府通过建构创业平台为青年创业者提供帮助。（1）为青年创业者建构创业沟通平台，依托网络平台和移动通信平台建构创新创业沟通平台，将在校学生、青年创业者、创业导师、孵化器、投资公司、创业服务机构等相关主体纳入平台，提供相互沟通交流的机会。（2）在现有120多家孵化器的基础上，鼓励成立更多的孵化器来支持青年创业者。（3）打造由高质量创业导师组成的全国网络系统，以此动员更多主体进入系统，形成创业指导的在线社区。创业导师通过预定标准筛选。

3. 成立创业中心

印度政府主导成立创业中心（Entrepreneurship Hubs，E-Hubs），一方面为创业者提供支持，另一方面负责协调实施国家和州政府的创业项目、整合创业支持资源。该中心覆盖印度全国30个邦和3000所大学，最终目的是覆盖印度全国。该中心的起点非常高，由政府部门、企业家、非政府组织和学术界代表组成的国家咨询委员会（NAC）为创业中心提供咨询和指导。

4. 培育创新创业精神

印度政府致力于培养创新创业精神、营造创新创业文化氛围，主要措施如下。（1）邀请国内外各行业代表分享创业实践；（2）建立国际联系，向创业者提供到硅谷、以色列等全球创业中心实习和交流访问的机会；（3）为了树立竞争意识和机会意识，设立国家品牌大使倡导印度创业文化；（4）为30岁以下的优秀青年创业者提供专门奖励；（4）设立全国创业日，等等。

5. 鼓励弱势群体创业

印度政府在各项政策中均特别关注种姓和部落、少数民族、边远地区人群，创业支持政策中也同样将上述人群纳入其中，主要措施如下。（1）优先接受创业中心（E-Hubs）的创业教育项目。（2）政府为弱势群体专门配备创新创业专家库和孵化器，帮助其获得金融、政策等方面的服务和支持。

6. 促进女性创业

经合组织（OECD）2014年11月的一项经济调查结果显示，印度女性劳动力参与率过低，女性劳动力对经济增长的贡献仅为24%，这与印度女性占人口二分之一的比例严重不匹配。若能充分挖掘印度女性劳动力的潜力，印度的国内生产总值（GDP）可增加4.2%，故促进印度经济发展要特别关注为女性创造更多更好的就业机会。就女性创新创业而言，印度政府有针对性地收集女性创业数据，确保女性创业者优先得到企业和孵化器的创业指导和支持，为其提供便利的融资渠道。

此外，创新创业框架提出改善创新创业融资渠道，助推社会创新、支持"草根"创新（Grassroots Innovation）。

第四节 印度产业工人技能形成特征

一、制度设计理念：经济转型与可持续发展

（一）基于可持续发展的经济转型引发技能缺口

21世纪以来，随着全球变暖和环境污染日益加重，各国均在践行基于可持续发展战略的经济转型。在全世界变革的背景下，印度的经济发展同样面临着向可持续发展模式转型，这也意味着印度要转向应用高科技的绿色发展模式。向可持续发展模式的转变除了需要技术、物质资源，更重要的是需要能够参与、执行可持续发展任务的人力资源。然而，印度整体劳动力受教育程度偏低、技能水平偏低。2003-2013年间，印度劳动力学历分布结构中初等教育水平（10年级）的劳动力人数位列第一，中等教育水平（10+2）的劳动力数量位列第二。劳动力中有正规职业培训经历的不足5%，未接受过正规职业培训的占比高于接受过正规职业培训的占比。《技能缺口报告》显示，2022年之前的十年间印度技能人才缺口每年高达1亿多人，技能人才供给无法满足经济转型发展需求。

印度在《2003-2004年度发展计划》《第十一个五年计划》单列章节阐述了

国家的技能开发规划，并于2009年正式出台《国家技能开发政策》，于2015年出台了《国家技能开发与创业政策》，专门对劳动力的技能开发进行了规划。

（二）基于可持续发展的技能培训制度设计

印度技能开发制度和政策对可持续生计理念的践行主要体现在两方面。（1）在覆盖对象上，一方面，印度的大多数培训计划都覆盖了女性、贫困人口、种姓、部落等弱势群体，旨在通过技能提升－就业能力提升－可持续生计建构的实践逻辑助力其摆脱贫困、融入未来经济社会发展；另一方面，印度特别关注年轻人的技能提升，年轻人是印度未来经济转型发展的中流砥柱，通过技能培训促进其融入经济发展，获得终身学习的能力，对劳动年龄人口占比超过60%的印度至关重要。（2）在技能培训政策设计上，国家技能开发团（NSDM）在世界银行的支持下以任务模式实施了生计促进项目（SANKALP），其目标与可持续发展的总目标保持一致，在国家层面推动技能提升的工作体制机制建设，提高项目的实施质量和技能与市场需求的匹配性，特别要为改善女性和弱势群体的生计状况而为其提供技能培训机会，通过公司伙伴关系不断吸引市场资源进入技能培训领域。生计促进项目始于为劳动者建立可持续生计的目标，但真正的落脚点是绘制非正规部门及企业的发展蓝图，通过企业生产能力的提升创造更多的就业岗位、提升职业培训的能力，建立40-50个重点行业的培训机构以扩大技能培训能力。

二、制度设计起点：国家主导与高质量技能标准

（一）职业培训责任单位的历史沿革

印度负责职业技术教育和培训的机构有政府部门、行业组织、国际组织及公私合作/私营组织四类，其中政府部门的作用分中央政府和邦级地方政府两个层面，中央政府直接负责劳动力技能开发的制度设计、项目开发与指导，邦级政府负责具体实施。印度中央政府对劳动力技能开发的重视程度是非常高的，国家总理直接领导国家技能开发管理委员会（Mission Governing Council），负责技能开发政策的整体指导和政策制定，人力资源开发部、劳动与就业部、技能开发与创业部是印度劳动者技能开发的主要责任部门。从印度职业培训的责任部门演变轨迹中也可以看出政府对技能培训工作的重视。

2009年的《国家技能开发政策》规定印度中央政府负责技能开发工作的宏观指导与规划，下设四个责任机构，国家技能开发委员会、国家技能开发协调委员会是技能开发工作的最高指导机构，负责制定宏观规划；国家技能开发公司和国家职业培训委员会是最高执行机构。

2015年之前，人力资源开发部和劳动与就业部负责印度职业技术教育和培训立法，设计国家职业教育资格框架和国家职业资格框架。其中人力资源开发部负责正规学校的职业教育和相当于学校水平的职业教育，并分别在印度技术教育委员会、国家教育研究和培训委员会协助下实施课程开发等工作。劳动与就业部负责工业培训学校（ITI）和职业培训机构（VTP）的职业培训，由国家培训总局（DGT）负责在全印度范围内提供职业培训，主要负责实施工匠培训计划（CTS）和技能开发行动计划（SDIS），并分别得到国家职业培训委员会和中央学徒培训委员会的政策指导。

印度根据2015年的《国家技能开发与创业政策》设立了国家技能开发与创业部（MSDE），专门负责提升青年就业能力。同时，国家培训总局（DGT）从劳动与就业部分离出来，与国家技能开发局（NSDA）和国家技能开发公司（NSDC）一起实施技能开发与创业部（MSDE）的职业培训计划。从此，在印度开启了由专设机构负责劳动力技能培训的航程。印度于2015年7月成立国家技能开发团（NSDM），专门负责协调技能开发相关工作，并借助技能开发与创业部（MSDE）的组织架构来建构包含最高理事会、指导委员会和任务理事会三个层次的工作机制，其中最高理事会的主席是国家总理，指导委员会的主席是MSDE的部长，任务理事会主席是MSDE的秘书，充分体现出印度中央政府对劳动力技能开发工作的高规格管理。

（二）顶层设计下的技能标准与执行

印度职业培训的技能标准制定、调整与执行均是在政府强烈干预下实施的，在顶层设计上保证了技能的标准化、技能的质量、技能培训与需求的匹配性。（1）国家技能开发局（NSDA）是职业培训的监管和质量保证机构，负责协助邦政府建立地方技能开发管理机制、监测并根据实际需求调整国家技能资格框架的内容标准，以确保技能培训的内容匹配于企业/行业/产业需求。（2）国家技能资格框架（NSQF）对技能设定十个等级，针对每个技能等级给出明确的工作过程、专业知识、专业技能、核心技能、工作责任要求，该框架是对印度整体技能培训工作提出的技能标准化框架，是针对产业发展需求制定的技能框架，从而在政策高度保证了技能供需匹配。（3）国家质量保证框架（NQAF）专门为提升教育和培训质量制定了《NQAF手册》，对国家技能资格、培训机构、评估认证等方面做出详细规定，以建构教育和培训质量体系，培养符合需求的高技能人才。（4）国家技能研究部（NSRD）是负责印度技能开发的智囊团，在国家层面上研究教育和培训政策、为政府提供基于证据的咨询、发展和促进创新方法等。（5）政府要求企业优先雇佣经过技能培训和认证的劳动力，从技能需求方提出对技能的标准和质量的高要求。（6）学习经历认证（RPL）承认劳动者自发实施的职业培训成果，但必须通过评估才能得到技能认证，从技能供给方提出对技能的标准化要求。

（三）建设高质量培训机构供给高质量培训

印度政府为提升劳动力技能培训的质量，出台多个计划促进职业培训机构在建设设施、培训活动方面的质量提升，以期最终提升劳动力技能培训的质量。（1）国家技能开发公司（NSDC）负责实施现代化职业培训中心建设项目（PMKK），旨在建设最先进的示范培训中心（MTC），其在技能交付过程中高度重视培训质量、可持续性、与利益相关者的联系，为印度向海外输出劳动力提供有针对性的培训，其长远目标是将印度打造成世界技能之都。（2）国家培训总局（DGT）实施的提升产业附加值的技能培训项目（STRIVE）在世界银行资助下，由印度政府主导提供为期5年的劳动力技能提升项目，旨在改进职业培训机构教学质量、改革教学活动、拓展学徒制培训、引导地方政府加大对培训机构的支持力度。（3）国家技能开发公司（NSDC）启动印度国际技能培训中心（IISC），旨在提供符合国际标准的技能培训和认证平台以促进印度劳动力的海外流动，其中出发前定向培训计划（PDOT）由外交部和技能开发与创业部合作实施，是行政规格很高的一个技能培训计划，由国家技能开发公司（NSDC）担任具体执行机构。

三、制度设计目标：弥补技能缺口的经济效率与兼顾社会公平

（一）技能开发的效率目标：弥补技能缺口

印度政府缩小技能人才缺口必须提高技能人才培养的经济效率，政府的主要政策措施如下。（1）快速增加技能人才培养数量。其一，在国家政策制定方面，《2003-2004年度发展计划》《第十一个五年计划》《国家技能开发政策》《国家技能开发与创业政策》的纵向发展轨迹呈现了印度政府对获得技能提升效率的渴求。其二，在技能培训的责任机构方面，国家技能开发公司（NSDC）旨在满足印度对跨领域技能人才的需求以缩小技能人才缺口，目标是根据经济转型需求设置培训计划以促进存量和新增劳动力实现技能提升与转型，同时促进企业和培训机构同步转型。印度根据《国家技能开发与创业政策》成立的技能开发与创业部（MSDE）是专门负责印度年轻人技能开发的政府部门。同步成立的国家技能开发团（NSDM）旨在促进各部门决策以实现快速、大规模的技能提升。（2）提升技能人才培养质量。2013年国家技能资格框架（NSQF）取代国家职业资格框架（NVQF）和国家职业教育资格框架（NVEQF），对技能等级分十级进行规范，明确了各类技能资格和职业教育资格的衔接，鼓励劳动者对照国家技能资格标准自发实施技能培训，在保证技能人才培训规模的基础上，技能培训有了统一的标准，同时劳动力有了明确的职业生涯路径规划。

（二）技能开发的公平目标：弱势群体可持续生计建构

印度劳动力技能开发的经济效率获得依赖于整体劳动力的技能提升，故技能提升政策必须同时关注对弱势群体的支持，体现出制度设计的公平性。其一，从劳动力就业部门看，印度93%的劳动力在非正规部门就业，提升劳动力的就业能力以转向正规部门就业是主要目标，通常素质较高的劳动力较易转型，但印度只有不足5%的劳动力接受过正规技能培训，如此庞大的劳动力技能提升体量必然存在技能提升需求多样化的问题，且必须同时兼顾大量低技能劳动力。其二，从劳动力群体看，印度女性劳动力占比在二分之一左右，但其劳动力参与率仅为男性的三分之一左右，女性人力资源的潜力很大，但女性较低的劳动力参与率却表明女性接受技能培训的前期就业经验缺乏，参与技能培训的竞争力较差，技能提升会存在很大客观障碍，需要外界给予助力获得技能培训的机会。此外，还有种姓、部落、贫困地区等很多类似于女性的弱势群体需要通过技能提升获得可持续的就业能力以融入经济转型，最终建构可持续生计。《国家技能开发与创业政策》技能开发政策的核心目标之一即注重结果导向，通过高质量技能培训提高个人就业能力从而改善个人生计，同时提高三次产业的生产力。

四、制度覆盖对象：年轻人技能提升与包容性职业能力开发

（一）基于人口红利的年轻人技能提升

印度的人口结构较为年轻，25岁以下人口占比超过50%，15–59岁劳动年龄人口占比超过60%，个别年份甚至达到70%以上，经济发展中蕴藏着巨大的人口红利。但是，基于印度人口素质较低、劳动技能水平较低、劳动力接受正规技能培训占比很低的事实，要最大化获得人口红利需要通过技能培训挖掘劳动力的潜力。印度的技能提升制度和政策主要针对年轻人展开，除了正规教育体系针对新增劳动力一直在完善职业教育和技术教育，职业培训计划同时关注新增劳动力和存量劳动力的技能提升。比如，技能开发与创业部发起的 PMKVY 旗舰计划要培养 1000 万印度年轻人接受技能培训，培训费和评估费完全由政府支付。

1. 新增劳动力技能培训支持

国家技能开发公司（NSDC）的 Udaan 计划旨在解决查谟克什米尔的结构性失业问题，为该地区就业困难的本科生、研究生和三年制文凭工程师与企业搭建弥合结构性失业的生态系统，为年轻人就业迁移、接受企业培训、获得就业机会提供支持，同时也为企业提供该地区的年轻劳动力信息，激励企业参与针对这些年轻人的技能培训。国家技能开发公司（NSDC）还为学生提供技能贷款资助学生参加技能培训课程。灵活谅解备忘录计划（Flexi MOU 计划）规定，技术大学可与国家培训总局（DST）签订备忘录，由技能大学派出培训候选人到产业界接受技能培训。国家培训总局（DGT）启动的技能开发行动计划（SDIS）为离校学生和未就业青年提供模块化就业技能（MES）培训，为行业培养熟练劳动力。

2. 存量劳动力技能培训支持

国家技能开发公司（NSDC）负责实施的 PMKVY 旗舰计划中专门针对存量劳动力技能提升的项目有：（1）培训中心（TCs）的短期培训面向中学/大

学辍学者或失业者提供国家技能资格框架（NAQF）5级以下的短期培训，培训较低技能；（2）学习经历认证（RPL）对劳动力先前的自发技能培训和学习经验进行评估和认证，旨在缩小个人能力与国家技能资格框架（NAQF）的差距，促进存量劳动力习得规范技能，也激发劳动力自发参与技能培训的积极性；（3）技术实习生培训计划（TITP）旨在通过与日本产业界合作派出年轻劳动力在日本习得技能服务于印度本国的技能开发需求，是一个高技能培训项目。

国家培训总局（DGT）的工匠培训计划旨在促进14岁及以上的劳动力通过技能培训成为熟练技术工人；工匠教员培训计划（CITS）专门培养技能培训讲师；高级职业培训计划（AVTS）提供为期1-6周的短期模块化课程对选定技能领域进行高技能培训；学徒培训计划（ATS）专门针对企业在职员工实施技能训练。

（二）基于包容性发展的弱势群体职业能力开发

基于劳动力素质较低、地区经济发展不平衡等多种因素的交织，印度的经济转型必须选择包容性发展路径，同样，劳动力的技能培训因涉及庞大的无技能、低技能劳动力也必须选择包容性的职业能力开发理念，将弱势群体纳入技能开发计划中。

1. 政策层面

（1）《2003-2004年度发展计划》倡导包容性技能开发理念，强调关注农村青年、女性、种姓、部落、少数民族、辍学人员等弱势群体的技能开发。（2）《国家技能开发政策》认为提升弱势群体技能水平是印度技能开发的前提，故其政策的核心目标虽然是培养熟练技术工人和高技能人才，但同时贯彻包容性发展理念，重视为弱势群体提供技能培训的机会，由政府为其解决技能培训中的交通不变、资金不足等困难。（3）《国家技能开发与创业政策》将开发女性人力资源、促进女性就业、提升女性劳动力参与率纳入技能开发政策的核心目标；将促进女性创业纳入其创新创业政策的核心目标。

2. 计划层面

（1）国家技能开发公司（NSDC）负责实施的PMKVY旗舰计划中的短期培训面向中学/大学辍学者或失业者提供短期技能培训；生计促进项目（SANKALP）特别强调要改善女性学员和弱势群体接受和完成技能培训的机

会,支持他们建构可持续生计。(2)国家培训总局(DGT)出台女性职业培训计划(VTW),在中央和各州建立对应的产业训练设施专门为女性提供职业培训,旨在提升女性的就业创业能力,提升女性劳动力参与率。(3)国家培训总局(DGT)的工匠培训计划(CTS)分别为残疾人和妇女等弱势群体预留3%和30%的技能培训名额。

五、制度设计落脚点:技能分层与供需匹配

(一)基于劳动者技能存量的分层技能开发

印度整体劳动力技能提升是一个复杂的大系统,再加上劳动力的技能存量参差不齐,故技能提升工作必须依托劳动力的技能存量分层实施。《2003-2004年度发展计划》提出要基于个体需求提供适宜的技能培训,充分考虑到个体的技能基础差异和所在行业差异。以《国家技能开发政策》分行业实施的技能培训计划为例,食品加工业的技能培训分三个层次实施,一类是没有食品加工业从业经历者的技能培训;一类是针对有食品加工业从业经历者的技能培训,这类培训还细分为基于劳动者技能更新的短期培训和基于高技能人才培养的长期培训。

(二)基于供需匹配的技能开发

印度的技能提升政策旨在提升劳动力技能,不同的政策针对不同的劳动力群体,但印度重视企业承担劳动力技能开发的社会责任,故很多政策都是依托企业开展,且为企业提供资金支持的,通过以技能需求主体驱动技能培训,在工作场所训练技能,实现劳动力技能供需匹配的目标。《2003-2004年度发展计划》提出要根据就业市场技能需求制定培训课程和内容,以缩小技能供需差距。《国家技能开发与创业政策》中技能开发政策的核心目标之一是将工作场所的学徒培训作为所有技能开发的重要组成部分。

国家技能开发公司(NSDC)着力促进技能供需匹配。(1)PMKVY旗舰计划充分考虑到技能的供需匹配问题。①培训中心(TCs)的短期培训面向辍学者和失业者提供短期中低技能培训,政府向培训合作伙伴支付培训费用和技能评估费用,以鼓励培训合作伙伴参与劳动力技能培训并雇佣经过培训和技能资格认证的劳动力,从而在提升劳动力技能水平的同时促进企业提升

技能需求。②PMKVY旗舰计划中的特殊项目为政府机构、企业和行业开展特殊领域培训提供平台，满足那些未被现有资格包和国家职业标准涵盖的特殊岗位培训需求。③推出培养培训合作伙伴计划以建设一批可持续、营利性、高质量的技能培训机构，吸引私人资金进入培训领域，弥补培训市场失灵，重点资助关键发展领域的培训机构，同时为合作伙伴提供资金资助。培养培训伙伴的计划吸引了诸多私人部门参与技能培训，截止到2020年3月，印度全国的工业培训学校（ITI）共有15042所，其中政府机构2738所，私人机构12304所，私人机构占比高达82%。

国家培训总局（DGT）着力促进技能供需匹配。（1）灵活谅解备忘录计划（Flexi MOU 计划）旨在促进产业界按其技能需求培训学员，通过定制培训课程将课程内容与市场需求紧密结合起来，一是学员能够接触行业最新科技，二是能够充分利用企业的培训设施。（2）双元制培训（DST）旨在培养熟练技术工人，通过提升工业培训学校（ITI）技能培训质量缩小与企业技能需求之间的差距。双元制培训（DST）是工业培训学校的理论培训与行业/企业实践培训的有机结合体，通过培训促使学员与行业/企业建立联系，学习行业最新技术和实践经验，习得的技能更加贴合实践需求。高级职业培训计划（AVTS）旨在更新和提升劳动者的技能，提供为期1-6周的短期模块化定制课程。（3）学徒培训计划（ATS）强调企业在技能开发中的社会责任，符合条件的需雇佣一定数量的学徒，一是充分利用企业的培训资源，二是技能培训符合企业工作场所技能需求，三是为培训学员扫清了行业/企业进入障碍。

六、制度作用机制：技能生态系统与企业技能开发的社会责任

（一）相关主体联动的技能生态系统建构

在印度职业技术教育和培训中起重要作用的机构有四类：政府部门、行业组织、国际组织及公私合作/私营组织，不同机构在技能培训中的作用不同，构成了印度技能开发的生态系统。国家技能开发公司（NSDC）与行业、企业、基金会、社区组织建立多方合作伙伴关系，旨在促进印度国家技能培训生态系统的发展。《国家技能开发与创业政策》旨在打造一个高标准、大规模、快速学习技能的生态系统，该政策积极鼓励多个主体参与技能培训。一

是引导企业优先雇佣经过正规技能认证的劳动者，激发劳动者参与技能培训、激发企业提高技能需求水平和标准；二是要求企业/行业肩负起技能培训的社会责任，设置专项资金用于技能开发；三是调动非政府部门的技能开发能力，降低新建技能培训机构的负担；四是争取全球合作伙伴，促进劳动力技能与国际接轨，拓宽劳动力流动范围。

印度技能生态系统建构在创新创业政策中也得到了充分的体现。（1）政府将在校学生、青年创业者、创业导师、孵化器、投资公司、创业服务机构等纳入政府建构的创业沟通平台，鼓励孵化器为青年创业提供支持，通过在全国网罗高品质创业导师打造创业在线社区。（2）政府主导成立创业中心（E-Hubs），覆盖全国30个邦和300所大学，并由政府部门、企业家、非政府组织和学术界代表组成国家咨询委员会，为该中心提供咨询和指导。

（二）国家视角下的企业技能开发责任

印度强调开发员工职业能力是企业应当肩负的社会责任，再加上利用企业现有培训设施实施技能培训不会增加额外的培训基础设施建设负担，因而让企业承担起劳动力技能开发的社会责任是最容易实施、成本最小化的技能培训途径之一。印度于1961年出台的《学徒法案》规定，雇主必须让学徒从事指定职业和可选职业的学徒培训，1959年以来实施的学徒培训计划（ATS）规定了企业聘用学徒的具体事宜。在印度，拥有40名及以上雇员、拥有《学徒法案》规定的必要培训基础设施的企业必须聘请学徒，雇佣学徒数量为总雇员的2.5%-10%，职业学徒总聘用比例为2.5%-10%。企业要为职业学徒提供培训津贴，并与中央政府一起平均分摊毕业生学徒、技术员学徒、技师学徒的培训津贴。印度国家职业培训委员会（NCVT）每年实施两次针对学徒的职业评估（AITT）。在国家推动下，印度已指定39个行业的261个职业实施职业学徒培训，以消除低技能劳动力的行业进入障碍；已指定163个学科领域实施毕业生学徒和技术员学徒培训；已指定137个学科领域实施技师学徒培训。